Geschickt geplant: Früher in Rente

Als Rentner alle Ansprüche voll ausschöpfen

Nikolaus Ertl · Horst Marburger

Geschickt geplant: Früher in Rente

Als Rentner alle Ansprüche voll ausschöpfen

Topaktuelle Ausgabe

Mit den neuen Hinzuverdienstgrenzen

Jetzt als Doppelband

Weltbild

Genehmigte Lizenzausgabe für Verlagsgruppe Weltbild GmbH,
Steinerne Furt, 86167 Augsburg

Umschlaggestaltung: X-Design, München
Umschlagmotiv: jupiter images
Gesamtherstellung: CPI Moravia Books s.r.o., Pohorelice
Printed in the EU

978-3-8289-3236-4

2012 2011 2010
Die letzte Jahreszahl gibt die aktuelle Lizenzausgabe an.

Einkaufen im Internet:
www.weltbild.de

Schnellübersicht

Schnellübersicht

Teil 2: Als Rentner alle Ansprüche ausschöpfen

Abkürzungen

A- und B-Stelle	Auskunfts- und Beratungsstelle
Abs.	Absatz
Art.	Artikel
AOK	Allgemeine Ortskrankenkasse
BBG	Bundesbeamtengesetz
BfA	Bundesversicherungsanstalt für Angestellte (frühere Bezeichnung für die Deutsche Rentenversicherung Bund)
BG	Berufsgenossenschaft
BKK	Betriebskrankenkasse
BSG	Bundessozialgericht
BSGE	Bundessozialgerichtliche Entscheidungssammlung
BU	Berufsunfähigkeit
BVG	Bundesversorgungsgesetz
D-Arzt	Durchgangsarzt
DDR	Deutsche Demokratische Republik
DRV	Die Rentenversicherung (Fachzeitschrift)
EKG	Elektrokardiogramm
EU	Erwerbsunfähigkeit (auch: Europäische Union)
EWR	Europäischer Wirtschaftsraum
GdB	Grad der Behinderung
GG	Grundgesetz
GKV	Gesetzliche Krankenversicherung
GKV-WSG	GKV-Wettbewerbsstärkungsgesetz
IKK	Innungskrankenkasse
LSG	Landessozialgericht
LVA(en)	Landesversicherungsanstalt(en) (frühere Bezeichnung für die heutigen Regionalträger)
MdE	Minderung der Erwerbsfähigkeit

Abkürzungen

MDK	Medizinischer Dienst der Krankenversicherung
Nr.	Nummer
OEG	Opferentschädigungsgesetz (Gesetz über die Entschädigung der Opfer von Gewalttaten)
Reha	Rehabilitation
Rö	Röntgen
Schwbg	Schwerbehinderung
Sg	Sozialgericht
SGB	Sozialgesetzbuch
SGB I	Sozialgesetzbuch – Erstes Buch (Allgemeiner Teil)
SGB II	Sozialgesetzbuch – Zweites Buch (Grundsicherung für Arbeitnehmer)
SGB III	Sozialgesetzbuch – Drittes Buch (Arbeitsförderung)
SGB V	Sozialgesetzbuch – Fünftes Buch (Gesetzliche Krankenversicherung)
SGB VI	Sozialgesetzbuch – Sechstes Buch (Gesetzliche Rentenversicherung)
SGB VII	Sozialgesetzbuch – Siebtes Buch (Gesetzliche Unfallversicherung)
SGB IX	Sozialgesetzbuch – Neuntes Buch (Rehabilitation und Teilhabe behinderter Menschen)
SGB X	Sozialgesetzbuch – Zehntes Buch (Verwaltungsverfahren)
SGB XI	Sozialgesetzbuch – Elftes Buch (Soziale Pflegeversicherung)
SGG	Sozialgerichtsgesetz
StGB	Strafgesetzbuch
WHO	Weltgesundheitsorganisation
ZPO	Zivilprozessordnung

Rechte und Ansprüche in der neuen Lebenssituation Ruhestand

Es gibt Berufe, die aufreiben, Schicksale, die frühzeitig altern lassen, Krankheiten oder Unfälle, die die körperliche oder geistige Leistungsfähigkeit mindern und dem Arbeitsleben vorzeitig ein Ende setzen. Gleichzeitig gibt es viele Menschen, die den gesetzlichen Abschluss des Berufslebens mit 65 beziehungsweise 67 Jahren als Unglück empfinden. Gerne würden sie weiter berufstätig sein, da ihre Energie und Kreativität ungebrochen sind und sie sich in der Lage fühlen, noch lange eine entsprechende Leistung zu erbringen.

Versicherte, die beabsichtigen, frühzeitig in Rente zu gehen, werden vor allem die ersten Kapitel dieses Ratgebers schätzen: Dort erfahren sie, welche Voraussetzungen erfüllt sein müssen, damit sie Frührente beantragen können. Als wertvoll erweisen sich zudem aber auch die vorgestellten Mittel und Wege, falls Sie sich gegen Ihren Frührenten-Bescheid mit Widerspruch, Klage, Berufung bis hin zur Revision zur Wehr setzen möchten. Ein besonderer Vorteil ist, dass neben den versicherungsrechtlichen auch die medizinischen Voraussetzungen erläutert sind.

Darüber hinaus ist dieser Ratgeber eine wertvolle Orientierung für jeden pflicht- oder freiwillig versicherten Rentner oder Demnächst-Rentner: Er informiert über die Ansprüche gegen die Sozialversicherung, die erforderlichen Anträge und auch darüber, wie Sie Zuzahlungen vermeiden und weiter am Erwerbsleben teilnehmen können, ohne dabei den Rentenanspruch zu verlieren. All diese Ansprüche sind oftmals nicht bekannt.

Mit diesem kompakten Ratgeber können Sie entscheidende Fragen rund um den Ruhestand bereits im Vorfeld klären und auf diese Weise viel Zeit, Geld und Ärger sparen.

Horst Marburger

Die gutachterliche Praxis

In vielen Bereichen der Ausübung unserer staatsbürgerlichen Pflichten und Rechte wird der Sachverstand eines Experten als sog. Gutachter in Anspruch genommen. Diese Notwendigkeit gilt für jeden Bürger, der seine Rechte im Rahmen des gesellschaftlichen Zusammenlebens geltend machen will. Ebenso gilt sie aber auch für die verschiedenen Ämter des Staates oder sonstiger Institutionen, mit der Aufgabe, den Bürger in seine „Pflicht zu nehmen".

Der Grund für die Notwendigkeit einer Inanspruchnahme von Sachverständigen-Gutachten ist der Fortschritt in den Wissenschaften, den Technologien und in der Informationsvermittlung einerseits, andererseits aber sind es auch die für den Bürger immer komplizierter, unverständlicher und unübersichtlicher werdenden Gesetze, Verordnungen und Regelungen unseres gesellschaftlichen Zusammenlebens, d. h. die Bürokratie.

Über die Gestaltung unterschiedlicher Begutachtungsvorgänge erscheinen laufend Fachbücher und Publikationen. Diese wissenschaftliche Literatur unterstützt die Arbeit des Gutachters, der im Auftrag von Behörden, Gerichten, Versicherungen, staatlichen und privaten Institutionen bzw. Privatpersonen im Rahmen seiner Pflichtausübung sachverständig tätig wird.

Im Gegensatz dazu erscheinen nur wenige Aufklärungsschriften oder Anleitungen, die dem zu Begutachtenden eine Hilfestellung anbieten.

Im Bereich der Sozial- und Arbeitsmedizin kommt den ärztlichen Begutachtungen über den Gesundheitszustand und die Leistungsfähigkeit eines Menschen große Bedeutung zu.

Die gutachterliche Praxis zeigt, dass gerade auf diesem Gebiet jene Menschen bzw. Patienten, die ärztlich begutachtet werden sollen, sehr häufig falsche Vorstellungen über den Ablauf einer Begutachtung haben. Sie fühlen sich hinsichtlich ihrer eigenen Rolle hilflos, überfordert oder ausgeliefert. Zumindest verkennen sie die Pflichten bzw. Möglichkeiten eines Gutachters.

Deshalb wendet sich der erste Teil des Buches an jene, über deren Gesundheitszustand ein medizinisches Gutachten erstellt werden soll. Die Hilfestellung für die zu begutachtenden Patienten besteht darin, dass der Begutachtungsvorgang durch den ärztlichen Gutachter bis ins Einzelne beschrieben und aufgezeigt wird. Daraus ergeben sich Vorteile für beide Seiten, sowohl für den Patienten als auch für den Gutachter, da die Patienten in die Lage versetzt werden, bei der Erstellung des Gutachtens aktiv und sinnvoll mitzuarbeiten.

Der ärztliche Begutachtungsvorgang wird beispielhaft in einem Bereich beschrieben, in dem er am häufigsten vorkommt: bei der Frühberentung. Dabei werden aus der Sicht des zu begutachtenden Patienten nachfolgende Fragestellungen erörtert.

Die entscheidenden Fragen

- Welche medizinischen Voraussetzungen gelten für eine Frührente?
- Wie sind die unterschiedlichen Begriffe für eine Leistungsminderung zu verstehen?
- Welche Bedeutung hat das ärztliche Attest beim Frührentenantrag?
- Welche Auskunft will die Rentenversicherungsanstalt als Auftraggeber aus dem ärztlichen Gutachten erhalten?
- Nach welchen Gesichtspunkten wird für den Antragsteller ein Gutachter bestimmt? Muss der Antragsteller einen benannten Gutachter oder einen Gutachtertermin akzeptieren?
- Was bedeutet Mitwirkungspflicht?
- Worin unterscheidet sich der „Gutachterarzt" vom Hausarzt?
- Auf welche Weise gewinnt der Gutachter Kenntnisse über den Gesundheitszustand des Antragstellers?
- Wie kann bzw. soll sich ein Antragsteller auf eine gutachterliche Untersuchung vorbereiten?

noch: Die entscheidenden Fragen

- Welches Gewicht wird früheren ärztlichen Befunden, der Erhebung der Krankengeschichte und der Befragung nach Beschwerden beigemessen?
- Wie werden die gutachterlichen Untersuchungen durchgeführt?
- Welche Geräteuntersuchungen kommen nach welchen Gesichtspunkten zum Einsatz?
- Wann und wie kann ein ärztlicher Gutachter seine gewonnene gutachterliche Beurteilung über den Gesundheitszustand oder die Leistungsfähigkeit des Antragstellers sachverständig als Argument für eine berechtigte Frührente darstellen?
- Wie ist der Rechtsweg nach einem abgelehnten Frührentenantrag?

Vor der Auseinandersetzung mit der medizinisch gutachterlichen Problematik müssen die versicherungsrechtlichen Voraussetzungen für eine Frührente geklärt werden. Sind diese nicht erfüllt, können Gesundheitsschäden als Grundlage für eine Frührente nicht zur Geltung kommen.

In diesem Zusammenhang wird der größte Rentenversicherungsträger der Bundesrepublik (Deutsche Rentenversicherung Bund – früher BfA) in ihrer Struktur und Funktion als Beispiel beschrieben, um verständlich zu machen, woher das Geld für die Rente bzw. Frührente kommt.

Frührente: Was ist das?

1

Wann liegen Gesundheitsschäden vor?

Gesundheitsschäden entstehen, abgesehen von angeborenen Fehlentwicklungen, durch äußere Gewalt und daraus resultierende Körperverletzungen oder durch Krankheiten und insbesondere durch deren vorübergehende oder bleibende Folgen. Diese Folgen können

- Beeinträchtigungen und Behinderungen von Körperfunktionen physischer und psychischer Art sein und damit
- eine Abschwächung oder völlige Aufhebung der allgemeinen körperlichen Leistungsfähigkeit bzw. beruflichen Einsatzfähigkeit verursachen.

Schwere und Dauer dieser Folgen hängen nicht nur von der Gewalt der schädlichen Einwirkungen oder der Art einer Erkrankung ab, sondern auch vom allgemeinen Kräftezustand, von früheren Gesundheitsschäden, Lebensgewohnheiten, Erbanlagen usw.

Die Gesundheitsschädigung kann unter Umständen so schwer wiegend und dauerhaft sein, dass eine, den Lebensunterhalt sichernde Arbeit nicht mehr möglich ist und ein dauerhafter Hilfebedarf eintritt.

Es ist natürlich und selbstverständlich, dass man sich dagegen sträubt, einen oft mit großem Optimismus und nicht selten mit finanziellen Opfern und Anstrengung erlernten Beruf frühzeitig an den Nagel zu hängen bzw. gegen ein bescheidenes und evtl. horizontloses Rentnerdasein zu tauschen.

Die Erfahrung zeigt, dass Frührentenfälle, bei welchen die Frühberentung und der somit vor dem Rentenalter eingetretene „Ruhestand" bzw. die zwangsweise „Untätigkeit" eine psychische Konfliktsituation heraufbeschwört, gar nicht so selten sind.

Achtung: Im Gegensatz dazu steht die sog. „Rentenneurose". Hier geht es um Fälle, bei denen während des Gutachterverfahrens zur Erlangung einer Frührente das Gefühl aufkommt, dass der Antragsteller unbedingt seine Zielsetzung durchfechten möchte, auch über mehrere gerichtliche Instanzen hinweg und selbst dann, wenn eine berechtigte Grundlage fehlt. Denken solche „Kämpfer" daran, wie sie dann mit ihrem „Ruhestand" werden umgehen können?

Hofft doch jeder Mensch – selbst der Schwerstkranke – auf Heilung und Gesundung. Der instinktive Lebens- und Gesundungswille bewegt den Erkrankten, sich in ärztliche Behandlung zu begeben oder schwere Operationen und Eingriffe über sich ergehen zu lassen.

Rehabilitation hat Vorrang!

Viele medizinische Maßnahmen zur Teilhabe bieten sich zur Vorbeugung bzw. Abwendung von Krankheiten und zur Wiederherstellung der geschädigten Gesundheit an.

Vorbeugende Maßnahmen

- Hausärztliche und ambulant-fachärztliche Behandlung unmittelbar am Wohnort
- Klinisch-stationäre bzw. Krankenhausbehandlung. Unser soziales Gesundheitssystem gewährt jedem – wenn es dringend erforderlich ist – selbst die teuersten Behandlungen, und zwar nach dem neuesten Fortschritt der Medizin, ohne Rücksicht auf die Kosten. Es ist bedauerlich, dass diese ehemals großzügige gesetzgeberische Sozialleistung heute tatsächlich nur noch eingeschränkt finanzierbar ist.
- Rehabilitative Anschlussheilverfahren nach schweren Operationen oder nach körperlicher Abschwächung durch Krankheiten, direkt vor Entlassung des Patienten (noch von den Krankenanstalten veranlasst)
- Sanatoriumsbehandlung oder Heilverfahren vom Haus- oder Facharzt vorgeschlagen, wenn die am Wohnort gebotenen Therapiemaßnahmen ausgeschöpft wurden und trotzdem eine dauerhafte Arbeitsfähigkeit nicht gesichert ist. Weltweit hat ein Versicherter einzig und alleine in der Bundesrepublik Deutschland Rechtsanspruch auf eine stationäre medizinische Rehabilitation.

noch: Vorbeugende Maßnahmen

- Ambulante rehabilitative Maßnahmen des Versicherungsträgers
- Notfallversorgung der Rettungsdienste
- Maßnahmen des betriebsärztlichen Dienstes an der Arbeitsstätte
- Maßnahmen der Amtsärzte in den Gesundheitsämtern
- Sozialmedizinische Dienste
- Institutionen zur Rehabilitation (Leistungen zur Teilhabe) von Behinderten
- Verrichtungen nichtärztlicher Heilberufe

Wenn nach Inanspruchnahme aller medizinischen Möglichkeiten eine dauerhafte Gesundung nicht herbeizuführen ist, d. h. weder klinisch-therapeutische noch rehabilitative bzw. berufsfördernde Maßnahmen, z. B.:

- Umschulung (heute als Teilhabe am Arbeitsleben bezeichnet) aus gesundheitlichen Gründen
- innerbetriebliche Umsetzung aus gesundheitlichen Gründen
- Anerkennung von eingeschränkter Einsetzbarkeit am Arbeitsplatz, z. B. Verschonung von schwerem Heben und Tragen aus eigener Kraft, Befreiung von Arbeiten über der Kopfhöhe
- Erleichterung der Anfahrt zum Arbeitsplatz
- Einrichtung von unüblichen Arbeitspausen

greifen oder nicht anzuwenden sind, bleibt den Betroffenen nichts anderes übrig, als bei der Rentenversicherung eine Frühberentung zu beantragen.

Praxis-Tipp:

Leistungen zur Teilhabe (Rehabilitation bzw. Teilhabe am Arbeitsleben) haben Vorrang vor der Frührente.

Gesetzestext im Originalwortlaut

§

§ 9 SGB VI

(1) Die Rentenversicherung erbringt Leistungen zur medizinischen Rehabilitation, Leistungen zur Teilhabe am Arbeitsleben sowie ergänzende Leistungen, um

- den Auswirkungen einer Krankheit oder einer körperlichen, geistigen oder seelischen Behinderung auf die Erwerbsfähigkeit der Versicherten entgegenzuwirken oder sie zu überwinden und
- dadurch Beeinträchtigungen der Erwerbsfähigkeit der Versicherten oder ihr vorzeitiges Ausscheiden aus dem Erwerbsleben zu verhindern oder sie möglichst dauerhaft in das Erwerbsleben wiedereinzugliedern.

Die Leistungen zur Teilhabe haben Vorrang vor Rentenleistungen, die bei erfolgreichen Leistungen zur Teilhabe nicht oder voraussichtlich erst zu einem späteren Zeitpunkt zu erbringen sind.

(2) Die Leistungen nach Absatz 1 können erbracht werden, wenn die persönlichen und versicherungsrechtlichen Voraussetzungen dafür erfüllt sind.

Dies bedeutet, dass die Rentenversicherungsträger vor der Entscheidung über einen Rentenantrag oftmals ein Heilverfahren durchführen. Bringt diese Maßnahme nicht den gewünschten Erfolg, bleibt der ursprüngliche Rentenantrag von der erbrachten Rehabilitationsleistung unberührt.

Wichtig: Wird eine beantragte Rehabilitationsmaßnahme mit der Begründung abgelehnt, dass sie die Erwerbsfähigkeit nicht wiederherstelle, es also für eine solche Maßnahme bereits zu spät sei, gilt der entsprechende Antrag ebenfalls als Antrag auf eine Erwerbsminderungsrente.

Woher kommt das Geld für die Rente bzw. Frührente?

Die jeweilige Rente wird im Regelfall, d. h. nach Erreichen des Ruhestandsalters, entsprechend den eingezahlten Sozialversicherungsbeiträgen berechnet und gezahlt. Das Geld, das der jeweilige Rentenempfänger erhält, stammt heute von den Beiträgen, die im gleichen Zeitraum von den berufstätigen Mitgliedern einbezahlt werden. Vor 1970 dienten die gesetzlichen Rücklagen der Rentenversicherung für die Rentenzahlungen. Die damalige sozial-liberale Koalition löste diese angesparten milliardenschweren Rücklagen auf und ersetzte sie durch den sog. Generationenvertrag.

Praktisch gesehen: Wer heute Geld verdient, zahlt die Rente für die vorherige Generation. Die Generation nach ihm kommt später für seine Rente auf. Jahrzehntelang funktionierte dieses Modell. Die heutigen demographischen Untersuchungen zeigen aber, dass:

- die Geburten zurückgehen
- die Dauer der Berufsausbildung zunimmt
- das Wohlstands-Anspruchsdenken steigt
- die durchschnittliche Lebenserwartung und damit auch das Rentenbezugsalter steigt
- die Gesamtzahl der Produktiv-Erwerbstätigen und gleichzeitig das Renteneintrittsalter sinkt
- die Lebensarbeitszeit sinkt
- die Anforderungen an komprimierte Arbeitsleistung steigen

Heute wird eine geringere Anzahl von Jahren gearbeitet, als dies unsere Großeltern taten, und es gibt immer weniger Berufstätige, die für die stetig wachsende Anzahl von Rentnern aufkommen müssen.

Wie sehen die statistischen Zahlen aus?

In den fünfziger Jahren des 20. Jhs. wurden fünf und in den sechziger Jahren etwa 30 Rentner durch die Rentenversicherungsbeiträge von hundert Erwerbstätigen versorgt.

1996 finanzierten 100 Beitragszahler 48 Rentner. Im Jahr 2000 ernährten etwa 100 Beitragszahler 61 Rentner und im Jahre 2010 werden es voraussichtlich 112 Rentner sein. Das heißt, 112 Rentner müssen darauf hoffen, dass ihre Rente von 100 Erwerbstätigen erwirtschaftet wird. Ermöglicht der technologische Fortschritt ein so hohes Sozialprodukt? Vorschlag nach Prof. Rürup: Das Dilemma könnte durch „später in Rente, früher im Beruf" gelöst werden.

Tatsache ist, dass die staatliche Rentenversicherung, die sich Ende der sechziger Jahre noch reicher Rentenkassen mit milliardenschweren Rücklagen (30 Monate Rentenleistungen) erfreute, heute u. a. wegen versicherungsfremder Sozialleistungen und trotz mehrmaliger Anhebung der Rentenbeiträge in der Vergangenheit eine defizitäre Bilanz zeigt. Was an Beitragsleistungen nicht hereinkommt, muss der Staat per Gesetz durch Bundeszuschuss ausgleichen. Seit Anfang 1999 ist der Beitragssatz zur Rentenversicherung dreimal erhöht worden. Bis zum 31.12.2002 betrug der Beitragssatz 19,1 Prozent, seit dem 01.01.2003 19,5 Prozent. Mit Wirkung seit 01.01.2007 ist er auf 19,9 Prozent erhöht worden.

Die Frührente als Rente wegen teilweiser Erwerbsminderung

Nach § 43 SGB VI ist ein Versicherter dann teilweise erwerbsgemindert, wenn er wegen Krankheit oder Behinderung auf nicht absehbare Zeit außer Stande ist, unter den üblichen Bedingungen des allgemeinen Arbeitsmarktes mindestens sechs Stunden täglich erwerbstätig zu sein.

Eine Erwerbsminderung liegt dann nicht vor, wenn der Betreffende unter den üblichen Bedingungen des allgemeinen Arbeitsmarktes mindestens sechs Stunden täglich erwerbstätig sein kann. Dabei ist die jeweilige Arbeitsmarktlage nicht zu berücksichtigen.

Feststellung des Leistungsvermögens

Maßstab für die Feststellung des Leistungsvermögens ist die Erwerbsfähigkeit des Versicherten auf dem allgemeinen Arbeitsmarkt, das heißt in jeder nur denkbaren Tätigkeit, die es auf dem Arbeitsmarkt gibt. Allerdings kommen dabei nur Tätigkeiten in Betracht, die auf dem allgemeinen Arbeitsmarkt üblich sind. Damit wird sichergestellt, dass für die Feststellung des Leistungsvermögens solche Tätigkeiten, für die es für den zu beurteilenden Versicherten einen Arbeitsmarkt schlechthin nicht gibt, nicht in Betracht gezogen werden.

Die subjektive Zumutbarkeit einer Tätigkeit unter dem Gesichtspunkt der Ausbildung und des Status der bisherigen beruflichen Tätigkeit ist ohne Bedeutung. Zu berücksichtigen sind allein die körperliche und geistige Leistungsfähigkeit des Versicherten sowie eventuelle zusätzliche Einschränkungen, die sich aus der ärztlichen Begutachtung ergeben können.

Das Leistungsvermögen des Versicherten ist anhand seiner zeitlichen Einsatzfähigkeit zu beurteilen. Um einen einheitlichen, für alle Versicherten gleichen Maßstab zugrunde legen zu können, wird auf die Stundenzahl abgestellt. Bei der Beurteilung ist die Frage zugrunde zu legen, ob der Versicherte noch in der Lage ist, auf dem allgemeinen Arbeitsmarkt unter den dort üblichen Bedingungen regelmäßig im Rahmen einer 5-Tage-Woche mindestens sechs Stunden täglich zu arbeiten.

Die Rente wegen teilweiser Erwerbsminderung errechnet sich aus allen Versicherungszeiten bis zum Eintritt der Erwerbsminderung. Außerdem werden bei jüngeren Versicherten noch die Monate vom Eintritt der Erwerbsminderung bis zum 60. Lebensjahr zusätzlich auf die Rente angerechnet.

Wichtig: Diese zusätzlich bei der Rentenberechnung berücksichtigte Zeit heißt „Zurechnungszeit".

Die Zurechnungszeit hat den Zweck zu vermeiden, dass junge Invalide, die bis zum Zeitpunkt des Eintritts der Erwerbsminderung noch nicht viele Beiträge zur Rentenversicherung einzahlen konnten, mit einer „Mini-Rente" leben müssen.

Wie viel Rente wird bezahlt?

Die Rente wegen teilweiser Erwerbsminderung wird entsprechend dem verbliebenen Leistungsvermögen des Versicherten in Höhe der halben Vollrente geleistet.

Die Höhe der Rente wegen verminderter Erwerbsfähigkeit ist an die der vorzeitig in Anspruch genommenen Altersrenten angeglichen. Deshalb wird die Rente für jeden Monat des Rentenbeginns vor dem 63. Lebensjahr um 0,3 Prozent vermindert. Der Höchstsatz der Minderung beläuft sich auf 10,8 Prozent, mehr als 36 Monate Inanspruchnahme vor Vollendung des 63. Lebensjahres werden somit nicht in Abzug gebracht.

Übt der Versicherte trotz Rente wegen teilweiser Erwerbsminderung eine Beschäftigung aus, kann dies zu einer Kürzung der Rente führen.

Entsprechend der Höhe des Hinzuverdienstes wird die Rente wegen teilweiser Erwerbsminderung

- entweder in voller Höhe oder
- zu 50 Prozent

der Rente geleistet.

Bezüglich der Hinzuverdienstgrenzen beachten Sie bitte die Ausführungen in Kapitel 10.

Pflegegeld

In diesem Zusammenhang wird als Arbeitsentgelt jenes Entgelt nicht berücksichtigt, das eine Pflegeperson von einem Pflegebedürftigen erhält, wenn es das maßgebende Pflegegeld der Pflegeversicherung nicht übersteigt. Das Gleiche gilt für das Entgelt, das Behinderte für ihre Tätigkeit in Behindertenwerkstätten erhalten.

Vorruhestandsgeld

Vorruhestandsgeld steht dem Arbeitsentgelt gleich.

Sonderfall: Private Zusatzversicherung

Für den Antragsteller ist es wichtig zu wissen, dass die Anerkennung seiner teilweisen Erwerbsminderung durch die Sozialversicherung nicht automatisch auch die Anerkennung durch eine private Zusatzversicherung nach sich zieht. Viele private Versicherungsgesellschaften kennen eigene Anforderungsprofile für den Versicherungsfall, der der teilweisen Erwerbsminderung im Sinne der gesetzlichen Rentenversicherung entspricht, die von denen der gesetzlichen Rentenversicherung vielfach stark abweichen.

Dementsprechend bedeutet z. B. ein frühzeitiger Ruhestand durch Erkrankungen nach dem Beamtenrecht nicht automatisch eine Anerkennung Ihrer teilweisen oder vollen Erwerbsminderung durch die Sozialversicherung, falls Sie vor Ihrem Beamtenstatus einem sozialversicherungspflichtigen Beruf nachgegangen sind. In der Regel wären in solchen Fällen auch nicht die für die Rente geforderten Vorversicherungszeiten erfüllt.

Die Frührente als Rente wegen voller Erwerbsminderung

Ein Versicherter ist dann voll erwerbsgemindert, wenn er wegen Krankheit oder Behinderung auf nicht absehbare Zeit außer Stande ist, unter den üblichen Bedingungen des allgemeinen Arbeitsmarktes mindestens drei Stunden täglich erwerbstätig zu sein.

Voll erwerbsgemindert sind auch

- Behinderte Menschen, die beispielsweise in Behindertenwerkstätten beschäftigt sind und die wegen Art oder Schwere der Behinderung nicht auf dem allgemeinen Arbeitsmarkt tätig sein können.
- Versicherte, die bereits vor Erfüllung der allgemeinen Wartezeit (60 Monate) voll erwerbsgemindert waren, in der Zeit einer nicht erfolgreichen Eingliederung in den allgemeinen Arbeitsmarkt.

Versicherte, die bereits vor Erfüllung der allgemeinen Wartezeit voll erwerbsgemindert waren und seitdem ununterbrochen voll erwerbsgemindert sind, haben Anspruch auf Rente wegen voller Erwerbsminderung, wenn sie die Wartezeit von 20 Jahren erfüllt haben.

Die obigen Ausführungen zur Frührente wegen teilweiser Erwerbsminderung gelten auch für die Rente wegen voller Erwerbsminderung sowie für die Zurechnungszeit.

Höhe der Rente

Die Rente wegen voller Erwerbsminderung wird als Vollrente bezahlt. Bezüglich der Rentenabschläge gelten die Ausführungen zur Rente wegen teilweiser Erwerbsminderung.

Bezüglich der Hinzuverdienstgrenzen beachten Sie bitte die Ausführungen in Kapitel 10.

Erwerbsminderungsrente auf Zeit

Renten wegen verminderter Erwerbsfähigkeit werden nur auf Zeit geleistet. Die Befristung erfolgt für längstens drei Jahre nach Rentenbeginn. Die Befristung kann wiederholt werden. Die Renten werden allerdings unbefristet geleistet, wenn unwahrscheinlich ist, dass die Minderung der Erwerbsfähigkeit behoben werden kann. Davon wird nach einer Gesamtdauer der Befristung von neun Jahren ausgegangen. Eine längere Befristung ist nicht möglich. Bei weiter bestehender Erwerbsminderung muss dann eine Dauerrente gewährt werden.

Im Übrigen kann die Zeitrente nicht nur verlängert, sondern auch in eine Dauerrente umgewandelt werden.

Erwerbsminderungsrente auch bei Auslandsaufenthalt

Wegen Erwerbsminderung werden Renten im Ausland zwar geleistet, allerdings gibt es bezüglich der Höhe der Rente insbesondere bei Ausländern Einschränkungen. Hier sehen aber das europäische Sozialrecht sowie die mit verschiedenen Ländern abgeschlossenen Sozialversicherungsabkommen Ausnahmen vor.

Teilweise Erwerbsminderung bei Berufsunfähigkeit

Anspruch auf Rente wegen teilweiser Erwerbsminderung haben bei Erfüllung der sonstigen Voraussetzungen bis zur Vollendung des 65. Lebensjahres auch Versicherte, die

- vor dem 02.01.1961 geboren und
- berufsunfähig sind.

Berufsunfähig sind Versicherte, deren Erwerbsfähigkeit wegen Krankheit oder Behinderung im Vergleich zur Erwerbsfähigkeit von körperlich, geistig und seelisch gesunden Versicherten mit ähnlicher Ausbildung und gleichwertigen Kenntnissen und Fähigkeiten auf weniger als sechs Stunden gesunken ist.

Der Kreis der Tätigkeiten, nach denen die Erwerbsfähigkeit eines Versicherten zu beurteilen ist, umfasst alle Tätigkeiten, die seinen

- Kräften und Fähigkeiten entsprechen und
- die ihm unter der Berücksichtigung der Dauer und des Umfanges seiner Ausbildung
- sowie seines bisherigen Berufes und
- der besonderen Anforderungen seiner bisherigen Berufstätigkeit

zugemutet werden können.

Zugemutet wird stets eine Tätigkeit, für die der Versicherte durch Maßnahmen zur Erhaltung, Besserung oder Wiederherstellung der Erwerbstätigkeit mit Erfolg ausgebildet oder umgeschult worden ist.

Im Wesentlichen verankert das Gesetz für diejenigen Versicherten, die aufgrund ihrer Erkrankungen

- in dem erlernten Beruf wegen schwerer Arbeitsvorgänge höchstens noch unter sechs Stunden Einsatz pro Arbeitstag erbringen können,
- jedoch noch leichte Arbeiten vollschichtig verrichten können,

einen Anspruch auf eine Erwerbsminderungsrente wegen Berufsunfähigkeit.

Der Berufsschutz bleibt damit übergangsweise in das neue System der zweistufigen Erwerbsminderung eingebunden. Die Rentenhöhe wird allerdings in Höhe der Hälfte statt bisher in Höhe von zwei Drittel der vollen Rente gezahlt.

Wichtig: Diese Rente wird nicht wegen einer krankheitsbedingten Minderung des Arbeitsverdienstes, sondern wegen einer Einbuße an Erwerbsfähigkeit gewährt. Die jeweilige Arbeitsmarktlage ist dabei nicht zu berücksichtigen.

Rente wegen teilweiser Erwerbsminderung bei Berufsunfähigkeit wird bei einem dauernden Auslandsaufenthalt nur gewährt, wenn auf diese Rente bereits für die Zeit, in der im Inland noch ein gewöhnlicher Aufenthalt bestand, ein Anspruch gegeben war. Im Übrigen gelten zwischenstaatliche Regelungen und Vereinbarungen.

Höhe

Hinsichtlich der Rentenhöhe gelten die obigen Ausführungen zur Rente wegen teilweiser Erwerbsminderung. Das gilt auch bei einem Hinzuverdienst.

Die Rente wegen teilweiser Erwerbsminderung bei Berufsunfähigkeit gibt es seit 01.01.2001. Es wird aber auch weiterhin Renten wegen Berufs- oder Erwerbsunfähigkeit geben. Bestand Anspruch auf eine solche Rente, nämlich am 31.12.2000, so besteht dieser Anspruch bis zur Vollendung des 65. Lebensjahres weiter, solange die Voraussetzungen vorliegen, die für die Bewilligung der Leistung maßgebend waren.

Abhängig vom erzielten Hinzuverdienst wird eine Rente wegen Berufsunfähigkeit in voller Höhe, in Höhe von zwei Dritteln oder in Höhe von einem Drittel gewährt. Wird neben einer Erwerbsunfähigkeitsrente ein höherer Hinzuverdienst als 400 Euro im Monat erzielt, wird die Rente in Höhe der Rente wegen Berufsunfähigkeit (2/3 der Erwerbsunfähigkeitsrente) gezahlt. Die besonderen Hinzuverdienstgrenzen für die Berufsunfähigkeitsrente sind zu beachten (siehe Kapitel 10).

Schwerbehinderte Menschen: Altersrente ab dem 60. Lebensjahr

Seit dem 01.01.2001 gibt es die Altersrente für Schwerbehinderte, Berufs- und Erwerbsunfähige nicht mehr. Stattdessen wird eine Altersrente für schwerbehinderte Menschen gewährt, die das 63. Lebensjahr vollendet haben. Die Altersgrenze von 60 Jahren wird ab dem Geburtsjahrgang 1941 schrittweise angehoben. Eine vorzeitige Berentung (frühestens ab Vollendung des 60. Lebensjahres) ist möglich. Hier müssen vom Versicherten aber Rentenabschläge hingenommen werden.

Achtung: Für Versicherte, die zum Zeitpunkt der dritten Lesung des Gesetzes bereits das 50. Lebensjahr vollendet hatten (also bis zum 16.11.1950 geboren sind) und schwerbehindert, berufs- oder erwerbsunfähig waren, ist weiterhin aus Vertrauensschutzgründen die Altersgrenze von 60 Jahren maßgebend. Diese gilt auch für Versicherte, die vor dem 01.01.1942 geboren sind und 45 Jahre Pflichtbeiträge für eine versicherte Beschäftigung oder Tätigkeit haben. Auch hier ist Voraussetzung, dass Erwerbsminderung oder Berufsunfähigkeit oder Erwerbsunfähigkeit vorliegt.

Ab 2012 wird die Altersgrenze für eine abschlagsfreie Altersrente für schwerbehinderte Menschen stufenweise von 63 auf 65 Jahre angehoben. Die Altersgrenze für die frühestens vorzeitige Inanspruchnahme dieser Rente wird von 60 auf 62 Jahre angehoben. Damit verbleibt es bei einem maximalen Abschlag in Höhe von 10,8 Prozent bei einem frühestmöglichen Rentenbezug drei Jahre vor der Altersgrenze für eine abschlagsfreie Altersrente für schwerbehinderte Menschen.

Wichtig: Für Menschen, die vor dem 01.01.1964 geboren sind, bleibt es bei der Möglichkeit, nach Vollendung des 63. Lebensjahres in Rente zu gehen. Hier kann die vorzeitige Inanspruchnahme der Altersrente nach wie vor nach Vollendung des 60. Lebensjahres erfolgen.

Versicherungsrechtliche Voraussetzungen für eine Frührente

2

Was Sie grundsätzlich wissen sollten

Eine der Aufgaben der Rentenversicherung ist es, Maßnahmen für den Fall zu gewähren, dass die Erwerbsfähigkeit bedroht oder beeinträchtigt ist (§§ 9, 43, 44 SGB VI).

Vor dem 01.01.1984 konnte jeder Versicherte, der 60 Monate Beitragszahlungen nachweisen konnte, einen Antrag auf Frührente wegen Erwerbs- bzw. Berufsunfähigkeit stellen. Waren die medizinischen Voraussetzungen für eine Frührente gegeben, musste der Versicherungsträger die Rente zahlen.

Seit dem 01.01.1984 hat der Rentenbewerber außer den in der Einleitung erwähnten, und im Allgemeinen als plausibel erachteten medizinischen Voraussetzungen nun auch noch die sog. „versicherungsrechtlichen Voraussetzungen" zu erfüllen. Das gilt auch für die seit 01.01.2001 an die Stelle der Berufs- oder Erwerbsunfähigkeitsrente getretenen Renten wegen teilweiser oder voller Erwerbsminderung.

Wir müssen also vor der ausführlichen Auseinandersetzung mit der Frage der medizinischen Voraussetzungen zuerst die versicherungsrechtlichen Voraussetzungen einer Frührente erörtern.

Achtung: Es soll hier vorweg ein häufig aufkommendes Missverständnis ausgeräumt werden: Sind die versicherungsrechtlichen Voraussetzungen bei erwerbsgeminderten Frührentenbewerbern nicht erfüllt, kann der Versicherungsträger den Rentenantrag ungeachtet der Gesundheitsschäden ablehnen, auch dann, wenn der Versicherte „den Kopf unter dem Arm trägt". Das Scheitern eines Frührentenantrages liegt in solchen Fällen nicht an der Härte des ärztlichen Gutachters oder der mangelnden Unterstützung des Hausarztes, sondern am Versicherungsträger.

Was ist unter den versicherungsrechtlichen Voraussetzungen zu verstehen?

Wer vor dem Rentenantrag in einem Beschäftigungsverhältnis stand und aus diesem Pflichtbeiträge zur Rentenversicherung gezahlt hatte, muss nachweisen, dass in den letzten 60 Monaten vor dem Eintritt der Erwerbsminderung mindestens 36 Pflichtbeiträge entrichtet wurden.

Für freiwillig Versicherte, wie Selbstständige oder Hausfrauen, sind die versicherungsrechtlichen Voraussetzungen noch strenger. Seit dem 01.01.1984 können sie nur noch dann eine Frührente wegen Erwerbsminderung beziehen, wenn sie vor dem genannten Datum (also vor dem 01.01.1984) mindestens schon 60 Beitragsmonate nachweisen können und außerdem ab dem oben genannten Stichtag jeden Monat mit einer Versicherungszeit belegt haben.

Praxis-Tipp:

Ein einziger unbelegter Monat nach dem 31.12.1983 kann bereits dazu führen, dass ein freiwillig Versicherter seine Ansprüche auf eine Rente wegen Berufs- oder Erwerbsunfähigkeit verliert.

Dies bedeutet für junge Selbstständige, die erst nach 1979 in das Erwerbsleben eingestiegen sind, dass sie mit ihrer freiwilligen Beitragsleistung niemals Anspruch auf eine Erwerbsminderungsrente erwerben können, ebenso wie sie die zweite Voraussetzung – die versicherungsrechtliche Bedingung von 60 Beitragsmonaten vor dem 01.01.1984 – unmöglich erfüllen können.

Wichtig: Aus diesen Gründen gilt es als zwingend, vor der Rentenantragstellung zu prüfen, ob ein versicherungsrechtlicher Anspruch auf eine sog. Frührente überhaupt besteht.

Versicherungsrechtliche Voraussetzungen

Sind die versicherungsrechtlichen Voraussetzungen gegeben und bestätigt die medizinische Begutachtung durch ein ärztliches Gutachten des Rentenversicherungsträgers das Vorliegen schwerwiegender gesundheitlicher Dauerschäden des Rentenbewerbers, erfolgt die Prüfung, welche Art von Rente gewährt wird (siehe hierzu die Ausführungen im Kapitel 1, ab Seite 22):

- eine Rente wegen teilweiser Erwerbsminderung
- eine Rente wegen teilweiser Erwerbsminderung bei Berufsunfähigkeit
- eine Rente wegen voller Erwerbsminderung oder
- eine Altersrente für schwerbehinderte Menschen

Wie krank muss man sein?

3

Die medizinischen Gründe für eine Frührente

- Es müssen die Erwerbsfähigkeit aufhebende oder zumindest dauerhaft beeinträchtigende, schwer wiegende Gesundheitsschäden vorliegen.
- Alle therapeutischen und rehabilitativen Maßnahmen müssen ausgeschöpft worden sein – ohne Erfolg hinsichtlich der Wiederherstellung bzw. Sicherung eines ausreichenden körperlichen und geistigen Kräftezustandes, damit die berufliche Arbeit oder eine Erwerbstätigkeit verrichtet werden kann.

Achtung: Wird ein Rentenantrag gestellt, behalten es sich die Rentenversicherungsträger vor, die angegebenen Gesundheitsschädigungen überprüfen zu lassen.

Hierzu trägt das ärztliche oder fachärztliche Sachverständigen-Gutachten über die allgemeine Körperleistungsfähigkeit bzw. berufliche Einsatzfähigkeit entscheidend bei.

Wie aus diesen einleitenden Ausführungen ersichtlich, steht aus medizinischer Sicht bei der Berentungs- bzw. Frühberentungsfrage die allgemeine oder spezifische Leistungsminderung infolge Gesundheitsschaden im Mittelpunkt.

Um die Leistungsminderung eines Kranken zu bezeichnen, werden im Alltag viele Begriffe benützt, deren korrekte Definition zu kennen für den Antragsteller von Bedeutung ist.

Wie wird Leistungsminderung definiert?

Leistungsminderung bedeutet, dass jemand seine alltägliche berufliche Arbeit wegen Erkrankung bzw. Gesundheitsschaden nicht mehr oder nur teilweise verrichten kann. Dabei sind allerdings die folgenden Begriffe auseinanderzuhalten:

- Arbeitsunfähigkeit, Dienstunfähigkeit
- MdE (Minderung der Erwerbsfähigkeit)
- Schwerbeschädigung, Schwerbehinderung
- BU (Berufsunfähigkeit)
- EU (Erwerbsunfähigkeit)
- Erwerbsminderung (teilweise oder volle)

Arbeitsunfähigkeit, Dienstunfähigkeit

Arbeitsunfähig ist ein Versicherter, der seine bisherige Erwerbstätigkeit wegen Erkrankung nicht mehr oder nur auf Kosten der Restgesundheit ausüben kann. Dieser Begriff sichert ihm in der Krankenversicherung neben eines Rechtes auf Heilbehandlung den Anspruch auf Krankengeld (§ 44 SGB V).

Wenn der Hausarzt den Versicherten „krankschreibt", ist zunächst die Schwere der Erkrankung maßgeblich. Die Dauer ist unerheblich, da diese häufig gar nicht vorauszusehen ist.

Ein Beamter, Soldat bzw. Zivildienstpflichtiger ist dienstunfähig, wenn er erkrankt und dadurch nicht arbeitsfähig ist (§ 42 Bundesbeamtengesetz – BBG, § 44 Abs. 3, § 55 Abs. 2 Soldatengesetz, § 29 Abs. 2 Wehrpflichtgesetz, § 30 Abs. 1 Zivildienstgesetz).

MdE (Minderung der Erwerbsfähigkeit)

Der Begriff MdE (Minderung der Erwerbsfähigkeit) drückt das Ausmaß von Schädigungsfolgen als Dauerzustand in der Unfallversicherung, Kriegsopferversorgung, im sonstigen Entschädigungsrecht und im Übrigen auch bei der Versorgungsrente aus (§ 56 SGB VII für die Unfallversicherung, § 30 BVG für die Kriegsopferversorgung).

Die Regelungen für die Kriegsopferversorgung sind übrigens auch dann maßgebend, wenn es um Rentenansprüche aus dem Opferentschädigungsgesetz (OEG) geht. Dort werden die Opfer von Gewalttaten (Überfällen, Kindesmisshandlungen usw.) angesprochen.

Schwerbehinderung (Schwbg)

Als schwerbehinderte Menschen nach dem seit 01.07.2001 geltenden SGB IX werden alle körperlich, geistig und seelisch behinderten Menschen bezeichnet, die infolge Einschränkungen ihrer Körperfunktionen in ihrer Erwerbsfähigkeit auf Dauer um wenigstens 50 v. H. gemindert und damit, unabhängig vom Alter oder Teilnahme am Arbeitsleben, schutzbedürftig sind.

Wesentlich ist der Arbeitsplatzschutz von behinderten Menschen im Sinne dieses Gesetzes. Personen mit einer MdE von mindestens 30 v. H. können nach §§ 2 Abs. 3, 68 Abs. 2 SGB IX auf Antrag von der Agentur für Arbeit den schwerbehinderten Menschen gleichgestellt werden.

Gesetzestext im Originalwortlaut

§

Nach den „Anhaltspunkten für die ärztliche Gutachtertätigkeit im sozialen Entschädigungsrecht":

Der Begriff „MdE" bezieht sich auf die Auswirkungen einer Behinderung oder Schädigungsfolge in allen Lebensbereichen und nicht nur auf Einschränkungen im allgemeinen Erwerbsleben. Die MdE ist ein Maß für die Auswirkungen eines Mangels an funktioneller Intaktheit, also für einen Mangel an körperlichem, geistigem oder seelischem Vermögen. Die MdE gibt damit den Grad der Behinderung (GdB) wieder.

Aus dem Grad der MdE ist nicht auf das Ausmaß der Leistungsfähigkeit zu schließen. Die MdE ist grundsätzlich unabhängig vom ausgeübten oder angestrebten Beruf zu beurteilen, es sei denn, dass bei Begutachtungen im sozialen Entschädigungsrecht ein besonderes Betroffensein berücksichtigt werden muss.

Die Anerkennung von Erwerbsminderung durch einen Rentenversicherungsträger oder die Feststellung einer Dienstunfähigkeit oder Arbeitsunfähigkeit erlaubt keine Rückschlüsse auf den Grad der MdE, wie umgekehrt aus dem Grad der MdE nicht auf die genannten Leistungsvoraussetzungen anderer Rechtsgebiete geschlossen werden kann.

Ein schwerbehinderter Mensch ist auch ein erwerbsunfähiger Beschädigter des Kriegsopferrechts, wozu – wie oben bereits erwähnt – beispielsweise auch Personen gehören, denen nach dem Gewaltopferrecht Ansprüche zustehen.

BU (Berufsunfähigkeit)

Eine präzise Definition des Begriffes „Berufsunfähigkeit" im Rentenversicherungswesen finden Sie auf den Seiten 24 bis 25. Sie ist bedeutsam für zugebilligte Renten ab dem 01.01.2001, wenn die Rentenbewerber vor dem 02.01.1961 geboren wurden, außerdem natürlich auch für vor dem 01.01.2001 zugebilligte Berufsunfähigkeitsrenten.

EU (Erwerbsunfähigkeit)

Ein Versicherter ist erwerbsunfähig, wenn sein Leistungsvermögen so eingeschränkt ist, dass er selbst leichte Arbeiten nicht mehr vollschichtig verrichten kann. Der Begriff „Erwerbsunfähigkeit" hat nur noch für „Altrenten" Bedeutung, d. h. für Renten, die vor dem 01.01.2001 zugebilligt wurden.

Erwerbsminderung

Die Erörterung der teilweisen oder vollen Erwerbsminderung, die seit 01.01.2001 an die Stelle der Berufs- bzw. Erwerbsunfähigkeit ge-

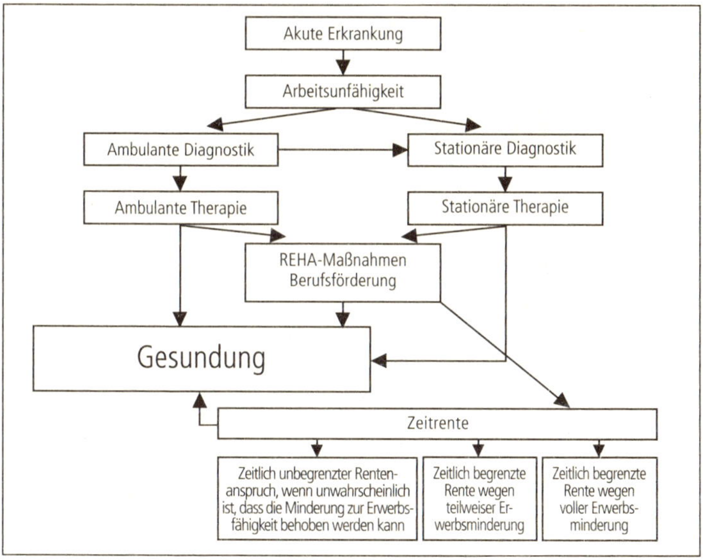

treten ist und bei Versicherten, die am 01.01.2001 das 40. Lebensjahr vollendet haben (Geburt vor dem 02.01.1961) durch die Berufsunfähigkeit ersetzt wurde, ist den Seiten 24 bis 25 zu entnehmen.

Wer kann einen Antrag auf Frührente empfehlen?

Für eine Frühberentung sind die gesundheitlichen Gründe ausschlaggebend, ebenso wie für Rehabilitationsmaßnahmen des Rentenversicherungsträgers. Deshalb ist es einer ärztlichen Stelle wie

- dem Hausarzt
- behandelnden Facharzt
- dem Arzt eines Gesundheitsdienstes
- dem Klinikarzt
- dem Arzt einer Rehabilitationseinrichtung

vorbehalten, einem kranken Patienten die Notwendigkeit einer Frühberentung zu unterbreiten.

Praxis-Tipp:

Die Sozialversicherungsträger sind kraft Gesetzes verpflichtet, die Versicherten zu beraten. Dies bedeutet, dass auch eine Rentenberatungsstelle der Rentenversicherungsträger, z. B. ein Versichertenältester, dem Versicherten nach Schilderung seiner Krankheitsgeschichte den Rat geben kann, einen Antrag auf Rente wegen Erwerbsminderung prüfen zu lassen. Auch private Rentenberater können solche Ratschläge erteilen.

Aus einer Empfehlung dieser Art ist natürlich noch nicht die Gewissheit herzuleiten, dass der Antrag auch Erfolg haben wird. Allerdings ist bei solchen Fachleuten zu unterstellen, dass ein Antrag jedenfalls nicht sinnlos ist, wenn er nach ihrer Empfehlung gestellt wird.

Wann erlischt der Krankengeldanspruch?

Bekanntlich wird Krankengeld für einen relativ langen Zeitraum gewährt, nämlich bis zu längstens 78 Wochen (eineinhalb Jahre).

Die Krankenkassen sind aber daran interessiert, dass so früh wie möglich eine Rente wegen teilweiser oder voller Erwerbsminderung vom Rentenversicherungsträger gewährt wird. Wird Rente wegen voller Erwerbsminderung gezahlt, endet der Krankengeldanspruch. Bei rückwirkender Rentenzubilligung geht die Rente bis zur Krankengeldhöhe auf die Krankenkasse über. Wird dem arbeitsunfähig kranken Versicherten lediglich eine Rente wegen teilweiser Erwerbsminderung gewährt, kommt es unter bestimmten Voraussetzungen zu einer Krankengeldkürzung.

Wird die Rente wegen Erwerbsminderung auf Zeit gezahlt (Normalfall), kommt eine Gewährung erst ab Beginn des siebten Monats der Arbeitsunfähigkeit in Betracht. Für die Zeit vorher besteht für gesetzlich krankenversicherte Personen der ungekürzte Krankengeldanspruch.

Rehabilitation (Leistungen zur Teilhabe) hat Vorrang!

Stellt ein Arzt (z. B. des Medizinischen Dienstes der gesetzlichen Krankenversicherung) fest, dass die Erwerbsfähigkeit des Versicherten gefährdet oder gemindert ist, kann die Krankenkasse den Versicherten auffordern, einen Antrag auf Leistungen zur medizinischen Rehabilitation und Teilhabe am Arbeitsleben zu stellen. Sie kann dabei eine Frist von zehn Wochen setzen, innerhalb der der Antrag zu stellen ist. Hat ein Versicherter seinen Wohnsitz oder gewöhnlichen Aufenthalt im Ausland, kann ihm die Krankenkasse eine Frist von zehn Wochen setzen, innerhalb der er entweder einen Antrag auf Leistungen zur medizinischen Rehabilitation und Teilhabe am Arbeitsleben bei einem Leistungsträger im Inland oder einen Antrag auf Rente wegen voller Erwerbsminderung bei einem inländischen Rentenversicherungsträger zu stellen hat.

Achtung: Stellen Versicherte innerhalb dieser Frist den Antrag nicht, entfällt der Anspruch auf Krankengeld mit Ablauf der Frist. Wird der Antrag später gestellt, lebt der Anspruch auf Krankengeld mit dem Tag der Antragstellung wieder auf. Rechtsgrundlage für diese Regelung ist § 51 SGB V.

Das Dispositionsrecht des Versicherten

Hat der Krankenversicherungsträger eine solche Frist gestellt, hat er nach der Auffassung des Bundessozialgerichts das Dispositionsrecht des Versicherten eingeschränkt. Der Versicherte kann dann einen einmal gestellten Rentenantrag nicht mehr ohne Zustimmung der Krankenkasse zurücknehmen. Ist das Dispositionsrecht allerdings nicht eingeschränkt, wurde also durch die Krankenkasse keine Frist gestellt, kann eine solche Rücknahme jederzeit erfolgen. Auch ist ein Verzicht auf (laufende) Rentenansprüche möglich (§ 46 SGB I).

Praxis-Tipp:

Der Antrag auf Leistungen zur Teilhabe kann leicht zu einem Anspruch auf Rente wegen teilweiser oder voller Erwerbsminderung führen.

Werden nämlich die Leistungen zur Teilhabe vom Rentenversicherungsträger abgelehnt, weil nach ärztlichem Gutachten keine Erfolgsaussicht besteht (die Erwerbsfähigkeit also nicht wiederhergestellt oder gebessert werden kann), dann gilt kraft Gesetzes der Antrag auf Leistungen zur medizinischen Rehabilitation oder zur Teilhabe am Arbeitsleben als Rentenantrag (§ 116 SGB VI). Das Gleiche gilt, wenn sich nach Abschluss der Rehabilitationsmaßnahme herausstellt, dass sie erfolglos gewesen ist.

Wichtig: In der Praxis sendet der Rentenversicherungsträger dem Versicherten in solchen Fällen einen Rentenantrag zu. Ist die Dispositionsbefugnis des Versicherten eingeschränkt, muss er den Antrag stellen, wenn er nicht seinen Anspruch auf Krankengeld verlieren will.

Wann wird ein ärztliches Gesundheitszeugnis ausgestellt?

Jener Arzt, auf dessen Rat hin die Frührente beantragt wurde, wird auch die Krankheiten attestieren. Das somit erstellte sog. ärztliche Gesundheitszeugnis bringt eine sorgfältige, sachkundige Einschätzung des Krankheitszustandes zum Ausdruck, und ihm kommt beim Frührentenverfahren eine große Bedeutung zu.

Juristischerseits gilt, dass „ärztliche Gesundheitszeugnisse gewichtigen Beweiswert haben, sie müssen somit inhaltlich richtig sein". Deshalb ist für den Arzt bei der Abfassung des Attests der § 278 Strafgesetzbuch (StGB) bindend.

Darunter ist zu verstehen, dass das Gesetz dem Arzt streng untersagt, Gefälligkeitszeugnisse auszustellen.

Führen Sie ein offenes Gespräch mit dem Arzt Ihres Vertrauens

Ein Kranker kann seinen eigenen Gesundheitszustand nie objektiv beurteilen. Selbst Ärzte können es nicht unbedingt, wenn sie selbst erkrankt sind.

Der Grund hierfür ist, dass häufig subjektive Empfindungen wie Schmerzen usw. das objektive Krankheitsgeschehen überlagern und dadurch zu trügerischen Fehlurteilen bei der Einschätzung des Schweregrades der tatsächlich zugrunde liegenden organischen Veränderungen führen.

Im Gegensatz dazu kann jemand seine Restgesundheit auch völlig überschätzen und sie durch zu langen Verbleib im Berufsleben völlig ruinieren.

Praxis-Tipp:

Ein vertrauensvolles offenes Gespräch mit dem behandelnden Arzt über die vorliegenden Krankheiten ist in Bezug zur körperlichen Leistungsfähigkeit im Beruf als unerlässliche Bedingung bei der Beurteilung einer Frührentenbedürftigkeit zu erachten. Nicht zuletzt deshalb, weil dadurch bittere Enttäuschungen, z. B. bei unbegründetem Rentenwunsch, erspart bleiben.

Meist sind die Patienten unschlüssig, ob sie nun eine Rente bei Erwerbsminderung beantragen sollen oder nicht. Der Hausarzt hat hier die Pflicht, objektiv die diesbezüglichen Fragen mit dem Patienten zu besprechen. Ist er der Meinung, dass sein Patient teilweise oder voll erwerbsgemindert ist, verstößt er gegen keinerlei Gesetz, wie irrtümlicher Weise häufig angenommen wird, wenn er ihm rät, einen entsprechenden Antrag auf Frührente zu stellen. Er sollte sich aber auch nicht scheuen, von der Antragstellung abzuraten, wenn er erkennt, dass der Antrag keine Chance haben wird.

Rät der Arzt zur Rentenantragstellung, wird er die attestierten Krankheitsschäden mit entsprechenden Kommentaren über die bisherigen therapeutischen Bemühungen und Heilungschancen versehen, um dadurch das Rentenbegehren zu begründen und zu unterstützen.

Es kann auch der Fall eintreten, dass von mehreren der behandelnden Ärzte oder Fachärzte je ein Attest einzuholen ist.

Wichtig: Immer bleibt zu bedenken, dass bei der Beurteilung einer Frührentenbedürftigkeit durch die Rentenversicherungsanstalt der ganze Mensch mit allen seinen Gesundheitsschäden und nicht nur einzelne Organerkrankungen oder Behinderungen begutachtet werden müssen.

4

Der Rentenantrag und das ärztliche Gutachten

Ohne Antrag läuft nichts!

Den Rentenantrag bzw. Antrag auf Frührente stellt immer das Mitglied selbst an seinen Rentenversicherungsträger.

Praxis-Tipp:

Die dazu benötigten Formulare sind bei den Rentenberatungsstellen, Krankenkassen, Gemeindeverwaltungen erhältlich. Für sämtliche Rentenarten, z. B. Rente wegen teilweiser oder voller Erwerbsminderung oder/und Regel-Altersrente werden die gleichen Formblätter verwendet.

Allein schon das Ausfüllen des Rentenantrages bedeutet für viele Menschen eine schlimme Vorstellung, da es ein ganzes Bündel von Vordrucken gibt, die ausgefüllt werden müssen.

Wichtig: Die Auskunfts- und Beratungsstellen (Adressen siehe ab Seite 294) helfen Ihnen gerne. Sie sollten aber vorher unbedingt einen Beratungstermin vereinbaren. Denn Besucher mit abgesprochenem Termin ersparen sich Wartezeiten!

Welche Versicherungsunterlagen sind zusätzlich notwendig?

Versäumen Sie nicht, frühzeitig Ihre Versicherungsunterlagen auf Vollständigkeit zu prüfen. Der folgende Auszug aus den „Erläuterungen zum Antrag auf Versichertenrente" der Deutschen Rentenversicherung Bund (früher BfA) gibt Ihnen einen Überblick, welche Unterlagen Sie bereithalten sollten.

Versicherungsunterlagen, Nachweise über Ersatzzeiten und Anrechnungszeiten

Mit dem Rentenantrag sind Versicherungsunterlagen sowie Nachweise über Ersatzzeiten und Anrechnungszeiten dann nicht einzusenden, wenn sie der Rentenversicherung Bund in einem Kontenklärungsverfahren bereits vorgelegen haben.

Ist die **Vorlage von Versicherungsunterlagen** (z. B. Versicherungskarten, Aufrechnungsbescheinigungen, Beitragsbescheinigungen) erforderlich, bitten wir diese im Original einzusenden. Versicherte, die die erforderlichen Daten mit Eintragungen in dem Ausweis für Arbeit und Sozialversicherung nachweisen, sind berechtigt, in einer Ablichtung des Ausweises (mit Übereinstimmungsbestätigung) die Daten unkenntlich zu machen, die für den Träger der Rentenversicherung nicht erforderlich sind. Bei **sonstigen Unterlagen** (z. B. Nachweise über Ersatzzeiten und Anrechnungszeiten) **und Urkunden genügen auch Fotokopien oder Abschriften, sofern deren Übereinstimmung mit dem Original bestätigt ist**. Wir bitten Sie diese Bestätigung (keine amtliche Beglaubigung) durch die Auskunfts- und Beratungsstellen der Rentenversicherung Bund, ihre Versichertenältesten sowie durch die anderen Sozialleistungsträger (z. B. Krankenkassen), aber auch durch die Versicherungsämter bzw. die Stadt- oder Gemeindeverwaltungen und die deutschen Auslandsvertretungen vornehmen zu lassen; die Bestätigung erfolgt kostenlos. Es reicht nicht aus, wenn die Bestätigung der Übereinstimmung der Fotokopie oder Abschrift mit dem Original von Ihnen selbst oder von einem Rechtsanwalt, Rechtsbeistand oder Rentenberater vorgenommen wird. Soweit Sie in Berlin wohnen, empfehlen wir Ihnen, sich unmittelbar an die Rentenversicherung Bund zu wenden.

Urkunden

Sofern eine Bestätigung der Personenstandsdaten unter Ziffer 2 des Rentenantrags nicht vorgenommen wurde, sind Personenstandsurkunden vorzulegen. Sollten Sie keine Geburts- oder Heiratsurkunde besitzen, die Sie uns als Original oder als Fotokopie oder Abschrift mit Übereinstimmungsbestätigung einsenden können, ist auch eine bestätigte Fotokopie des Personalausweises oder des Reisepasses ausreichend.

Man muss sich begutachten lassen!

Das ärztliche Gutachten bzw. ärztliche Sachverständigen-Gutachten über den jeweiligen Gesundheitszustand des Antragstellers wird auf Veranlassung eines Rentenversicherungsträgers durch entsprechend qualifizierte freie ärztliche bzw. fachärztliche Gutachter – die vom Rentenversicherungsträger benannt werden – erstellt.

Wenn auf diese Weise der Versicherungsträger oder eine Versorgungsbehörde im Verwaltungsverfahren ein medizinisches Gutachten einholt, so erfüllt er seine Pflicht, den Sachverhalt von Amts wegen zu ermitteln (§ 20 SGB X).

Verfassungsrechtlich gelten die oben genannten Behörden ebenso wie alle anderen Verwaltungsbehörden als vollziehende Gewalt und sind somit an Gesetz und Recht gebunden. Deshalb ist z. B. ein Versicherungsträger verpflichtet, ein Höchstmaß an Sorgfalt aufzuwenden und den Sachverhalt in allen für die Entscheidung wesentlichen Fragen aufzuklären, bevor er einen Bescheid erlässt.

Insbesondere die medizinische Abklärung von Sachverhalten in großen Bereichen der sozialen Absicherung breiter Schichten der Bevölkerung unseres Sozialstaates liefert den Sozialverwaltungen in Form von Gutachten die Grundlage für die Entscheidungen, die sie über bestimmte soziale Rechte und Ansprüche eines Bürgers tagtäglich zu treffen haben.

Praxis-Tipp:

Sehr wichtig hierzu ist die Klarstellung des Bundessozialgerichtes darüber, dass ein Verwaltungsgutachten, dazu gehört auch das medizinische Sachverständigengutachten, als sog. unparteiisches Gutachten zu betrachten ist.

Wie Gutachter vorgehen

Die Fragestellungen für den Gutachter werden behördlicherseits, d. h. in diesem Fall vom Rentenversicherungsträger, vorgegeben.

Diese bestimmen sein Vorgehen bei der Erarbeitung einer rentengutachterlichen Aussage. So werden sich Umfang ebenso wie Inhalt nach dem jeweiligen Auftrag und der Fragestellung ausrichten.

Da die Verwaltungsbehörden oftmals aus Gründen der Rechtsgleichheit Antragstellern das Gutachten zugänglich zu machen haben, wird der Gutachter sich bemühen, diagnostische Feststellungen bzw. Schlussfolgerungen allgemein verständlich zu formulieren.

Wichtig: Das diagnostische Vorgehen, die Bewertung von Untersuchungsergebnissen, das Ziehen von Schlussfolgerungen usw. richten sich im Gutachten streng nach der heute in der Bundesrepublik geltenden allgemeinen Lehrmeinung der Schulmedizin und nicht nach persönlichen Ansichten des Gutachters oder eines Außenseiters der medizinischen Wissenschaften.

Die Pflicht zur Mitwirkung

Der Versicherte hat die Pflicht zur Mitwirkung, d. h. er muss sich einer gutachterlichen Untersuchung durch den Rentenversicherungsträger, bei dem er eine Rente wegen teilweiser oder voller Erwerbsminderung beantragt hat, unterziehen, wenn dieser die Untersuchung für notwendig hält.

Im Rahmen der Pflicht zur Mitwirkung hat der Versicherte auch alle Daten und Unterlagen, die für eine Entscheidung über den Rentenantrag benötigt werden, zur Verfügung zu stellen. So will es § 62 SGB I.

Unter Umständen besteht eine Pflicht zur Heilbehandlung oder zur Teilnahme an berufsfördernden Maßnahmen – amtlich: Maßnahmen zur Teilhabe am Arbeitsleben (§§ 62, 63, 64 SGB I).

Wo liegen die Grenzen der Mitwirkungspflicht?

Sie werden für alle Bereiche der Sozialverwaltung in § 65 SGB I abgesteckt. Demnach endet die Mitwirkungspflicht des Antragstellers, wenn „ihre Erfüllung nicht in einem angemessenen Verhältnis zu der in Anspruch genommenen Sozialleistung steht oder dem

Betroffenen aus einem wichtigen Grund nicht zugemutet werden kann" oder wenn „der Leistungsträger sich durch einen geringeren Aufwand als der Antragsteller oder Leistungsberechtigte die erforderlichen Kenntnisse selbst beschaffen kann".

Zu beachten ist hier aber auch § 65 Abs. 2 SGB I. Danach können Behandlungen und Untersuchungen,

- bei denen im Einzelfall ein Schaden für das Leben oder die Gesundheit nicht mit hoher Wahrscheinlichkeit ausgeschlossen werden kann,
- die mit erheblichen Schmerzen verbunden sind oder
- die einen erheblichen Eingriff in die körperliche Unversehrtheit bedeuten,

abgelehnt werden.

Was will der Rentenversicherungsträger wissen?

Er will erfahren, ob Gründe für eine Frühberentung

- versicherungsrechtlich ausreichend erfüllt,
- klinisch-medizinisch genügend stichhaltig
- und sozial tragfähig

vorhanden sind.

Die entscheidenden Fragen

- Ist die allgemeine körperliche Leistungsfähigkeit durch das Vorliegen von Krankheiten oder Behinderungen beeinträchtigt und wenn ja, in welchem Ausmaß?
- Reicht die jeweilige reduzierte körperliche Leistungsfähigkeit (Restgesundheit) zum Verrichten von Arbeiten im Beruf beziehungsweise auf dem allgemeinen Arbeitsmarkt noch aus? Anders ausgedrückt, wie stark ist die Berufsausübung bereits eingeschränkt?

noch: Die entscheidenden Fragen

- Kann die berufliche Arbeit nur noch auf Kosten der Restgesundheit verrichtet werden?
- Reicht die Restleistungsfähigkeit bei Beachtung gewisser Einschränkungen (z. B. kein schweres Heben und Tragen, kein Überkopf-Arbeiten usw.) zur Verrichtung von beruflichen Tätigkeiten aus?
- Wie sieht das positive und negative Leistungsbild des Antragstellers aus, d. h. welche körperlichen Kraftanwendungen, Bewegungsabläufe, Aufgabenbewältigungen körperlicher oder psychischer Art können oder können nicht mehr zugemutet werden?
- Könnten stationäre rehabilitative Heilmaßnahmen die Berufsfähigkeit wiederherstellen?
- Wäre es möglich, durch berufsfördernde Maßnahmen wie z. B. Umschulung, innerbetriebliche Umsetzung usw. die Erwerbsfähigkeit zu erhalten?
- Genügt die Leistungsfähigkeit für Alternativarbeiten am allgemeinen Arbeitsmarkt ohne oder mit Einschränkungen?
- Handelt es sich bei den Erkrankungen um Dauerschäden mit oder ohne Heilungschancen?
- Wurden bereits alle therapeutischen und rehabilitativen Möglichkeiten ausgeschöpft?

Weiterhin behält sich der Rentenversicherungsträger vor, vom Rentengutachter außer zu den allgemeinen Stellungnahmen noch eine spezielle Meinungsäußerung zu Fragen über Person und Beruf des Antragstellers zu verlangen.

Wichtig: Der Gutachter hat alle ärztlich relevanten Tatsachen gemäß den Fragestellungen des Rentenversicherungsträgers zu prüfen und seine Feststellungen in die gutachterliche Beurteilung einfließen zu lassen. Die daraus resultierende gutachterliche Aussage dient dann bei der „amtlichen" Entscheidung des Rentenversicherungsträgers als wichtige Grundlage für den Rentenbescheid.

Wie wird der Gutachter ausgewählt?

Der Rentenversicherungsträger wird aus dem Antragschreiben, den ärztlichen Attesten und sonstigen eingereichten Unterlagen entnehmen, von welcher Fachrichtung ein Gutachter für die Beurteilung der angegebenen Krankheiten zuständig ist, und erteilt dementsprechend einen oder mehrere Aufträge zur Durchführung der gesundheitlichen Begutachtung des Antragstellers.

Der benannte Gutachter kann hauptberuflicher Amtsarzt, Klinikarzt oder niedergelassener Vertragsarzt der gesetzlichen Krankenversicherung, d. h. Kassenarzt (korrekte Bezeichnung: Vertragsarzt) sein.

Er entscheidet nach den §§ 383, 384, 408 ZPO, ob er den jeweiligen Gutachtenauftrag annimmt oder annehmen kann. So lehnt z. B. ein Gutachter den erteilten Auftrag ab, wenn er

- die gesetzte Frist nicht einhalten kann,
- im Prozesszusammenhang als befangen gelten könnte,
- der Auftrag seine Möglichkeiten überschreitet,
- der Auftrag ihm fachfremd ist.

Zugegeben, eine Untersuchung bei einem fremden, vom Versicherungsträger bestimmten Arzt ist für die Betroffenen mit Skepsis und Misstrauen behaftet, insbesondere für diejenigen, die das Verfahren nicht kennen und sich nicht sorgfältig darauf vorbereiten. Wie Sie sich optimal vorbereiten, erfahren Sie ab Seite 55.

Selbst solche Gutachter, die wegen über Jahrzehnte hinweg angehörter „Klagen" nicht mehr allzu empfänglich sind, werden ein Bemühen des Patienten um sachliche Mitwirkung sehr begrüßen. Allerdings darf humanitäres Mitgefühl gegenüber Beschwerden und die Anwendung gutachterlicher Kriterien nicht verwechselt werden.

Praxis-Tipp:

Dem Antragsteller ist es auch möglich, einen von der Rentenversicherung benannten Gutachter abzulehnen.

Dazu muss er nachweisen, dass der benannte Gutachter mit hoher Wahrscheinlichkeit keine objektive und neutrale gutachterliche Entscheidung treffen würde.

Was tun bei einem falschen Gutachter?

Die Alltagserfahrungen zeigen, dass manchmal der benannte Gutachter auf ein Fachgebiet spezialisiert ist, das dem Hauptleiden des Antragstellers gar nicht entspricht. So kann es vorkommen, dass Patienten mit Erkrankungen der inneren Organe zu einem Facharzt für Orthopädie oder Nervenkranke zum Internisten geschickt werden.

Achtung: In solchen Fällen empfiehlt es sich, schon vor der Untersuchung Rücksprache mit dem Rentenversicherungsträger zu halten.

Allerdings ist Vorsicht geboten. Es könnten z. B die im Vordergrund stehenden Beschwerden von Nebenleiden herrühren und so dem Laien ein falsches Bild vermitteln.

Ihr Gutachtertermin: Den sollten Sie nicht vergessen!

Ein ständiger Gutachter des betreffenden Rentenversicherungsträgers, nahe dem Wohnort des Antragstellers, erhält den Auftrag zur Erstellung eines Gutachtens oder Fachgutachtens zum Rentenantrag. Sie als Antragsteller werden vom Gutachter zur gutachterlichen Untersuchung einbestellt. Oftmals können Sie auch den Gutachter selbst bestimmen, z. B. beim Antrag auf Heilverfahren. Sie können ihn aus Vorschlagslisten des Rentenversicherungsträgers heraussuchen. Den Begutachtungstermin müssen Sie dann mit dem Gutachter vereinbaren.

Falls Sie gehfähig bzw. nicht bettlägerig erkrankt sind, haben Sie zum genannten Termin zu erscheinen.

Achtung: Können Sie die Arztpraxis des Gutachters nur mit Hilfe einer Begleitperson aufsuchen, sollten Sie den Gutachter darüber informieren.

Wenn der Termin nicht klappt

Falls der Untersuchungstermin beim Gutachter aus triftigem Grund, z. B. Krankenhausaufenthalt oder akute Erkrankung mit Bettlägerigkeit, nicht wahrgenommen werden kann, bemühen Sie sich sofort um eine Terminverlegung – was meist problemlos möglich ist. Ratsam ist es, sich hierzu rechtzeitig mit dem Rentenversicherungsträger oder dem Gutachter zu verständigen.

Wichtig: Eine längere Terminverschiebung wird nicht immer möglich sein, da auch dem Gutachter vom Rentenversicherungsträger für das Erstellen des Gutachtens eine Frist gesetzt ist. Die Frist beträgt im Allgemeinen vier Wochen. Sie ist deshalb wichtig, weil das Gutachten binnen einer Zeit abgeschlossen werden soll, in der der Gutachter noch über einen persönlichen Eindruck über den Versicherten verfügt.

Bei längerer Verzögerung können sich auch Feststellungen über Krankheitsbefunde ändern, weshalb der Antragsteller eine Nachuntersuchung verlangen kann.

Wenn der Antragsteller nicht erscheint

Bei unentschuldigtem Nichterscheinen des Versicherten zum Untersuchungstermin hat der Gutachter den Frührentenantrag an die Rentenversicherungsanstalt zurückzusenden. Somit ist er gar nicht in der Lage, im Falle eines nachträglichen Verlangens einen neuen Untersuchungstermin anzubieten.

Es ist Vorsicht geboten, da ein unentschuldigtes Versäumen eines Untersuchungstermins den Rentenversicherungsträger dazu berechtigt, den Rentenantrag abzuweisen.

Wie wird begutachtet?

Der Rentenversicherungsträger schickt dem Gutachter den Auftrag zur Erstellung des Gutachtens in Begleitung mit Angaben über Ihren beruflichen Werdegang, zusammen mit jenen ärztlichen Unterlagen, die Sie mit dem Rentenantrag einreichten, zu. Diese Unterlagen alleine reichen für eine Begutachtung ihres Gesundheitszustandes jedoch nicht aus.

Der Gutachter strebt eine möglichst umfassende Information über alle Ihre Gesundheitsschäden und der damit verbundenen Art und dem Ausmaß der Kräfteminderung, aber auch über Ihren allgemeinen Gesundheitszustand an.

Hierzu steht ihm die üblicherweise einmalige Begegnung mit dem Antragsteller in seiner Praxis zur Verfügung. Er will ihn als Menschen, als Kranken, als beruflich Tätigen, der sich in seinem sozialen Umfeld und in seiner Arbeitsumwelt, sowie im von ihm selbst mehr oder weniger glücklich gestalteten privaten Milieu zurechtzufinden hat, kennen lernen.

Somit findet bei der Wahrnehmung eines gutachterlichen Termins nicht nur die Begegnung eines kranken Antragstellers und eines Arztes als Gutachter statt, sondern auch eine menschliche Begegnung.

Auf dieser Basis sollte ein gewisses Vertrauensverhältnis entstehen zur gemeinsamen Erarbeitung der Grundlagen eines Gutachtens wie der Erhebung der Krankengeschichte und der Erfassung des Beschwerdebildes.

Wichtig: Deutlich soll hier herausgestellt werden, dass ein freier Gutachter von seinem Auftraggeber unabhängig ist. Er gestaltet für Sie als Antragsteller – einen berechtigten Anspruch vorausgesetzt – eine sachverständige Beweisführung zur Erlangung der Frührente.

Was erwartet Sie, wenn Sie den Untersuchungstermin wahrnehmen?

Wie bereits erwähnt, besitzt der Gutachter vorerst in den meisten Fällen nur sehr spärliche Informationen über die Person des Antragstellers und seine Krankheiten. Dazu kommt, dass er ihm in den meisten Fällen nur einmal begegnet. Man muss deshalb mit einer entsprechend langen zeitlichen Inanspruchnahme rechnen.

Die gesamte gutachterliche Untersuchung, z. B. im Bereich der inneren Medizin, kann unter Umständen vier bis fünf Stunden in Anspruch nehmen. Es ist gut, sich darauf vorher einzustellen!

Jeder Gutachter muss seinen Auftrag unter Einhaltung bindender Richtlinien bearbeiten. Diese Richtlinien sind:

- maximale Objektivität
- wissenschaftliche Gründlichkeit
- Unabhängigkeit

Der Rentengutachter hat weder einseitig die Interessen des Auftraggebers, d. h. der Rentenversicherungsanstalt, noch die der Antragsteller zu vertreten. Eine Verpflichtung besteht primär gegenüber der Solidargemeinschaft aller Versicherten und den geltenden Rechtsvorschriften.

Wichtig: Das Sachverständnis und die Fachkenntnis des Gutachters bringen, bei sorgfältiger Aufarbeitung aller relevanten Krankheitsgeschehnisse, die Beweisführung für den berechtigten Anspruch einer Frührente, die dann der Versicherungsanstalt als Entscheidungsgrundlage dient.

Sie als Antragsteller können wesentlich dazu beitragen, dass eine sorgfältige Aufarbeitung Ihrer Krankheitsgeschehnisse dem Gutachter möglich wird, indem Sie sich schon zu Hause auf die gutachterliche Untersuchung sorgfältig vorbereiten.

Fallen Sie nicht mit der Tür ins Haus

„Ich werde alle meine Beschwerden vortragen und möglichst betonen, was ich alles nicht mehr machen oder schaffen kann", nimmt sich gewöhnlich der Antragsteller vor, „schließlich muss der Gutachter überzeugt werden, damit er mir die Rente zuspricht." Diese Ansicht ist falsch, sie muss korrigiert werden.

Erstens, es ist nicht richtig, dass der Gutachter über Ihre Rente entscheidet. Bitte erinnern Sie sich, dass die Entscheidung über Ihren Frührentenantrag ein Verwaltungsakt ist. Das ärztliche Gutachten spielt dabei eine wichtige, jedoch nicht die alleinige Rolle. Fehlerhaft ist auch die Vorstellung, dass dem Gutachter möglichst viele Beschwerden vorgetragen werden sollten, um ihn zu überzeugen. Selbstverständlich wird sich der Gutachter Ihre Beschwerden anhören. Seine primäre Aufgabe ist jedoch nicht eine Beschwerdeanalyse, um Ihre Krankheiten daraus zu diagnostizieren.

Praxis-Tipp:

Eine abklärende Diagnostik Ihrer Krankheiten muss bereits vor der gutachterlichen Untersuchung erfolgt sein. Ihre Diagnosen sollten sich in den ärztlichen Unterlagen, die Sie dem Gutachter vorlegen, befinden.

Der Gutachter prüft die Richtigkeit Ihrer Diagnosen und setzt diese mit Ihren Beschwerden in Bezug, um daraus über die Minderung Ihrer allgemeinen körperlichen Leistungsfähigkeit bzw. beruflichen Einsatzfähigkeit auf dem allgemeinen Arbeitsmarkt Schlüsse zu ziehen.

Es muss nochmals auf die Wichtigkeit bestimmter Zusammenhänge hingewiesen werden: Nicht die von Ihnen erzählten Beschwerden, sondern Ihre mitgebrachten Diagnosen, d. h. Ihre bereits festgestellten Erkrankungen, werden die wichtigsten Erkenntnisse für den Gutachter liefern.

Legen Sie Ihre Krankheiten schwarz auf weiß vor

Keine Ihrer körperlichen oder psychischen Beschwerden darf im Rahmen einer Vorbereitung zur gutachterlichen Untersuchung kassenärztlich unabgeklärt bleiben. Auch dann nicht, wenn Sie glauben, dass irgendeine schwere Erkrankung sowieso ausreichend sei für einen positiven Rentenbescheid.

Mit Hilfe Ihres Hausarztes können alle Ihre Missempfindungen, wie Unwohlsein, Erschöpfungsgefühl, Schlaflosigkeit usw., evtl. infolge von Überspanntsein, zu starker nervlicher Belastung oder Unzufriedenheit, aber auch als Symptom organischer Erkrankungen richtig gedeutet, diagnostiziert, therapiert und hinsichtlich Ihrer allgemeinen Leistungsfähigkeit interpretiert werden.

Praxis-Tipp:

Falls es notwendig ist, drängen Sie noch vor dem Gutachtertermin auf präzise fachärztliche Abklärung Ihrer Leiden. Begnügen Sie sich nicht mit Pauschaldiagnosen wie „Verschleiß von Gelenken" oder „nervöser Magen".

Der Gutachter wird Sie bei ernsthaften Erkrankungen nach fachärztlicher Abklärung bzw. fachärztlichen Diagnosen fragen, zumal diese Diagnosen dem Hausarzt in Form von sog. „fachärztlichen Befundberichten" zur Verfügung stehen.

Achtung: Wenn Sie das Anstreben einer solchen sog. abklärenden Diagnostik unterlassen haben, obwohl diese Ihnen im Rahmen der kassenärztlichen Versorgung zusteht, kann vom Gutachter dies so verstanden werden, dass Sie Ihre Leiden selbst doch nicht so ernst nehmen.

Beispiel:

Dem Gutachter kann es durchaus widersprüchlich erscheinen, dass jemand über Jahre mit Magenschmerzen herumläuft und nie eine Magenspiegelung vornehmen ließ, oder sich wegen einer Bronchialasthma-Erkrankung berenten lassen will und sich nie einer Lungenfunktionsprüfung, einem Allergietest oder einer Nasen-Nebenhöhlenuntersuchung unterzog.

Ein Antragsteller sollte deshalb nicht verwundert reagieren, wenn ein Gutachter sich streng nach den allgemein anerkannten und verlangten Regeln des diagnostischen Vorgehens hält und dementsprechend sich nach dem Vorhandensein von früheren ärztlichen Befunden erkundigt bzw. eine ergänzende Diagnostik im Rahmen des Gutachterverfahrens vorschlägt.

Welche früheren ärztlichen Befunde sind vorzulegen?

Ihre wichtigste Aufgabe zur Vorbereitung einer gutachterlichen Untersuchung besteht also darin, dass Sie versuchen, alle ärztlichen oder fachärztlichen Befundberichte, nicht nur die neueren, sondern auch die älteren Datums, über Ihre bisherigen Erkrankungen zu besorgen.

Dabei kann es erforderlich sein, dass Sie nicht nur Ihren Hausarzt, sondern auch andere Sie behandelnde oder früher betreuende Fach- bzw. Krankenhausärzte um Aushändigung von Kopien Ihrer Befunde bitten müssen.

Für den Gutachter ist es wichtig, dass z. B. bei einer schweren, chronisch-progressiven Erkrankung von Ihnen nicht nur die älteren Befunde vorliegen, die frühere diagnostische Abklärungen belegen, sondern auch jene von erst kürzlich durchgeführten Kontrolluntersuchungen, um daraus Schlüsse ziehen zu können, z. B.

- wie rasch die Verschlimmerung einer Krankheit fortschreitet,
- mit welchem Krankheitsstadium man es zu tun hat und
- mit welchen Komplikationen zu rechnen ist.

Wundern Sie sich nicht, wenn der Gutachter außer schriftlich abgefasster Befunde auch die zugrunde liegenden, sog. originalen Befundprotokolle, z. B. im Falle bildgebender Diagnostik das angefertigte Röntgenbild, EKG-Aufzeichnungen oder Lungenfunktions-Messdiagramme usw. ebenfalls einsehen möchte. Die Erklärung hierfür ist, dass die Art der Befunderhebung, die Interpretation von Details oder das Erfahrungswissen der einzelnen Ärzte sehr unterschiedlich sein können.

Achtung: Es ist damit zu rechnen, dass die Besorgung aller Befunde oder die Komplettierung bereits vorliegender Befunde durch Sie selbst oder Ihren Hausarzt – falls er die Aufgabe für Sie übernimmt – erheblichen Zeitaufwand und Mühe kosten wird, weil ältere Befunde sowohl in Krankenhäusern als auch in Arztpraxen in Archiven aufbewahrt werden, die sich häufig in Kellerräumen befinden.

Praxis-Tipp:

Das Vorzeigen der Ladung zur gutachterlichen Untersuchung erleichtert Ihnen die Befundbesorgung, da sie auch eine Aufforderung enthält, ärztliche Unterlagen mitzubringen.

Möglicherweise erhalten Sie vom Gutachter einen gesonderten Vordruck zur Befundanforderung mit einer detaillierten Liste über mögliche Originalbefunde in Begleitung eines Briefes an Arztkollegen, mit der Bitte, die entsprechenden ärztlichen Unterlagen herauszugeben – gegen die Zusicherung, dass diese nach Einsichtnahme unverzüglich zurückgegeben werden.

Mustertext: Befundanforderung

Betrifft: Ärztliche Begutachtung zu Ihrem Rentenantrag im Auftrag der Rentenversicherung Bund.

Sehr geehrte Frau/Herr ....

Ihre gutachterliche Untersuchung wird in meiner Praxis (Adresse mit Stadtplanabschnitt siehe Anlagen) am .... durchgeführt.

Bitte kommen Sie zu dem o.g. Termin morgens um 8 Uhr, nüchtern. Wir werden uns bemühen, alle Erhebungen und notwendigen Untersuchungen einschließlich einem ausführlichen Arztgespräch im Laufe des Vormittags durchzuführen.

Um überflüssige Wiederholungen von Untersuchungen zu vermeiden, bringen Sie bitte ärztliche Befunde, Röntgenbilder, EKG-Streifen, Lungenfunktionsdiagramme usw. von Ihrem Hausarzt bzw. Ihren behandelnden Ärzten zum Untersuchungstermin mit.

Der Ablauf der gutachterlichen Untersuchung kann für Sie erleichtert bzw. abgekürzt werden, wenn Sie die als Anlagen mitgeschickten Fragebogen bereits zu Hause ausfüllen. Notwendig sind Angaben über

- Erkrankungen in Ihrer Familie
- Ihre Erkrankungen im Kindesalter
- alle Ihre bisherigen und gegenwärtigen Erkrankungen
- Ihre gegenwärtigen Beschwerden und deren Entstehungsgeschichte.

Die Erstellung des ärztlichen Gutachtens ist zeitlich befristet. Geben Sie uns deshalb bitte im Falle von Terminschwierigkeiten unverzüglich Bescheid.

Mit freundlichen Grüßen

....

(Unterschrift)

Der Rentenantrag und das ärztliche Gutachten

Die ärztlichen Befundunterlagen werden zwecks Übergabe an den Gutachter meistens dem Patienten direkt ausgehändigt. Nur in wenigen Fällen wird – aus unterschiedlichen Erwägungen heraus – der Postweg vorgezogen. Hierbei kann es sich z. B. um Diagnosen handeln, über die der Patient als Antragsteller nicht informiert wurde, sondern nur seine Angehörigen.

Praxis-Tipp:

Es muss darauf hingewiesen werden, dass Sie die Ihnen anvertrauten ärztlichen Unterlagen mit großer Sorgfalt behandeln sollten. Diese werden Ihnen evtl. in einem verschlossenen Umschlag ausgehändigt, obwohl der Inhalt Sie selbst betrifft. Dieses Vorgehen dient der Sicherheit, d. h. der Wahrung der ärztlichen Schweigepflicht und dem Schutz Ihrer intimsten, persönlichsten Daten.

Bei einem guten Vertrauensverhältnis zu Ihrem Hausarzt können Sie ihn aber jederzeit um die Erörterung Ihrer Krankheiten bitten.

Hierzu sei noch zu vermerken, dass es klug und üblich ist – und Sie immer das Recht und die Möglichkeit dazu haben –, bei schwerwiegenden gesundheitlichen Problemen oder Entscheidungen auch die Meinung mehrerer Ärzte einzuholen, wobei Ihnen Ihr Hausarzt sicherlich behilflich sein wird.

Eventuelle Meinungsdifferenzen unter den konsultierten Ärzten und Ihrem Hausarzt sollten dann durch Austausch von Sachargumenten, ohne Einbeziehung des Patienten, bereinigt werden.

Aus diesen Überlegungen heraus kann es der Gutachter auch für notwendig erachten, mit dem einen oder anderen Verfasser der ihm vorgelegten Facharztbefunde telefonisch Rücksprache zu nehmen. Von der Notwendigkeit einer solchen Rücksprache werden Sie in Kenntnis gesetzt.

Welche früheren ärztlichen Befunde sind vorzulegen?

Als erste Hausaufgabe zur Vorbereitung einer gutachterlichen Untersuchung gilt es also, frühere ärztliche Befunde zu besorgen – gegebenenfalls alte Untersuchungen zu wiederholen und manche Diagnosen durch Heranziehen weiterer Fachärzte vertiefen und vervollständigen zu lassen.

Checkliste: Ärztliche Befunde

- hausärztliches Attest
- Krankenhausentlassungsberichte
- Heilverfahrens-, Sanatoriums- bzw. Kurberichte
- amtsärztliche Berichte
- Laboruntersuchungsbefunde
- röntgenfachärztliche Untersuchungsbefunde
- Original-Röntgenbilder, insbesondere über Herz und Lunge (nicht älter als ein halbes Jahr), über Gelenke und verschiedene Abschnitte der Wirbelsäule (nicht älter als zwei Jahre)
- Original-Ruhe-EKG, -Belastungs-EKG, -Langzeit-EKG (nicht älter als ein halbes Jahr)
- internistisch fachärztliche Befundberichte
- augenfachärztlicher Untersuchungsbefund
- HNO-fachärztlicher Untersuchungsbefund
- urologisch-fachärztlicher Untersuchungsbefund
- orthopädisch-fachärztlicher Untersuchungsbefund
- gynäkologisch-fachärztlicher (frauenärztlicher) Untersuchungsbefund
- neurologisch-psychiatrisch-fachärztlicher Untersuchungsbefund
- lungenfachärztlicher Untersuchungsbefund
- kardiologischer (Herz-)Untersuchungsbefund (Echo-Kardiographie)
- angiologischer (Gefäß-)Untersuchungsbefund
- chirurgischer Untersuchungsbefund
- Operationsberichte
- histologische Befunde in Zusammenhang mit Operationen bzw. Gewebeentnahmen (sog. Probeexcision) usw.

Praxis-Tipp:

Ein gesondert zum Rentenantrag ausgestelltes hausärztliches Attest beim Gutachter vorzulegen, sollte aus den bereits erörterten Gründen niemals versäumt werden.

Warum Sie Ihre Krankengeschichte zusammenstellen sollten

Als zweite Hausaufgabe ist die Zusammenstellung Ihrer Krankengeschichte zu empfehlen.

Bis jetzt wurde über die Tatsache des Vorliegens von Krankheiten bzw. Behinderungen gesprochen. Für Ihre Begutachtung ist jedoch genauso wichtig,

- wann und wie eine Krankheit aufgetreten ist,
- wann, von wem und wie die sog. Erstdiagnostik einer Krankheit durchgeführt wurde
- und welchen Verlauf die Erkrankung bisher zeigte.

Die chronologische Aufzählung dieser Ereignisse nennt man Krankheitsgeschichte oder Anamnese.

Es ist sicherlich auch für jeden Laien verständlich, dass es nicht gleichgültig ist, ob z. B. eine Hochdruck-Erkrankung, Zucker- oder Asthma-Erkrankung seit einem Monat oder bereits seit 20 Jahren besteht, da viele Krankheiten mit Komplikationen einhergehen, Folgeschädigungen nach sich ziehen oder Risiken verbergen, die bei der Einschätzung Ihrer beruflichen Belastbarkeit auf Dauer eine wesentliche Einschränkung bedeuten könnten.

Praxis-Tipp:

Es ist von großer Wichtigkeit, dass Sie bereits vor der gutachterlichen Untersuchung Ihre bisherigen Erkrankungen in zeitlicher Reihenfolge aufsetzen.

Eine nähere Befragung wird dann in der Praxis des Gutachters anhand dieser bereitgestellten Angaben erfolgen.

Die entsprechenden ärztlichen Erhebungen richten sich in der Praxis des Gutachters nach dem sog. Anamnese-Erhebungsblatt (siehe ab Seite 64). Es beginnt mit der Erfassung von Daten zur Familienanamnese, um mögliche erbliche Belastungen aufzudecken.

Die Familienanamnese ist noch dem Vorfeld Ihrer bisherigen Erkrankungen zuzuordnen.

Krankheiten mit evtl. erblichen Belastungen

- Diabetes mellitus (Zuckerkrankheit)
- Hypertonie (Bluthochdruck)
- Herzinfarkt
- Gehirninsult (Gehirnschlag)
- Fettstoffwechselstörung (Hypercholesterinämie, Hypertriglyzeridämie)
- Hyperurikämie (Gicht = Harnsäure-Stoffwechselstörung)
- Venenschwäche (Krampfadern, Venenthrombose, Embolie)
- Hypotone Kreislauflabilität (Kreislaufschwäche)
- Tumorerkrankungen
- Blutungsneigung
- Psychische Störungen
- Gendefekte

Bei den Angaben zur Familienanamnese denken Sie bitte an die Erkrankungen und evtl. Todesursachen der Eltern, Großeltern, aber auch an die Ihrer Geschwister.

Achtung: Die Informationen über Ihre Kinderkrankheiten sind für den Gutachter ebenfalls von Bedeutung, weil manche bleibende Schäden hinterlassen können, z. B. Keuchhusten: Neigung zu Asthma bronchiale; Diphtherie: Herzmuskelschädigungen; Rheumatisches Fieber: Herzklappenerkrankungen; Rachitis: Deformitäten am Skelettsystem usw.

Bei der Frage nach sog. „weiteren bisherigen Erkrankungen" handelt es sich um Erkrankungen im Jugendlichen- und Erwachsenenalter. Zu den Krankheitsereignissen sollte ergänzend noch vermerkt werden, ob

- die jeweilige Krankheit hausärztlich oder ambulant fachärztlich behandelt wurde,
- eine Krankenhausbehandlung mit intensiver Diagnostik (wie z. B. Bauchspiegelung, Herzkatheteruntersuchung) oder therapeutischen Eingriffen (wie z. B. Operationen, Röntgenbestrahlungstherapie), bzw. mit ausgefallenen Therapiemaßnahmen wie Cytostatika, Interferon usw. erfolgen musste,
- nach einer Krankenhausbehandlung ein Heilverfahren durchgeführt wurde (wie z. B. Anschlussheilverfahren nach Herzinfarkt),
- die Krankheit ohne oder mit bleibenden Folgeschäden abgeheilt ist (z. B. Herzinfarkt mit großer Narbe, operierter Bandscheibenvorfall mit Steife und Bewegungseinschränkung, Schlaganfall mit Lähmung usw.) oder sie chronisch weiterbestehen blieb (z. B. PCP – primär chronische Polyarthritis – nach Infektionserkrankung, Leberzirrhose nach Hepatitis).

Wenn eine chronische Erkrankung bei Ihnen vorliegt, sollten folgende Merkmale geprüft werden:

- beschwerdefreie Zeitperioden (z. B. saisonal wiederkehrende Bronchitis, Magengeschwür)
- ständig gleich bleibende Beschwerden (z. B. chronisch persistierende Hepatitis, Lähmung)
- allmähliche Verschlimmerung der Beschwerden (z. B. Diabetes mellitus, Raucherbeine)

- periodische Verschlimmerung der Beschwerden bei schubweise fortschreitender Krankheit wie z. B. PCP
- auf Umwelteinwirkungen rezidivierend auftretende Erkrankungen, z. B. allergischer Hautausschlag, Bronchialasthma
- Komplikationen bei chronischen Erkrankungen, z. B. bei Diabetes mellitus eine Sehverschlechterung, Gehbeschwerden, Gefühlsstörungen oder Gangränbildung
- Ist Ihre chronisch fortschreitende Erkrankung von einer ärztlichen Stelle als unheilbar erklärt worden?

Zur Erleichterung Ihrer Aufgabe schickt Ihnen der Gutachter gleichzeitig mit der Ladung zur gutachterlichen Untersuchung einen Vordruck zur Anamneseerhebung, welcher die wichtigsten Erkrankungen aufgelistet enthält. Sie haben lediglich diesen Vordruck sorgfältig zu lesen und die durchgemachten Krankheiten mit Datum und Kommentar zu versehen.

Die persönlichen Gesundheitsrisiken

In den vergangenen Jahren konnte man in den Medien erfahren, welche Bedeutung diesen Faktoren beizumessen ist. Als persönliche Gesundheitsrisiken einschließlich sog. Herzinfarkt- oder Schlaganfallrisiken gelten etwa:

- erbliche Belastung (Infarkt oder Hirnschlag in der Familie)
- erhöhte Blutfette wie Cholesterin und Triglyceride
- erhöhter Harnsäurespiegel (Gicht)
- erhöhter Blutzuckerspiegel (Diabetes mellitus)
- erhöhter Blutdruck (Hypertonie-Erkrankung)
- erhöhte Homocystein-Konzentration im Blut bzw. erschwerte Fließeigenschaften des Blutes (erhöhter Hämatokrit- bzw. Fibrinogenwert)

Auch Nikotin-, Alkohol-, Rauschgift- oder Medikamentenmissbrauch gefährden ebenso wie Bewegungsmangel Ihr Herz und Ihre Gesundheit.

Die gewohnheitsmäßige Einnahme von Schmerz-, Schlaf- oder Abführmitteln – um nur die verbreitesten Arzneieinnahmegewohnheiten zu erwähnen – schadet wesentlich mehr, als sie nützt.

Wichtig: Bei Checkup-Untersuchungen in einer Kassenpraxis kann jeder seine Herzinfarkt-Risiken ebenso wie die sonstigen persönlichen Gesundheitsrisiken erfahren, in Zusammenhang mit der Auskunft über das Ausmaß der Bedrohung für seine Gesundheit.

Vorhandene Allergien unbedingt angeben!

Zum Abschluss muss der Gutachter u. U. noch die Fragestellung aufwerfen, ob bei Ihnen Allergien (Überempfindlichkeiten) auftreten auf Medikamente, Lebensmittel, einzuatmende Stoffe oder chemische Stoffe zu Hause oder am Arbeitsplatz, die dafür bekannt sind, auf unserer Haut, Schleimhaut bzw. Bindehaut Reize zu verursachen.

Die Allergien können nicht nur lebensgefährlich sein und chronisch verlaufende Krankheiten verursachen, sondern verbieten auch die Anwendung bestimmter, evtl. dringend notwendiger Medikamente. Damit kann ein Heilungsprozess erschwert oder sogar vereitelt werden. Nachfolgend wird auf dem Gebiet der inneren Organe beispielhaft dargestellt, wie viele mögliche organische Erkrankungen in der Anamnese eine Berücksichtigung finden müssen:

ANAMNESE-ERHEBUNGSBLATT

NAME: .... **Alter: ....** **Datum: ....**

Krankheiten in Ihrer Familie (bei Großeltern, Eltern, Geschwistern, usw.):	**Ihre Kinderkrankheiten**
Herzkrankheit, Herzinfarkt, Bluthochdruck, Krampfadern, Schlaganfall, Zuckerkrankheit, hohe Blutfette, Gicht, Bronchialasthma, Krebs, Kropf, Blutarmut, Bluter, Geisteskrankheit, Suchtkrankheit,Gendefekt (z. B. Mongolismus, usw.)	Diphtherie, Masern, Scharlach, Windpocken, Röteln, Gelbsucht, Keuchhusten, Kinderlähmung, Krämpfe, Nierenerkrankung, Halsangina, Mittelohrentzündung, Fieber mit Gelenkschwellung, Hirnhautentzündung, Unfälle

Ihre weiteren bisherigen Erkrankungen. (Bitte geben Sie an, **seit wann** Sie erkrankt sind; ob die Behandlung Ihrer genannten Krankheiten durch Hausarzt/Facharzt oder in Klinik/Sanatorium/Krankenhaus konservativ/operativ/strahlentherapeutisch erfolgte)?

Hals-, Mandel-, Kehlkopf-, **Nebenhöhlen**entzündung, saisonal oder häufig wiederkehrende Erkältungskrankheiten? Tumorerkrankung der Lunge, der Bronchien, des Kehlkopfes, des Gaumens? Zahnfleischschwund? **Lungen**entzündung, Lungenabszess, Lungenfibrose (Vermehrung des faserigen Anteils des Lungengewebes), Rippenfellentzündung, Staublunge, Lungentuberkulose, -metastasen, -embolie? **Bronchial**asthma, allergisch-spastische oder eitrige Bronchitis, Heuschnupfen? Letzte Röntgenuntersuchung des Brustkorbs, Spiegelung der Bronchien, Ergebnis von Allergietests? Lungenpunktion? Erkrankungen der **Brustdrüse:** Zysten/Fibrose/Brustkrebs?

Herzklappenfehler (angeboren oder infolge eines rheumatischen Fiebers?). Erfolgte eine Herzklappen-Operation? Herzmuskelentzündung? **Hochdruckkrankheit?** Herzrhythmusstörung? Kreislaufschwäche bei niederem Blutdruck, Kollapsneigung? Angina-Pectoris-Anfälle, **Herzinfarkt** mit Behandlung in Intensivstation, Ballondilatation, Bypass-Operation, Anschlussheilbehandlung, erneuter Infarkt; Infarktnachsorge? **Kardiomyopathie** (Herzmuskeldegeneration mit Verengung oder Erweiterung der Herz-Binnenräume)? Herzmuskelschwäche (Wasser in den Beinen, Kurzatmigkeit, Leistungsschwäche)? Letztes Belastungs-, Langzeit-EKG, Echokardiographie (Ultraschalluntersuchung des Herzens), Herzkatheter-, Thaliumscintigraphie-Untersuchung? **Raucherbeine** (Verschluss der Bein- oder Beckenarterien)? Aneurysma (Erweiterung einer Arterie)? Halsschlagaderverschluss? **Krampfadern,** Venenentzündung, Venenthrombose der Beine/Becken/Arme, offenes Bein, Veränderungen nach Venenthrombose? Arterielle Embolie (Gefäßverschluss durch verschlepptes Blutgerinsel)? **Gehirnschlag** mit bleibender Sprachstörung, Seitenlähmung re./li. Arm oder Bein? Hirnblutung? Migräne?

Speiseröhrenerkrankung: Entzündung, Geschwür, Geschwulst, Blutung, Ätzung, Divertikel (Ausstülpung)? **Magen**schleimhautentzündung, Magen-, Zwölffingerdarmgeschwür, Magenblutung? **Gallenblase**nentzündung, Gallensteine, Gelbsucht, Schrumpfgallenblase? **Leber**/Milzerkrankungen: Fettleber, Gelbsucht, Virushepatitis, Leberzirrhose? **Bauchspeicheldrüse**nentzündung? **Darm**infektion (z. B. Salmonellose, Ruhr), Dünn- und Dickdarmerkrankungen (Colitis ulzerosa, Morbus Crohn, Blutung, Polyp, Divertikel, Tumor? Leisten-, Nabel- oder Narbenbruch? Hämorrhoiden? Darmfistel- bzw. -abszessbildung? Darmschließmuskeldefekt (Inkontinenz)? Wurmkrankheit? Letzte Magen- oder Darmröntgenuntersuchung, -spiegelung, Gewebeentnahme: (wann und wo?)

Diabetes mellitus (Zuckerkrankheit), diabetischer Leber-, Nieren-, Gefäß-, Nerven-, Augenschaden? **Insulin**behandlung? Fettstoffwechselstörung? Gicht? Erkrankung der Nebennieren, Nebenschilddrüsen, Hypophyse (Hirnanhangsdrüse)? **Schilddrüsen**über- oder -unterfunktion, Kropf, Struma, heißer/kalter Knoten, Zyste?

Nieren-/Nierenbeckenentzündung, Nierenzyste, -steine, -tumor? Eingeschränkte Ausscheidungsfunktion der Nieren? **Harnblase**nerkrankung: Harnwegsinfekte, Papillom, Tumor, Inkontinenz? **Prostata**erkrankung, Potenzstörung, Geschlechtskrankheit? **Hoden**erkrankung? Erkrankung der **Eierstöcke**, der **Gebärmutter?** Letzte Vorsorgeuntersuchung?

Gelenkentzündung (Arthritis, PCP) **oder** degenerative rheumatische Erkrankungen, Arthrose(Deformierung) von Finger/Hand/Elle/Schulter/Hüft/Knie/Sprung-, Fußgelenk? **Wirbelsäule**nerkrankung im Hals-, Brust-, Lendenbereich. HWS-Schulter-Arm-Syndrom, Spannungskopfschmerzen, Ischias (Bandscheibenvorfall), Beinlängedifferenz? Skoliose (Seitenkrümmung), Kyphose (Buckel), Erkrankung mit spontanen **Knochen**brüchen, Osteoporose (Mangel an Knochengrundsubstanz), Knochenzyste, -tumoren, -metastasen? **Knorpel-, Sehnen- oder Muskelgewebe**erkrankung? Erkrankung des **Bindegewebe**s (Kollagenose)? Fibromyalgie? Weichteilrheumatismus? **Erkrankung des Blutes** (Blutarmut, Blutungsneigung, Blutergüsse, Eisenmangel, Leukämie, Polycytämie, Thrombopathie) und der blutbildenden Organe (Knochenmark, Milz), Erkrankung von Lymphenden?

Erkrankung der **Sinnesorgane: Haut**erkrankungen: z. B. Entzündung, Ekzem, Schuppenflechte, Allergie, Virus- (Lippenherpes, Gürtelrose) oder Pilzerkrankung, Tumoren, degenerative Veränderungen der Haut? Neurodermitis? **Ohr**erkrankung, **Gehör**minderung, Tinnitus (Ohrgeräusch)? Erkrankung des **Gleichgewichtsorgan**s? **Augen**erkrankungen, grauer/grüner Star, Entzündung, Netzhaut- oder Glaskörperblutung, Laserkoagulation? Sehschwäche?, Blindheit, Tumor? Erkrankungen des **Geschmack-** oder **Riechorgan**s?

Nerven: Lähmung, Krämpfe, Neuralgien, Tremor (Zittern), Entzündung der Nerven, der Hirnhaut, des Gehirngewebes, Tumorkrankheit? Empfindungsstörung (taubes Gefühl, Kribbeln, z. B. bei Zuckerkrankheit), Vegetative Labilität mit Störung verschiedener Organfunktionen? Cerebrales Anfallsleiden (Epilepsie)?

Psychische Erkrankungen: z. B. „Nervosität", psychische Erschöpfung, Depression (Willens-, Denk- und Antriebshemmung), Demenz (geistiger Verfall z. B. Alzheimer'sche Krankheit), Psychose (Geisteskrankheit), Verwirrtheit oder zwanghafte Zustände.

Operationen: (z. B. Mandel-, Blinddarm-, Gallenblasenentfernung? Schilddrüsen-, Bypass-, Hüftgelenk-, Venen-, Augenoperation? Operative Eingriffe wegen Verletzungen?). **Unfälle:** (Prellung, Knochenbrüche, Gelenkluxation, Schleudertrauma, Gehirnerschütterung, Bewusstlosigkeit, innere Blutungen, Milz-, Leberriss, Hirntrauma?)

Klinische Behandlungen: (wann, wo, weswegen?)

Nachsorgeuntersuchungen: (wo, weswegen, wann war die letzte Untersuchung?)

Heilverfahren: (wo, durch wen und weswegen?)

Allergien: Pollen, Staub, Lebensmittel (z. B. Erdbeeren, Tomaten, Mehl, Milch), Chemische Stoffe (z. B. Formaldehyd, Schwermetall), Medikamente (z. B. Jod, Penicillin).

Wichtig: Bei Unklarheiten sollten Sie unbedingt und ohne Scheu mit dem Arzt darüber sprechen.

Die somit protokollierte Krankheitsgeschichte wird im Text des Gutachtens festgehalten.

Wie Sie Ihre körperlichen Beschwerden richtig formulieren

Im Anschluss an die Anamnese werden Sie vom Gutachter über Ihre Beschwerden befragt. Bei einer hausärztlichen Konsultation stehen Ihre Beschwerden im Mittelpunkt, schließlich stellen sie den Grund dar, weswegen Sie Ihren Hausarzt aufsuchen.

Im Gegensatz dazu hat der Gutachter Ihre Beschwerden von einem anderen Gesichtspunkt her zu bewerten. Seine primäre Aufgabe ist es,

- Ihre Beschwerden mit den während der gutachterlichen Untersuchung festgestellten Behinderungen und Funktionseinschränkungen verschiedener Organsysteme in Beziehung zu setzen,
- um dadurch den Grad der Minderung der allgemeinen körperlichen Leistungsfähigkeit festzustellen.

Deshalb sollte es Sie nicht verwundern, wenn viele gezielte Fragen des Gutachters das Beschwerdeerhebungsgespräch leiten bzw. unterbrechen, d. h. Ihnen die freie Schilderung und Erzählung Ihrer Klagen nicht gänzlich und uneingeschränkt überlassen wird.

Das „Beschwerde-Erhebungsblatt" ordnet Ihre Gedanken

Ein Arzt kennt allzu gut die vielerlei Beschwerden-Erzählertypen. Der Leutselige oder der Zugeknöpfte, der Schnelle, der Depressive oder der Optimist usw., die ihre Beschwerden in unterschiedlicher, jedoch typischer Art und Weise vortragen.

Nur wenige Patienten bemühen sich, ihre Beschwerden wenigstens logisch zu ordnen oder gar der Denkweise des Arztes Rechnung zu tragen. Diese ärztliche Denkweise entspricht der systematischen Zuordnung der Beschwerden nach Organen oder Organsystemen, wie Sie dies aus dem „Beschwerde-Erhebungsblatt" des Gutachters (siehe ab Seite 69) ersehen können, das er Ihnen zur Erleichterung der Beschwerdeerhebung, ähnlich wie bei der Anamneseerhebung, zusenden wird.

Das Beschwerde-Erhebungsblatt dient als Grundlage für das gutachterliche Gespräch, das jedoch im Sinne der oben beschriebenen primären Aufgaben des Gutachters gestaltet wird.

Praxis-Tipp:

Selbstverständlich dürfen Sie bei diesem Gespräch vorerst das Schlimmste Ihrer Leiden vortragen. Sie sollten sich allerdings bemühen, alle Ihnen diesbezüglich aufgefallenen, vermutlich zusammenhängenden Anzeichen Ihrer Krankheit zu erwähnen.

Um die systematisch-analytische Denkweise des Arztes im Hinblick auf die Diagnosefindung plausibel zu machen, werden Bauchkolikbeschwerden im Folgenden eingehend analysiert.

Beispiel:

An einem Bauchkolikgeschehen lassen sich sehr gut die Umstände, die einen Arzt interessieren, demonstrieren:

- Unter welchen Umständen (Ort und Tageszeit) kam es zur Kolik?
- Häufigkeit des Auftretens der Kolik?
- Wann wurde vor den Schmerzen zuletzt gegessen?
- Wann wurde der Darm, die Blase zuletzt entleert?
- Wie lange hielt der Schmerz an?
- War er bohrend, krampfend?

- Ging die Kolik mit Fieber oder Erbrechen einher?
- War der Bauch seit längerer Zeit schon unruhig?
- Hatten Sie gleichzeitig Kreislaufstörungen usw.?

Alle diese Fragen beziehen sich direkt auf das Kolikgeschehen, also sollten hierzu – so weit wie möglich – alle Informationen mitgeteilt bzw. mit dem Arzt besprochen werden.

Achtung: Einem Hin- und Herspringen bei den Beschwerdeangaben kann der Arzt nur schwer folgen, da jede Beschwerde bzw. jedes Krankheitssymptom eine bestimmte Störung eines körperlichen Funktionsablaufes darstellt, die von ihm sofort gedanklich eingeordnet und interpretiert werden muss. Hinzu kommt noch die Schwierigkeit, dass ein Symptom nicht für die Deutung in eine Diagnoserichtung ausreicht.

Praxis-Tipp:

Es muss noch betont werden, dass die gutachterliche Meinungsbildung über Ihre Leistungsminderung davon unabhängig ist, ob Sie zum Zeitpunkt der Untersuchung unter sehr schlimmen oder weniger starken Beschwerden leiden.

Eine körperliche Leistungsminderung, z. B. nach einem ausgedehnten Herzinfarkt, ist mit Nachweis zu belegen – unabhängig davon, ob der Patient während der gutachterlichen Untersuchung über Angina pectoris klagt oder nicht.

BESCHWERDE-ERHEBUNGSBLATT

NAME: .... **Datum:** ....

Allgemeinbefinden: ständig/häufig/ab und zu schlecht/ausreichend/gut?
Körpergewicht: Seit Kg abgenommen/zugenommen?

Ist Ihr **Appetit** gut/mäßig/schlecht? Abneigung gegen Fleisch? Unverträglichkeit von Speisen? Durstgefühl: normal/übermäßig? Haben Sie Schmerzen, Schwellung, Geschwür/Geschwulst an der **Mund**schleimhaut/Zunge/Zahnfleisch? Zahnweh? Haben Sie Brechreiz, Übelkeit, Erbrechen un/abhängig von Essen oder nach Einnahme bestimmter Speisen? Schlucken ist un/gestört oder schmerzhaft? Speise bleibt in der **Speiseröhre** stecken? **Bauchschmerzen**/Krämpfe im Ober/Mittel/Unterbauch sofort oder später nach Einnahme einer Mahlzeit? **Sodbrennen** tagsüber/in der Nacht? Aufstoßen mit saurem/bitterem/neutralem Geschmack? Völlegefühl im Oberbauch? **Galle**nkoliken mit galligem Erbrechen, mit welcher Häufigkeit?

Ist Ihre **Verdauung** täglich, un/regelmäßig? Haben Sie **Durchfälle?** Wie oft am Tag? **Stuhlbeschaffenheit:** breiige/flüssige Stühle mit Blut/Schleim-Beimengung? Stuhlfarbe braun/weißgrau/schwarz? Haben Sie Verstopfung?

Stuhldrang ohne Stuhlabsetzung? Schmerzen bei Stuhlentleerung? **Hämorrhoidenleiden** mit Juckreiz, Schmerz und Blutung? Fissur oder Abszessbildung im Bereich des Darmausgangs? Darmvorfall? Ungenügende **Schließmuskelfunktion** des Darmes? Stuhl mit Wurmbefall? Schwellung/Schmerz in der **Leiste?** Leisten-, Hodensack-, Nabel- oder Narbenbruch mit Schmerzattacken?

Haben Sie Beschwerden beim **Urinlassen,** wie Brennen oder Schmerzen, Harndrang, Harnverhalt, Urinstrahl nachgelassen, Nachtröpfeln? Ist die Urinmenge auffällig viel/wenig, Urinfarbe gelblich/trüb/rötlich/braun? Geht Blut beim Urinlassen ab? Ungenügende Schließmuskelfunktion der Blase? Wie häufig müssen Sie in der Nacht Urin lassen? Haben Sie **Nieren**koliken, wie oft? Eitrige Absonderung aus der Harnröhre? Haben Sie Menstruationsstörungen, Postmenopausale Blutung? Haben Sie Schwellung/Schmerz/Geschwür im Bereich der **Hoden/Nebenhoden,** Potenzstörungen?

Haben Sie Beschwerden im Bereich der **Atmungs- und Brustorgane?** Ist die **Nasen**atmung frei oder behindert? Kiefer-, Stirnhöhlenschmerz? Trieft die Nase? **Hals**schmerzen beim Schlucken, **Ohren-/Gesichts-/Kiefer**schmerzen? Schwindel im Liegen und bei Lagewechsel? Haben Sie **Atemnot-** bzw. Asthmaanfälle? Wodurch werden sie ausgelöst? Mit welcher Häufigkeit treten sie auf? Tagsüber, auch in der Nacht? Wie, mit welchem Medikament wird abgeholfen?

Haben Sie trockenen **Husten?** Husten mit gelblichem/grauem/blutigem/zähem Schleim manchmal oder häufig? Nur im Liegen (Nachtruhe ist gestört)? Brustschmerz beim tiefen Einatmen/Husten? Haben Sie **Fieber:** hoch/mäßig/wiederkehrend, Schweißausbrüche, Nachtschweiß?

Haben Sie **Knotenbildung** mit/ohne Schmerz in der Achselhöhle, in der Leiste, in der Brustdrüse? Haben Sie **Beklemmungsgefühl** hinter dem Brustbein/Engegefühl im Hals/**Schmerzen am Herzen** oder im li. Brustkorb mit **Ausstrahlung** zur li. Schulter/Arm/zur Magengrube/zum li. Kieferbereich/zum Rücken?

Mit welcher Häufigkeit treten die Schmerzattacken auf? Wie lange halten sie an? **Herzanfälle** tagsüber oder auch in der Nacht? Ist der Herzschmerz von Todesangst begleitet? Mit welchem Medikament wird dem Herzanfall abgeholfen? Auslösende Ursache des Herzanfalls? Haben Sie bereits **Herzrasen**-Anfälle/**Herzstolpern**/Aussetzen des Herzschlages: in Ruhe/unter Belastung verspürt? Ist die Atemluft beim ruhigen Sitzen knapp? Können Sie nur mit gestütztem Oberkörper liegen? Haben Sie Kurzatmigkeit bei körperlicher Belastung wie z. B. Treppensteigen von ... Etagen? Schwellen Ihre Knöchel oder Unterschenkel an, bis zum Abend oder auch tagsüber, rechts oder linksseitig, beiderseits? Haben Sie erhöhten Blutdruck mit innerer Verspannung, Nervosität und Kopfschmerzen? Blutdrucklabilität? Haben Sie **Kreislauf**schwäche, Schwindelgefühl spontan oder bei Körperlagewechsel, Schwarzwerden/Flimmern vor den Augen, Kollapsneigung? Black-out? Haben Sie Krampfadern, Wadenkrämpfe, rasche Ermüdung in den Beinen, „offenes Bein"? Haben Sie pelziges Gefühl/Schwäche/Lähmung im Gesicht/Mundwinkel/Hände/Beine: re/li, Sprachstörung?

Leiden Sie an **Muskelkrämpfen,** Muskelschmerzen oder an Muskelkraft-Schwäche? Haben Sie **Gelenkschmerzen** mit/ohne Schwellung/Rötung/Bewegungseinschränkung in Fingern-/Hand-/Elle-/Schulter-/Hüft-/Knie-/Sprung-/Zehengelenken? Greifschwäche der Hände? Schmerzen über dem Großzehengrundgelenk? Gelenkdeformität?

Haben Sie **Wirbelsäulen**schmerzen über Nacken/Schulter/Rücken/Lenden/Kreuzbeinbereich, Hexenschuss, Ischias? Bekannte Wirbelsäulendeformität? Spannungskopfschmerzen von der Halswirbelsäule ausgehend? Treten diese Schmerzen spontan, bei Kälteeinwirkung, bei körperlicher Belastung auf? Haben Sie Morgensteifigkeit, Schienbeinschmerzen, Anlaufschmerzen oder allmählich zunehmende Beinschmerzen beim Gehen? Schmerzfreie Gehstrecke bei Raucherbein? Haben Sie Haltungsfehler, Gehbehinderung, Beinlängendifferenz? Sind Sie auf Gehhilfe/Begleitperson/Rollstuhl angewiesen?

Haben Sie **Seh**minderung, Einengung des Sehfeldes (Rohrsehen), grauer/grüner Star (Schmerzattacken?), Einäugigkeit?

Haben Sie **Hör**minderung, Ohrensausen, Ohrgeräusche? Hörminderung re/li? Gleichgewichtsstörung? Haben Sie Drehschwindel, in welcher Richtung?

Leiden Sie an **Schilddrüse**nerkrankung mit vermehrtem Schwitzen, Herzrasen, Schlaflosigkeit, erhöhter Körpertemperatur, Wärmeüberempfindlichkeit, Nervosität, Durchfällen?

Hautausschlag mit Rötung/Ekzem/Schuppung/Flecken/Bläschen/Geschwür/Geschwulstbildung oder mit Jucken/Brennen/Schmerzgefühl, Haarausfall?
Knotenbildung in der Haut.

Leiden Sie an **Migräne**-Kopfschmerzen re/li, mit einer Dauer von Std./Tagen, begleitet von Erbrechen, Lichtscheu?

Haben Sie **Nerven**schmerzen, Missempfindungen wie Kribbeln oder Jucken, Lähmungen? Zieht es Sie beim Gehen nach rechts oder nach links?

Psychische Störungen, depressive Verstimmung, Grübeln und Suizidgedanken? Haben Sie Ein-/Durchschlafstörungen, leichte Erregbarkeit, Vergesslichkeit, Kontaktarmut, Konzentrationsschwäche, Benommenheit, Leistungsabfall, psychische/körperliche Erschöpfung, Versagensgefühl, Krampfanfälle mit Ohnmacht? Mit welcher Häufigkeit und Dauer des Anfalls?

Welche **Medikamente** nehmen Sie gegenwärtig zur Linderung Ihrer Beschwerden ein?

Welche **sonstigen therapeutischen Maßnahmen** werden angewandt?

Die hiermit protokollierten Beschwerdeangaben werden ebenfalls im Text des Gutachtens festgehalten. Mit der Erhebung der Beschwerden ist die Vorbereitung eines ärztlichen Gutachtens abgeschlossen. Es kann jetzt die eingehende körperliche Untersuchung durchgeführt werden.

Achtung: Die Erhebungsbogen wurden jeweils beispielhaft gestaltet. Je nach medizinischem Fachgebiet oder Beruf des Antragstellers werden die Fragen unterschiedlich ausfallen.

Die körperliche Untersuchung: So verhalten Sie sich richtig!

5

Wie die Untersuchung abläuft

Die zu begutachtenden Patienten werden in der Regel zu den Praxisöffnungszeiten morgens nüchtern zur Untersuchung einbestellt.

In dieser Weise vorzugehen ist aus gutachterlicher Sicht notwendig, da häufig die erforderlichen ärztlichen Untersuchungsbefunde vom Antragsteller nicht vollständig vorgelegt werden können. Somit ergibt sich die Möglichkeit, fehlende Laboruntersuchungen nachzuholen oder zu ergänzen.

Bei der Ladung zur gutachterlichen Untersuchung wird bereits darauf hingewiesen, dass der Aufenthalt beim Gutachter unter Umständen mehrere Stunden in Anspruch nehmen kann. Da der Patient wegen der erwähnten Laboruntersuchungen nüchtern erscheinen muss, sollte er für sein leibliches Wohl vorsorgen. Pausen zwischen den Untersuchungen bieten genügend Zeit, um eine kleine mitgebrachte Mahlzeit einzunehmen. Dies ist insbesondere für Zuckerkranke wichtig!

1. Schritt: Ein orientierendes Gespräch

Dabei werden mit gezielten Fragen die Erhebungsbögen ergänzt und entschieden, ob die mitgebrachten Untersuchungsergebnisse und Diagnosen zur Klärung der Kräfte- und Leistungsminderung infolge Ihrer Krankheiten ausreichen oder ergänzt werden müssen.

Praxis-Tipp:

Jetzt zeigt sich, dass sich Mühe und Zeitaufwand zur sorgfältigen Vorbereitung Ihrer gutachterlichen Untersuchung lohnten, weil Ihnen dadurch ein mühsames Erarbeiten der notwendigen Erhebungen in der Praxis des Gutachters unter Zeitdruck und Stress erspart bleibt. Auch die Gesamtzeitdauer, die Sie beim Gutachter verbringen müssen, wird dadurch wesentlich verkürzt.

Nach diesem sehr wichtigen und zeitaufwendigen ersten Abschnitt der Begutachtung, welcher

- eine menschliche Begegnung mit Herstellung eines Arzt-Patienten-Vertrauensverhältnisses und
- die Erörterung der Begutachtungsproblematik mit allen anamnestischen Hintergrundinformationen

beinhaltet, folgt der nächste Abschnitt, die körperliche Untersuchung.

2. Schritt: Die körperliche Untersuchung

Die eingehende körperliche Untersuchung beim Gutachter unterscheidet sich von einer gewöhnlichen ärztlichen oder fachärztlichen Untersuchung bei Ihren behandelnden Ärzten durch Umfang und Zielsetzung:

- Besonders eingehend muss der Gutachter sich mit Organen bzw. Organsystemen befassen, deren Erkrankungen als Anlass für die Antragstellung auf Frührente benannt wurden.
- Mögliches Fortschreiten und Komplikationen dieser Erkrankungen, deren Anzeichen und Auswirkungen, müssen besonders mit in Betracht gezogen werden.
- Die Beurteilung der allgemeinen körperlichen und psychischen Leistungsfähigkeit bedarf eines umfassenden ärztlichen Urteils über den gesamten Organismus in der Weise, dass eine orientierende Untersuchung weiterer Organe ebenfalls durchgeführt werden muss.

Beispiel:

So wird bei einer internistischen Begutachtung wegen Herzinfarkts die Lungenfunktion ebenso wie die Bauchorgane, das Skelett- und Nervensystem, oder bei einem orthopädischen Gutachten nicht nur der Bewegungs- und Stützapparat, sondern auch das Gefäß- und Nervensystem – allerdings mit unterschiedlichem Schwerpunkt – untersucht.

Zusatz-Gutachten

Nicht selten kommt es vor, dass der Gutachter eines bestimmten Fachgebietes (z. B. Innere Medizin) leistungsmindernde Krankheiten außerhalb seines Faches feststellt und bei dem zuständigen Rentenversicherungsträger ein entsprechendes Zusatz-Gutachten, wie z. B. ein orthopädisch- oder neurologisch/psychiatrisch-fachärztliches Zusatz-Gutachten anregt.

Zielsetzung

Das Ziel einer gutachterlichen Untersuchung besteht darin, eingehend und umfassend die Funktionseinschränkungen im Bereich der erkrankten Organe bzw. Organsysteme des Antragstellers aufzuzeigen und Folgerungen daraus über eine Minderung der allgemeinen körperlichen Leistungsfähigkeit und insbesondere der beruflichen Einsatzfähigkeit abzuleiten.

Die gutachterliche Untersuchung – wie Sie sehen – weicht von der einer Untersuchung des Hausarztes oder behandelnden Facharztes gänzlich ab, da er die Diagnosefindung, d. h. die Feststellung einer Krankheit als Ursache von körperlichen oder psychischen Beschwerden, zur Aufgabe hat.

Die Zielsetzung der gutachterlichen Vorgehensweise macht es für den Gutachter zwingend, dass er trotz vorgelegter Diagnosen und diverser ärztlicher Befunde des Antragstellers eine eingehende körperliche Untersuchung durchführt.

3. Schritt: Dokumentation des Untersuchungsergebnisses

Wie der Ablauf einer eingehenden körperlichen Untersuchung im Bereich Innere Medizin bei der Begutachtung gestaltet wird, geht aus dem folgenden sog. Untersuchungsbogen hervor.

Sie als Antragsteller werden in die Lage versetzt, daraus zu entnehmen, dass der Gutachter bei seiner Untersuchung nicht nur diejenigen Organe oder Körperbereiche erfasst, die mit den in Ihrem Frührentenantrag oder vom Hausarzt deklarierten Angaben in Verbindung zu setzen sind, sondern den ganzen Menschen. Dementsprechend werden

- allgemeiner Zustand
- Alterung, Stressverbrauch
- Ernährungszustand
- körperliche Konstitution und Körperbau
- nervliche bzw. psychische Verfassung usw.

ebenso betrachtet und festgehalten wie vielfältige Störungen von Organfunktionen oder Organsystemen im Bereich der

- Kopf- und Sinnes- sowie Halsorgane
- Atmungs-, Herz- und Kreislauforgane
- Stoffwechsel-, Verdauungs- und Ausscheidungsorgane
- des Bewegungs- und Stützapparates
- blutbildenden Organe und des lymphatischen Systems
- des Nervensystems und der innersekretorischen Regulation.

Der Gutachter wird also seine Untersuchungen besonders vertieft und eingehend (im Bereich der erkrankten Organe) – ebenso, wie er dies bei der Anamneseerhebung und Beschwerdeanalyse getan hat – durchführen.

ÄRZTLICHER UNTERSUCHUNGSBOGEN

NAME: .... **Alter: .... Jahre** **Datum: ....**

Körpergewicht: **Körpergröße:** **Konstitution:** asthenisch/pyknisch/athletisch?

Äußerer klinischer Aspekt: altersentsprechend/vorgealtert/jünger aussehend?

AZ: gut/ausreichend/reduziert; **E/KZ:** mager/kräftig/adipös?

Haut: trocken/feucht/Behaarung? Pigmentierung? Nägel? Hautausschlag? Hautturgor?

Sichtbare **Schleimhäute** gut/mäßig durchblutet? Lippencyanose? **Körpertemp.:** Sub-/Febrilität?

KOPF- UND HALSORGANE	OB.

Augen: Exo/Enophtalmus? Skleren? Arcus lipoides? Cornea? Iris? Bindehaut?

Sehvermögen re./li./bds. altersgemäß/abgeschwächt und mit Nah/Fern/bifok. Brille korrigiert? Gesichtsfeld? Druckschmerz über Bulbus? **Hörvermögen** re./li./bds.

altersgemäß/abgeschwächt, mit Hörgerät korrigiert? Druckschmerz präaurikular/ über Proc.mastoideus? Äußerer Gehörgang?

Rachenring: reizlos/gerötet? Foetor ex ore? Tonsillen reizlos/vergrößert/zerklüftet? Z.n.TE; solitäre/multiple Eiterfollikel am Rachenbogen? Uvula mittelständig, Rachenbogen symmetrisch? Stimme klar/heiser? **Zunge:** feucht, nicht/weißlich/ bräunlich belegt; Papillen hyper/atrophisch? Geschmacksempfindung/Riechorgan intakt?

Gebiss: nicht/kaufähig; mit Voll/Teil – OK/UK – Prothese saniert/sanierungsbedürftig?

Zahnfleisch: Hypertrophie/Verfärbung? Parodontose?

NNH: nicht/klopfempfindlich, Nasenatmung frei/behindert?

Schilddrüse im Halsbereich nicht/tastbar – diffus/knotig re./li./bds. vergrößert, Schluckversch.? Substernale Struma? Strumektomie-Narbe? Schluckakt regelrecht? **HU: .... cm.**

Halsgefäße: A. carotis re./li. nicht/tastbar; Stenosegeräusch re./li., Einflussstauung?

Lykn: submand., occipit., supraclav., axillar und inguin. re./li./bds. nicht/dolent vergrößert?

ATMUNGSORGANE	OB.

Thorax sym. gebaut/deformiert, stgl. beatmet, Fass/Hühnerbrust, Pectus excavatum?

Lungengrenzen in normaler Höhe/hoch -/tiefgestellt, genügend/ungenügend re./ li.bds. verschieblich? **Klopfschall** re./li./bds hyper/hypo/sonor, vesiculäre/bronchoves. **AG's** oder feuchte feine/mittlere/grobblasige RG's, trockenes Giemen, Brummen, Pfeifen über ....?

Pleuritisreiben? **Ex/Inspiration:** nicht/verlängert? **BU bei ex/Inspir ..../.......... cm.**

Mammae, Mamillae unauffällig? Z.n. Mastektomie re./li., Narbenverhältnisse?

HERZ UND GEFÄSSE	OB.

Herz perk. in Normbereich/nach li. ... QF verbreitert. Spitzenstoß in MCL/verlagert nach ...?

HT un/rein, un/regelmäßig? Abs. Arrhythmie? **Extrasystole** .../100HS?

Systolicum/Diastolicum in ... ICR/ ... QF re./li., über Ausflussbahn? Weitergeleitet?

RR im Liegen: ... im Stehen: ...?

Gefäßgeräusche über Ao. abdominalis, A. femoralis, A. Iliaca re./li./bds.?/A. renalis re./li./bds.?

A. poplitea, A. dors.pedis, A.tib.post.: re./li. gut/schwach/nicht tastbar?

Venae perfor. Dodd, Boyd, Cockett-Punkte re./li. nicht/druckdolent?

Postthrombotisches Syndrom (atroph. Pigmentdermat),
Periphere Oedeme US re./li./bds. über Knöchel/prätibial? Venenklappeninsuffizienz?
Bein-Umfangdifferenz am OS/US (wo gemessen?): .... cm.
Stamm-/Retikulär-/Besenreiser-Varizen: Lokalisation?
Florider/chronifizierter Ulcus cruris (offenes Bein) re./li./bds. Ulcusgröße?

BAUCHORGANE	OB.

Bauchdecken normal/muskulös/adipös, straff/gut eindrückbar? Striae, Venektasien? **BU:** ...?

Leber nicht/am/ ... QF unter dem RB nicht/dolent tastbar? **Milz**, nicht/tastbar?

Kein/mäßiger/starker **Druckschmerz** und/oder pathologische **Resistenz** im Epigastrium, re./li. Meso-/Hypogastrium mit/ohne Defanse? Meteorismus? OP-Narbe nach ... **Bruchpforten** geschlossen, direkte/indirekte Hernia inquinalis/femoralis/scrotalis re./li./bds.? **Nierenlager** frei/klopfschmerzhaft re./li./bds.?

Äußere Genitalien? Prostata digital über/kastaniengroß, weich/derb, dolent/indolent?

BEWEGUNGS- UND STÜTZAPPARAT	OB.

Haltung und Gang un/behindert? Gehhilfebedarf? Rippenbuckel, Z. n. Rachitis?

Re./li. konvexe BWS/LWS Torsions/**Skoliose/Kyphose,** Rund/Flachrücken; LWS-Hyper/Lordose; Hängeschulter re./li., Hängehüfte re./li.? **Beinlängendifferenz: re/li. ... cm? Klopfschmerz** wurde über HWS/BWS/LWS/Kreuzbein re./li./bds. angegeben? Spannungskopfschmerzen? **Muskeltonus?** Dolenz der Tenderpoints? Grobe Muskelkraft seiten/un/gleich nicht/abgeschwächt? Sehnenscheidenentzündung? **FFB ... cm. Schober ... cm?**

Opposition des Daumens un/vollständig, Faustschluss un/vollständig. Händedruck gemindert? Lassègue ...? Ischiaslager frei/dolent, re/li? Gichtarthrose der Großzehengrundgelenke?

	Fingergel. re/li	**Elle** re/li	**Schulter** re/li	**Hüfte** re/li	**Knie** re/li	**Sprunggel.** re/li	**Fuß-Zehen** re/li
Schwellung/Rötung							
Deformität/Krepit.							
Spontanschmerz							
Bewegungsschmerz							
Flexion/Extension							
Abduktion/Adduktion							
Innen-/Außenrotation							
Pronation/Supination							
Bänderlockerung/ Instab.							

NERVENSYSTEM; PSYCHE	OB.

Pupillen Iso/Anisokorie, reagieren prompt auf Licht und Konvergenz? **Gesichtsfeld** eingeengt? Myosis, Mydriasis? **Nystagmus** kein/re/li, in Endstellung/nach Provokation?

Sehnenreflexe stgl. auslösbar? Pathologische Reflexe (Babinsky) oder Reflexdifferenz?

Fingertremor kein/fein/mittel/grobwellig, Kopftremor? Tick? **Parästhesien** im Bereich ... PNP? Romberg negativ/schwankend.

Stimmung ausgeglichen? Benehmen situationsgerecht? **Bewusstseinslage** klar? Sprachartikulation ungestört? **Orientierung** adäquat? Wahrnehmung, formales und inhaltliches Denken normal? Antrieb ruhig/gehemmt, erregt? Koordinationsstörung?

Erinnerungsfähigkeit, Merkfähigkeit, Kritikfähigkeit normal/eingeschränkt?

Achtung: Der Erhebungsbogen wurde beispielhaft gestaltet. Je nach medizinischem Fachgebiet oder Beruf des Antragstellers werden die Fragen unterschiedlich ausfallen.

Die im Untersuchungsprotokoll erfassten Feststellungen werden in allen Einzelheiten in das Gutachten aufgenommen.

Hinsichtlich der eingehenden körperlichen Untersuchung sowie der Gerätediagnostik des Gutachters muss nochmals auf die Mitwirkungspflicht des Antragstellers hingewiesen werden.

Welche diagnostischen Untersuchungen noch folgen können

Nach der eingehenden körperlichen Untersuchung werden ergänzende diagnostische Untersuchungen – soweit solche zur Aktualisierung älterer Befunde bzw. neuer diagnostischer Aspekte notwendig sind – folgen.

Eine ergänzende Diagnostik ist insbesondere dann erforderlich, wenn im Rahmen der kassenärztlichen Versorgung wesentliche Funktionseinschränkungen ungenügend abgeklärt wurden.

Was bedeutet „ungenügende diagnostische Abklärung wesentlicher Funktionseinschränkungen"? Die aktuell gültigen, allgemein anerkannten Lehrmeinungen medizinischer Kliniken unterschiedlicher Fachrichtungen sind für den jeweiligen Gutachter maßgebend. Diese Lehrmeinungen werden auch in die Fachbücher zur ärztlichen Gutachtertätigkeit übernommen. Für den Gutachter ergibt sich daraus wesentlich mehr als für den Hausarzt die Verpflichtung, sich danach zu richten.

So muss z. B. bei einer Lebererkrankung die Entscheidung zur Frage der Berufs- oder Erwerbsfähigkeit nach dem histologischen Befund des Leberpunktates bzw. nach dem Ammoniakspiegel im Blut getroffen werden, ebenso wie Folgeschädigungen nach Herzinfarkt nach dem Ergebnis eines Belastungs-EKG's, einer Echokardiographie, Thaliumscintigraphie oder Herzkatheteruntersuchung.

Das Vorgehen des Gutachters richtet sich somit nach den oben genannten Gesichtspunkten, d. h.

- ist die diagnostische Abklärung unter Berücksichtigung der als obligatorisch geltenden Untersuchungen bezüglich der vorliegenden Erkrankungen ausreichend, so sind keine ergänzenden Untersuchungen erforderlich,
- sind die vorgelegten Befunde jedoch unzureichend, muss eine ergänzende Diagnostik erbracht werden und zwar
  - in der Praxis oder am Ort (Krankenhaus, Institut, Ordination) der Tätigkeit des Gutachters,
  - durch gutachterliche Überweisung zu einem Spezialisten,
  - in besonders problematischen Fällen durch stationäre Einweisung.

Häufig kann eine Rücksprache des Gutachters mit dem Hausarzt oder dem behandelnden Facharzt weiterhelfen. Eine sog. Suchdiagnostik im Rahmen des Gutachten-Verfahrens zu führen, ist nicht nur unwirtschaftlich, sondern auch fehl am Platze, da es Aufgabe des Hausarztes ist, eine solche zu Lasten der Krankenversicherung zu führen.

Dem Gutachter steht es frei, die Wiederholung einer oder mehrerer, bzw. das Ansetzen von weiteren Untersuchungen zur Ergänzung der vom Antragsteller vorgelegten Befunde zu veranlassen.

Selbstverständlich leiten ihn dabei folgende wichtige Kriterien wie

- die Zumutbarkeit solcher Untersuchungen für den Patienten,
- die Verhältnismäßigkeit und Wirtschaftlichkeit des Aufwandes in Bezug zur diagnostischen Aussage,
- die wissenschaftliche Gründlichkeit und das Recht des Antragstellers, seine Leiden als Frührentenargument geltend zu machen.

Wenn eine ergänzende Gerätediagnostik für die gutachterliche Aussage erforderlich erscheint, sollte sie möglichst nicht unterbleiben,

- weder durch Verweigerung des Antragstellers wegen falsch verstandener oder übersteigerter Risikofurcht (die ärztliche Aufklärungspflicht über die Risiken einer Untersuchung gilt für den Gutachter ebenso wie für andere Ärzte)
- noch durch falsch angesetzte Wirtschaftlichkeitsnormen von Seiten des Kassenarztes (Vertragsarztes) bzw. Gutachters.

Durch Verweigerung oder falsches Einsparen notwendiger Gerätediagnostik kann es beim gutachterlichen Verfahren unter Umständen zur Erschwernis oder Vereitelung der Beweisführung kommen.

Der Gutachter stiehlt sich aus der Verantwortung, wenn er seine Aussage „spartypisch", etwa so, formulieren muss: „... die zur Verfügung stehenden Untersuchungsergebnisse weisen auf das mögliche Vorhandensein dieser oder jener Erkrankungen hin, die als Ursache für die festgestellten Funktionseinschränkungen angesehen werden könnten."

Eine präzise und klare Aussageformulierung müsste lauten: „... die Untersuchungsergebnisse werden nach der gültigen Lehrmeinung der klinischen Medizin als Nachweis für das Vorliegen von diesen oder jenen Erkrankungen als Ursache für die festgestellten Funktionsstörungen erachtet."

Zu Recht wird in letzter Zeit über die Frage der Qualitätssicherung im Gutachterwesen gesprochen. Eine solche Maßnahme würde wohl den individuellen Spielraum der gutachterlichen Entscheidungen einengen, jedoch der Vergleichbarkeit und Gerechtigkeit dienen und nicht zuletzt für den Gutachter eine Herausforderung bedeuten und damit sein berufliches Engagement steigern (DRV, Juni 2000).

Das schiefe Bild der Gerätemedizin in den Massenmedien

Die Auswahl einzelner gerätediagnostischer Methoden zur Abklärung bestimmter Krankheiten basiert auf den Forschungsergebnissen und klinischen Erfahrungen durch die medizinische Lehrmeinung.

Der diagnostisch tätige Arzt bestimmt also sein Vorgehen hinsichtlich der Anwendung von Geräten nicht willkürlich, d. h.

- die Leberstruktur wird heute immer mit der Sonographie, die Magenschleimhaut mit dem Gastroskop,
- ein vergrößertes Herz mit der Röntgen-Brustaufnahme,
- eine AIDS-Infektion mit Labordiagnostik,
- ein Herzklappenfehler mit Echokardiographie,
- ein Knochenbruch mit Röntgendarstellung des betreffenden Knochens

untersucht. Die aufgeführten Beispiele zeigen, dass die jeweiligen diagnostischen Untersuchungsmethoden ganz gezielt nur zum Zwecke der Abklärung jener Krankheiten oder Fragestellungen eingesetzt werden, wofür sie auch konstruiert wurden.

Völlig unsinnig ist die laienhafte Annahme, dass Geräteuntersuchungen, wie z. B. eine EKG-Untersuchung, vom Arzt scheinbar sinnlos bei allen möglichen Krankheiten, nur um Geld zu verdienen, durchgeführt wird. Der Realität entspricht die Tatsache, dass Herz und Kreislauf bei sehr vielen Krankheiten in Mitleidenschaft gezogen werden und der Arzt sich immer wieder vergewissern muss, ob so wichtige vitale Funktionen wie die Herztätigkeit beeinträchtigt sind oder nicht.

Die Berufsunfähigkeit eines Postboten nach Beinamputation gutachterlich festzustellen ist sicherlich ohne Anwendung von Diagnostikgeräten mit bloßem Auge möglich.

Wenn er aber wegen Schmerzen in den Beinen nicht gehen und seinen Beruf somit nicht mehr ausüben kann, liegt evtl. eine arterielle Verschlusskrankheit bzw. ein Raucherbein vor. Diese Diagnose bedarf einer dopplersonographischen Untersuchung, da der Arzt mit bloßem Auge oder mit seinen Sinnesorganen diese Krankheit erst dann diagnostizieren kann, wenn das Bein bereits schwere Schädigungen infolge mangelnder Blutversorgung aufweist.

Die Anwendung, insbesondere die Weiterentwicklung von modernen hochwertigen medizinischen Geräten ist kostspielig, aber sie bringt eine Steigerung der diagnostischen Treffsicherheit bei gleichzeitiger Abnahme der körperlichen und psychischen Belastung der Patienten durch die Untersuchung selbst.

Die Sinnesorgane des alten erfahrenen „Hausdoktors" als alleiniges diagnostisches „Instrument", – obwohl für die Krankenkasse sehr preisgünstig – sind nicht mehr akzeptabel, da das Ergebnis im Gegensatz zu den computergesteuerten elektronischen Diagnostikgeräten nicht exakt messbar, dokumentierbar und reproduzierbar ist.

Medizinische Diagnostikgeräte zum Zweck der Abklärung von Krankheiten

Um Ihnen als Antragsteller die Mitwirkung bei diversen diagnostischen Untersuchungen zu erleichtern, werden Zweck und Anwendung von häufig vorkommenden medizinischen Geräten, wie sie in jeder Arztpraxis verwendet werden, erörtert. Danach folgt die Beschreibung von komplizierteren medizinischen Geräten, die in Facharztpraxen, bei Spezialisten bzw. in Krankenhäusern Anwendung finden.

Grundsätzlich sollte zwischen diagnostischen und therapeutischen Geräten unterschieden werden.

Die medizinischen Diagnostikgeräte ergänzen die ärztliche körperliche Untersuchung. Sie dienen der Erfassung von Messwerten und der bildlichen bzw. graphischen Registrierung von Körperstrukturen und Körperfunktionen, normale und krankhafte Zustände inbegriffen.

Kompliziertere diagnostische Geräte werden überwiegend vom besonders qualifizierten Arzt, Facharzt oder sog. Spezialisten angewandt um genauere Daten zu gewinnen. Gerade gegenüber solchen Geräten entwickeln die Patienten häufig ein Misstrauen, insbesondere dann, wenn sie Sinn und Zweck der Anwendung und die damit verbundenen Risiken vom Arzt nicht klar genug erörtert bekommen.

Kompliziert und abschreckend sehen diese Geräte deshalb aus, weil sie häufig aus mehreren Bestandteilen aufgebaut sind, wie

- der Untersuchungsmittel generierende Teil (Röntgenstrahl, Ultraschall usw.)
- der untersuchungsinstrumentelle Teil, z. B. Röntgenstativ, Ultraschallapplikator
- das Steuerungsteil, z. B. Röntgenpult
- der Ergebnisregistrierungsteil, ausgestattet mit Computer oder Bildaufnahmegeräte (Fernsehkette, Dunkelkammer).

Die genannten Geräte dienen der Ergänzung einer körperlichen Untersuchung durch den Arzt. Sie kommen entweder am Patienten zur Anwendung oder werden in den Körper eingeführt um gröbere oder feinere Details von Organen, Organstrukturen oder Organfunktionen zu beobachten, zu messen oder zu registrieren.

Andere Geräte werden zur Entnahme von Körpermaterialien (Knochenmark, Liquor, Gewebe, Schleim, Ergüsse usw.) verwendet, um sie dann in medizinischen Laboratorien untersuchen zu lassen.

Die Röntgendiagnostik

Die Anwendung von Röntgenstrahlen dient zur Darstellung des Skelettsystems, schattengebender Weichteilorgane, Kontrastmitteldarstellung von Hohlorganen, Blutgefäßen, Körperhöhlen und Gängen, Lymphgefäßen sowie röntgenstrahlabsorbierenden Fremdkörperschatten.

Die Röntgenstrahlen selbst sind elektromagnetische Wellen (Gammastrahlen), die die Eigenschaften eines Lichtstrahles besitzen. Sie durchdringen Stoffe ebenso wie den menschlichen Körper. Dabei werden sie je nach Beschaffenheit bzw. Bestandteil des untersuchten Gegenstandes unterschiedlich abgeschwächt (absorbiert). Deshalb können z. B. Knochen von Weichteilen im Körper unterschieden werden. Aus dem gleichen Grund ist es erforderlich, Weichteilhohlorgane wie Magen oder Gallenblase zur Röntgenuntersuchung mit Röntgenkontrastmittel zu füllen.

Man unterscheidet zwischen diagnostischer und therapeutischer Anwendung von Röntgenstrahlen. Bei der Röntgendiagnostik führt man eine Durchleuchtung durch und fertigt Röntgenaufnahmen an.

Bei der Röntgendurchleuchtung kann der Arzt – im Gegensatz zu einer Aufnahme – Organbewegungen (Zwerchfell) beobachten, außerdem den Patienten hinter dem Bildschirm bewegen, um krankhafte Röntgenschatten räumlich darstellen zu können.

Aufnahmen halten das Bild einer krankhaften Veränderung bis zum feinsten Detail zweidimensional fest.

Räumliche Darstellung erlauben noch die Schichtaufnahmen ohne oder mit Konstrastmittelanwendung. Deshalb wurde diese Untersuchungstechnik weiterentwickelt und mit Computersteuerung für Untersuchungsverlauf und Bilddokumentation ausgestattet (CT).

Röntgendiagnostische Untersuchungen können fast in allen Organbereichen des Körpers dem Arzt wertvolle Auskunft über krankhafte Veränderungen vermitteln. Aus der Notfalldiagnostik sind die Röntgenuntersuchungen z. B. gar nicht wegzudenken.

Der von Patienten gefürchtete und von der Laienpresse verteufelte Nachteil der Röntgenuntersuchungen ist der Röntgenstrahl selbst (die Strahlenbelastung), obwohl er auch therapeutisch verwendet wird, und zwar nicht nur gegen bösartige Tumore, sondern auch zur Linderung erheblicher Gelenkschmerzen, die auf Medikamente nicht mehr reagieren.

- Worin besteht der erwähnte Nachteil einer Röntgenuntersuchung und wie lässt er sich vermeiden?
- Wie häufig kann ein chronisch schwer kranker Patient röntgenologischen Verlaufskontrollen unterzogen werden?
- Wie oft darf eine Röntgendiagnostik binnen eines Jahres durchgeführt werden?

Diese Fragen hört man von Patienten in der Praxis immer wieder. Sie sind berechtigt und müssen vom Arzt beantwortet werden, zumal er im Rahmen seiner Aufklärungspflicht dazu gesetzlich angehalten ist.

Die Anwendung von diagnostischen oder therapeutischen Röntgenstrahlen ist gesetzlich sehr genau geregelt, ebenso wie die Höhe der anzuwendenden Röntgendosis. Dementsprechend

- werden alle sowohl in den Arztpraxen als auch in Krankenhäusern aufgestellten Röntgengeräte vom TÜV untersucht und in regelmäßigen Zeitabständen überprüft,
- wird die untere Grenze der heute angewandten diagnostischen Röntgendosis technisch auf das äußerste Minimum von 0,12 Millisekunden gedrückt,
- wird die diagnostische Effektivität dieser Minimal-Röntgendosis durch zahlreiche Hilfsmaßnahmen, wie Fernsehkette, Computersteuerung, Film und Folienwahl, gesichert,
- werden arbeitstägliche und monatliche Kontrollen der Bild- und Entwicklerqualität eingeführt,
- werden besondere Strahlenschutzmaßnahmen angewandt.

Wichtig: Durch diese zahlreichen Maßnahmen sind Sie als Patient von den schädlichen „Nebenwirkungen“ der diagnostischen Röntgenstrahlen weitgehend geschützt.

Zur Klarheit über Strahlenbelastungen des einzelnen Menschen aus der Umwelt, dem Weltall und durch Röntgendiagnostik soll die folgende tabellarische Zusammenstellung verhelfen.

Strahlenbelastung		
Kosmische Strahlung/	Hamburg:	0,3 mSv/Jahr
	München:	0,4
	Oberstdorf:	0,5
	Feldberg:	0,6
	Zugspitze:	1,2
	10.000 m Höhe:	10,0
Kosmische Strahlung im Raum Heidelberg:		0,3–0,5 mSv/Jahr
Natürliche radioaktive Stoffe		0,3–1,8 mSv/Jahr

Röntgenaufnahmen	Isotopenuntersuchungen	Strahlenbelastung
Brustkorb	Lungenventilation	< 0,1 mSv
Brustwirbelsäule Schädel	Nieren Schilddrüse Lungenperfusion	0,1–1,0 mSv
Nierenausscheidung Magen-Darm-Passage Lendenwirbelsäule Bauchhöhle Becken Weibliche Brust	Skelett Gehirn Herzmuskel Knochenmark Leukoscan	2,5 mSv
Gefäßuntersuchungen	Tumor Jod-131	>10 mSv

Nuklearmedizinische Untersuchungen

Ein Spezialgebiet der Radiologie ist die Nuklearmedizin. Sie beschäftigt sich mit der Isotopendarstellung von Organen.

Ein Isotop, z. B. ein radioaktiv markiertes Jod, das bei der Schilddrüsenszintigraphie verwendet wird, besitzt die gleichen chemischen bzw. Stoffwechseleigenschaften wie das Jodelement selbst, mit dem Unterschied, dass durch die Markierung sein Weg und sein Verhalten im Körper verfolgt werden kann. Diese Eigenschaft der Markierbarkeit eines Elements eröffnet wichtige diagnostische Möglichkeiten.

Endoskopische Untersuchungen

Spiegelungen dienen der Betrachtung der Körperhöhlen von innen, um krankhafte Veränderungen zu suchen und direkt in Augenschein zu nehmen, Funktionen zu beobachten, Gewebeproben unter Augenkontrolle zu entnehmen, Blutungsquellen aufzudecken und zu versorgen, Fremdkörper zu entfernen, kleinere Operationen durchzuführen usw.

Das zur Untersuchung dienende Instrument besteht meistens aus einem flexiblen Fiberglasrohr, das die Eigenschaft besitzt, Licht bzw. Bilder trotz Biegen unverfälscht weiterzuleiten. Sein großer Vorteil gegenüber früheren starren Endoskopen liegt darin, dass es den Drehungen und Wendungen der zu untersuchenden Gänge folgen kann. Das Untersuchungsrohr ermöglicht die Einführung von Luft um den zu betrachtenden Raum zu dehnen, die Einspritzung von Flüssigkeiten zur Spülung und die Einführung von Instrumenten zur Gewebeentnahme oder zu einem operativen Eingriff.

Im Einzelnen kommen folgende Spiegelungen (endoskopische Untersuchungen) in der diagnostischen Abklärung von Krankheiten häufig vor:

Die Spiegelung der Luftröhre und der Hauptbronchien (Bronchoskopie), der Speiseröhre (Oesophagoskopie), des Magens und des Zwölffingerdarmes (Gastroskopie, Duodenoskopie), des Dickdarmes (Coloskopie), verschiedene Abschnitte des Enddarmes (Proktoskopie, Rektoskopie, Sigmoidoskopie), der Bauchhöhle (Laparoskopie), der Scheide und des Gebärmuttermundes (Kolposkopie), des Lungenzwischenraumes (Mediastinoskopie), eines Gelenkinnenraumes (Arthroskopie).

Sonographische Untersuchungen

Die Ultraschalluntersuchungen dienen zur Untersuchung von kompakten parenchymatösen Organen, Hohlorganen bzw. Weichteilstrukturen in verschiedensten Körperregionen.

Die körperliche Untersuchung

Die Technik der Untersuchung besteht darin, dass vom Untersuchungsgerät ausgesandte Ultraschallwellen von unterschiedlich dicht gebildeten Gewebestrukturen, sog. Grenzflächen, jeweils unterschiedlich zurückgeworfen werden. Diese reflektierten und in einem Bildschirm eingefangenen Ultraschallwellen geben die Struktur von Organen wieder.

Die Ultraschalldiagnostik ermöglicht, diffuse (z. B. Leberzirrhose) und umschriebene (z. B. Tumore) Organstrukturveränderungen, Organdislokalisationen, Größe und Formveränderungen an Organen festzustellen.

Die klassische Anwendung der Sonographie zum raschen, sogar notfallmäßigen Nachweis von Nieren- und Gallensteinen oder die sonographische Schwangerschaftsuntersuchung dürfte inzwischen jedermann bekannt sein.

Diagnostik durch Ableitung körpereigener elektrischer Ströme, Töne oder Schwingungen

Die Ableitung körpereigener elektrischer Ströme ist als EKG-Untersuchung allgemein bekannt. Das gewöhnliche, in Ruhe abgeleitete EKG gibt Auskunft über Herzrhythmus und Eigenschaft des einzelnen Herzschlages, es lässt auf die Blutversorgung einzelner Herzmuskelbezirke durch die Kranzgefäße folgern; somit ist seine Bedeutung als Untersuchungsmethode erheblich.

Das Belastungs-EKG wird unter streng definierter und reproduzierbarer körperlicher Belastung abgeleitet, um eine Herzmuskelschwäche oder damit verbundene koronare Minderdurchblutung bzw. Herzrhythmusstörungen zu entdecken, die unter körperlicher Anstrengung schlimmer werden oder nur bei Belastung, in Ruhe jedoch nicht auftreten.

Die zumutbare Belastbarkeit auf dem Fahrradergometer des Arztes – ähnlich gebaut wie Ihr Heimtrainer zu Hause – wird nach Alter, Größe und Gewicht berechnet und der Belastungsgrad stufenweise gesteigert. Herzschlag, Blutdruck, evtl. Sauerstoffgehalt in den Kapillargefäßen, Laktatmenge im Blut werden fortlaufend registriert.

Bei der gutachterlichen Untersuchung wird die zumutbare Belastung und nicht eine diagnostische Ausbelastung wie in den cardiologischen Kliniken getestet. Somit ist das Risiko einer schweren Rhythmusstörung am Herzen durch eine übermäßige Leistungsanforderung minimal.

Wegen möglicher Komplikationen ist die Bereitstellung eines Defibrillators gesetzlich vorgeschrieben und die Einhaltung von strengen Richtlinien erforderlich.

Wenn in der Krankengeschichte über Herzrhythmusstörungen berichtet wurde, ist ein Langzeit-EKG das diagnostische Mittel der Wahl. Ein kleiner EKG-Speicher in der Größe einer Brieftasche, am Gürtel befestigt, registriert jeden Herzschlag über 24 Stunden, während der Patient seiner Arbeit und Freizeitbeschäftigungen nachgeht, Mahlzeiten einnimmt, unterschiedlich gestresst wird oder schläft.

Geräte zur Untersuchung der Atemfunktion

Patienten, die wegen Lungenerkrankungen einen Antrag auf Frührente stellen, ist nachzuweisen, mit welchem Schweregrad die Atemfunktion eingeschränkt ist.

Sie wird, wie dies die Asthmakranken so gut kennen, mit der Spirographie, dem Peak-Flow-Messgerät, der Oxymetrie, der Bodyplethismographie und der Blutgasanalyse in Ruhe und unter körperlicher Belastung gemessen.

Medizinische Laboruntersuchungen

Die sog. Laboruntersuchungen nehmen einen sehr wichtigen Platz in der Diagnostik von Krankheiten ein. Sie werden von Ärzten aller Fachgebiete in Anspruch genommen.

Hauptgegenstand der Labordiagnostik ist das Blut. Blutadern gelten als Transportwege im Körper. Dementsprechend enthält das Blut die sehr wichtigen Blutzellen und Blutplättchen, außerdem Nährstoffe,

Abfallstoffe und regulative Substanzen zur Steuerung von Stoffwechsel, Organfunktionen und nicht zuletzt Krankheitserreger im Krankheitsfall und Abwehrstoffe.

Die einfachsten Laboruntersuchungen, wie Bestimmung der Blutsenkungsgeschwindigkeit oder Betrachtung des Blutbildes, sind nahezu hundert Jahre alt und allgemein bekannt. Darüber hinaus können zahlreiche spezifische Laboruntersuchungen im Blut durchgeführt werden, wie z. B. Prüfung aller zellulären Bestandteile, Fließeigenschaften und Gerinnungseigenschaften des Blutes.

Die Bestimmung der Konzentration von zahlreichen Enzymen, Fermenten, Mineralien, Eiweißstoffen, Hormonen, Vitaminen, Körperabbaustoffen aber auch von Giftsubstanzen sowie Medikamenten ermöglicht es, sich über die Funktionsfähigkeit bzw. Erkrankung der inneren Organe und Organsysteme ein Bild zu verschaffen bzw. Behandlungen unter kontrollierten Bedingungen durchführen zu können.

Der Nachweis von Bakterien, Viren, sonstigen Erregern sowie der Abwehrstoffe gegen die verschiedenen Erreger in Körperflüssigkeiten oder -zellen ist die Grundlage der Bekämpfung von infektiösen Krankheiten und vor allem von Epidemien.

Bei dieser riesigen Anzahl von Blutuntersuchungen muss ein Gutachter immer staunen über die laienhafte Unkenntnis der meisten Patienten bezüglich konkret veranlasster Blutuntersuchungen eines behandelnden Arztes oder des Hausarztes bei gelegentlich vorgenommener Blutentnahme.

Die Labordiagnostik besteht bei weitem nicht nur aus Blutuntersuchungen. Es werden noch andere Körperflüssigkeiten, Ausscheidungsprodukte oder Körperbestandteile untersucht, wie

Harn	Stuhl	Speichel
Hirnwasser	Verdauungssäfte	Gallenflüssigkeit
Sperma	Haare	Knochenmarkzellen
Tränenflüssigkeit	Nägel	Sputum
Zysteninhalt	Wundbelag	Abszessinhalt
Hautschuppung	Schleimhautbelag	usw.,

weiterhin Körpermaterialien, die bei Operationen oder diagnostischen Punktionen bzw. bei endoskopischen Untersuchungen gewonnen werden, wie Probeexzidat, Punktat, chirurgisch entfernte Organe oder Organteile, Krankheitserreger usw., und zwar in verschiedenen Abteilungen eines ärztlichen Laboratoriums, im Enzymlabor, Gerinnungslabor, in der Zytologie, Histologie, Bakteriologie, Virologie, Parasitologie und in der Hämatologie.

Durch Spargesundheitsregelungen wurden bei den Vertragsärzten in der Praxis unverständlicherweise die Blutuntersuchungen erheblich eingeschränkt, obwohl sie von der Belastung des Patienten, dem Geräteaufwand des Arztes oder von den Kosten der einzelnen Proben her fast am günstigsten gegenüber anderen Diagnostikverfahren liegen. Diese Tatsache wirkt sich nachteilig für die Gutachterarbeit aus.

Viele der Untersuchungsmaterialien, wie Urin, Stuhl, Sputum usw., werden von den Patienten auf Aufforderung abgegeben; andere müssen entnommen werden. Die Entnahme von Untersuchungsmaterialien ist mit jeweils unterschiedlichen Risiken verbunden. Selbst eine einfache Blutabnahme aus der Armvene kann bei ca. 10 Prozent der Patienten je nach Können oder Erfahrung des Arztes schwierig werden. Dafür sprechen die hässlich aussehenden, jedoch harmlosen Blutergüsse an der Blutentnahmestelle.

Internistische Organpunktionen, wie Schilddrüsen-, Leber-, Nieren- und Knochenmarkpunktionen, bedürfen einer genauen Aufklärung der Patienten über die Risiken genauso wie die Operationen. Dem Diagnostiker bleibt eine strenge Nutzen-/Risiken-Abwägung nicht erspart.

Weitere Untersuchungen

Die beschriebenen zahlreichen Untersuchungsmethoden (z. B. Röntgen, Sonographie, Labor) gelten zum Teil als Basisdiagnostik.

Sie dienen nicht nur zur Prüfung von wichtigen vitalen und diversen elementaren Organfunktionen, sondern finden auch sowohl im Bereich der Inneren Medizin als auch in vielen anderen Facharztgebieten Anwendung.

Außer solchen Untersuchungen werden bekannterweise zahlreiche Spezialdiagnostiken in verschiedenen Fachgebieten der Medizin angewandt.

Alle damit verbundenen Spezialuntersuchungen, vom Riechtest bis zur Registrierung von Gebärmutterkontraktionen, zu erörtern, würde den Rahmen unseres Buches sprengen.

Es wird – wie bereits erwähnt – bei einer ärztlichen Begutachtung, in welchem Fachbereich auch immer, außer der schwerpunktmäßigen Untersuchung von Zielorganen, der ganze menschliche Organismus orientierend untersucht und die dabei entdeckten „fachfremden" Erkrankungen einem Zusatzgutachten des entsprechenden Fachgebietes zugewiesen.

Dieses Zusatzgutachten hat dann eine kompetente Beurteilung über die betreffende Erkrankung hinsichtlich der daraus resultierenden Funktionseinschränkung zu fällen.

Warum Sie zur Mitwirkung verpflichtet sind

Für den gesamten Bereich der Sozialverwaltung sind die Mitwirkungspflichten im Sozialgesetzbuch Erstes Buch geregelt (§ 60 ff. SGB I).

Der Sozialleistungsträger kann vom Antragsteller verlangen, dass er sich ärztlichen und psychologischen Untersuchungsmaßnahmen unterzieht.

Wichtig: Es besteht das Verweigerungsrecht für Behandlungen und Untersuchungen, „bei denen im Einzelfall ein Schaden für Leben oder Gesundheit nicht mit hoher Wahrscheinlichkeit ausgeschlossen werden kann, die mit erheblichen Schmerzen verbunden sind oder die einen erheblichen Eingriff in die körperliche Unversehrtheit bedeuten" (Art. 2 Abs. 2 GG).

Liegt kein Grund vor, die Mitwirkung zu verweigern, so sind im Verweigerungsfall gesetzliche Sanktionen vorgesehen (§§ 66, 67 SGB I).

Die Verweigerung darf zunächst nicht zu einem Rechtsnachteil führen, wenn bereits vorliegende Untersuchungsergebnisse in ärztlichen Befundberichten, Krankenblättern und vorhandenen Gutachten anderer Stellen eine sachgemäße und erschöpfende Beurteilung gestatten (§ 96 SGB X).

Kommt allerdings jemand, der beispielsweise eine Sozialleistung (Rehabilitationsmaßnahme, Rente) wegen Gefährdung oder Minderung der Erwerbsfähigkeit beantragt oder erhält, seiner Mitwirkungspflicht nicht nach, kann der Leistungsträger die Leistungen bis zur Nachholung der Mitwirkung ganz oder teilweise versagen oder entziehen (§ 66 Abs. 2 SGB I). Voraussetzung ist jedoch, dass unter Würdigung aller Umstände mit Wahrscheinlichkeit anzunehmen ist, dass durch die Weigerung, der Mitwirkungspflicht nachzukommen, die Erwerbsfähigkeit beeinträchtigt oder nicht verbessert wird.

Das Versagen einer Rente ist bis zum Nachholen der geforderten Untersuchung möglich. In der Praxis verlangen die Rentenversicherungsträger hierfür zunächst eine Erklärung vom Versicherten, dass er nunmehr seiner Verpflichtung zur Mitwirkung nachkommen werde, und beauftragen dann erneut einen Gutachter.

Praxis-Tipp:

Sozialleistungen dürfen im Übrigen wegen fehlender Mitwirkung nur versagt oder entzogen werden, nachdem der Leistungsberechtigte auf diese Folgen schriftlich hingewiesen wurde und seiner Mitwirkungspflicht nicht innerhalb einer ihm gesetzten angemessenen Frist nachgekommen ist (§ 66 Abs. 3 SGB I). Der Rentenversicherungsträger muss somit den Versicherten vorher auf die Rechtsfolgen seines Verhaltens hingewiesen haben.

Verlangt der Leistungsträger eine Untersuchung, kann der Versicherte auf Antrag Ersatz seiner notwendigen Auslagen und seines Verdienstausfalles in angemessenem Umfang erhalten (§ 65a SGB I).

Unter Beachtung der oben aufgeführten Grundsätze erwartet die Verwaltung, Sozialbehörde oder der Versicherungsträger vom Gutachter, nach Möglichkeit alle notwendigen diagnostischen Maßnahmen anzuwenden, um eine unterstützende medizinische Sachaufklärung in dem gegebenen Verwaltungsakt (z. B. Antrag auf Frührente) herbeizuführen.

Die ärztliche Aufklärungspflicht gilt für den Gutachter ebenso wie für jeden Arzt. Die ärztliche Aufklärung soll für die geplanten diagnostischen Maßnahmen nicht nur die Zustimmung, sondern auch eine positive Einstellung des Antragstellers bewirken.

Schlagen die Bemühungen und Erklärungen des Gutachters fehl, den Antragsteller von der Notwendigkeit zusätzlicher Diagnostik, insbesondere Gerätediagnostik, zu überzeugen, dann wird er auf die Durchführung verzichten und dies sowie ggf. die dadurch eingeschränkte Aussagemöglichkeit des Gutachtens dem Versicherungsträger mitteilen. Hieraus dann die rechtlichen Folgerungen im Rahmen des Verwaltungsverfahrens zu ziehen, ist Sache des Leistungsträgers.

Das abschließende Gespräch: Wo sind Ihre „beruflichen Problemzonen"?

Nach Ablauf der diagnostischen Untersuchungen erfolgt ein abschließendes Gespräch. Dabei wird der Gutachter Sie, in Kenntnis vieler Details Ihrer Krankheiten und Behinderungen, über Folgendes um Auskunft bitten:

- Die Art Ihres beruflichen Einsatzes
- Ihre konkreten beruflichen Aufgaben
- Die Umstände der Berufsausübung
- Besondere Belastungen am Arbeitsplatz
- Soziale Aspekte Ihrer beruflichen Arbeit

Die einzelnen Fragen zur individuellen sozialmedizinischen Situation des jeweiligen Antragstellers gibt der nachfolgende Erhebungsbogen wieder.

Die Informationen z. B. über Ihre Arbeitsbedingungen sollten dem Gutachter Folgerungen ermöglichen hinsichtlich evtl. Zusammenhänge zwischen beruflichen Belastungen und Krankheitssymptomen.

Deshalb ist es wichtig mitzuteilen, wenn gewisse Beschwerden durch Arbeitsvorgänge ausgelöst oder verschlimmert werden, z. B. nach wie vielen Stunden ab Arbeitsbeginn Ihre Beschwerden auftreten. Bitte auch angeben, ob bestehende Beschwerden sich während der Arbeit verschlechtern oder es für Sie unumgänglich ist, wegen körperlicher Beschwerden unübliche Pausen einzulegen?

Wichtig: Nur durch genaue Schilderung Ihrer beruflichen Arbeitsaufgaben bzw. Leistungsanforderungen kann der Gutachter erfahren, welchen Belastungen Sie am Arbeitsplatz fortdauernd ausgesetzt sind. Diese Angaben in Verbindung mit den nachgewiesenen Funktionseinschränkungen und Behinderungen sind maßgeblich für die Einschätzung Ihres Leistungsvermögens am allgemeinen Arbeitsmarkt mit oder ohne „Einschränkungen" (siehe ab Seite 22).

Doppelbelastung durch Beruf und Familie

Insbesondere bei berufstätigen Frauen kann eine Doppelbelastung vorliegen, d. h. außer der Arbeit im Beruf kommt z. B. noch die Versorgung eines Haushaltes, womöglich mit mehreren Kindern oder einem bettlägerigen pflegebedürftigen Familienangehörigen dazu. Diese Doppelbelastung als individuelle Besonderheit kann durchaus zu einer zusätzlichen Schwächung der körperlichen oder psychischen Kräfte führen und kommt dadurch ursächlich indirekt in Betracht. Ihre familiäre Situation wird nur so weit tangiert, wie sie Ihre Berufsfähigkeit evtl. beeinträchtigt.

Ein Fragebogen zu Ihrer individuellen sozialmedizinischen Situation, der Ihnen möglicherweise vom Gutachter zugesandt wird, kann folgendermaßen gestaltet sein:

Die körperliche Untersuchung

Erhebungsbogen: Arbeits- und sozialmedizinische Anamnese

NAME:

ALTER:

Erlernter Beruf:

Umschulungsberuf:

Wochenarbeitszeit:

Teilzeitarbeit:

Arbeitslos:

Familiäre Situation und deren evtl. Belastungen oder Freizeitverhalten (angeben, wenn diese zur Beurteilung der Leistungsfähigkeit von Bedeutung ist):

Kurzer beruflicher Werdegang:

Fragen zu Ihrer beruflichen Arbeit:

- Liegen gesundheitliche Gründe für Umschulung oder Teilzeitarbeit vor?
- Handelt es sich um leichte, mittelschwere oder schwere körperliche Arbeit oder überwiegend geistige Beschäftigung?
- Schichtarbeit mit Tages- und/oder Nacht- oder Wechselschichten?
- Lange Anmarschwege zur oder während der Arbeit?
- Ihre konkreten beruflichen Aufgaben:
- Schweres Heben oder Tragen aus eigener Kraft?
  Wie viel kg: ....?
- Wird die Arbeit überwiegend im Stehen, Gehen, Sitzen, (am Schreibtisch, im Auto, auf der Leiter), verrichtet?
- Arbeit überwiegend in gebückter Haltung oder über Kopf (Zwangskörperhaltung)?
- Arbeit bei übermäßig heißen oder kalten Temperaturen (Wäscherei, Kühlräume, im Freien)?
- Haben Sie überwiegend Bildschirmarbeit zu leisten?
- Arbeiten Sie mit chemischen oder radioaktiven Stoffen?
- Sind Sie übermäßiger Infektgefahr (Publikumsverkehr) ausgesetzt?
- Wie schätzen Sie Ihre psychische Belastung bei der beruflichen Arbeit ein?

- Schätzen Sie die Leistungsanforderungen bei Ihrer Arbeit als branchentypisch ein?
- Sind Sie zum Zeitpunkt der gutachterlichen Untersuchung **arbeitsunfähig** erkrankt?
  Seit wann ....?
  Welche Erkrankungen verursachen die Arbeitsunfähigkeit?
- Wie häufig waren Sie während der letzten 12 Monate arbeitsunfähig erkrankt und wegen welcher Erkrankung?
- Seit wann und wegen welcher Erkrankungen wurde Ihnen eine **Schwerbeschädigung** anerkannt?
- Wann hat eine **amtsärztliche** Untersuchung (Medizinischer Dienst der Krankenkassen) stattgefunden?
- Wurden **REHA-Maßnahmen** beantragt?
- Liegt ein **Fremdverschulden bei Ihren Gesundheitsschäden** durch Berufskrankheit, Arbeitsunfall, Wehrdienst vor?
- Früherer oder derzeitiger **Rentenbezug** vom Rentenversicherungsträger bzw. von der Berufsgenossenschaft (BG-Rente)?

Achtung: Der Erhebungsbogen wurde beispielhaft gestaltet. Je nach medizinischem Fachgebiet oder Beruf des Antragstellers werden die Fragen unterschiedlich ausfallen.

Ihre Frage: „Herr Doktor, habe ich Chancen, Frührente zu bekommen?"

Nach diesen ausführlichen Befragungen und Untersuchungen durch den Gutachter könnten Sie zu Recht auf den Gedanken kommen, dass Sie zum Schluss auch diese Frage an Ihren Gutachter stellen.

Der Gutachter, meist ein erfahrener Mediziner, hat zwar einen Eindruck über Ihren Gesundheitszustand gewonnen. Dieser Eindruck reicht jedoch weder für eine schnelle vorläufige noch für eine als verbindlich zu verstehende Aussage aus. Bei der Begutachtung geht es außerdem nicht um gutachterliche Eindrücke, sondern um medizinisch-wissenschaftliche Argumentation bis ins Detail. Erst das

Zusammenfügen aller Detailfeststellungen über die zahlreichen Körperfunktionsstörungen und die daraus resultierenden Folgerungen werden die gutachterliche Aussage allmählich formen und ihr zur Endgültigkeit verhelfen.

Achtung: Es wurde bereits mehrfach erwähnt, dass das ärztliche Gutachten wohl eine wichtige, jedoch nicht allein entscheidende Grundlage zur Gewährung einer Frührente darstellt. Deshalb ist der Gutachter auch nicht befugt, Ihre Frage zu beantworten.

Er kann Ihnen lediglich versichern, dass er alle Ihre Gesundheitsschäden gewissenhaft prüft, diese mit der Therapierbarkeit und mit der Prognose (voraussichtliches Fortschreiten) der Erkrankung in Verbindung setzt und diese, soweit sie die allgemeine körperliche Leistungsfähigkeit und berufliche Einsatzfähigkeit beeinträchtigen, als führendes Argument darstellt.

Als Schlussfolgerung oder gutachterliche Aussage werden die nachgewiesenen dauerhaften Gesundheitsschäden mit ihren Auswirkungen auf die allgemeine körperliche Leistungsfähigkeit bzw. berufliche Einsatzfähigkeit im Einzelnen dargestellt und die noch verbliebene Restleistungsfähigkeit im Beruf und im Allgemeinen beschrieben.

Der Gutachter greift dabei keineswegs einer Entscheidung des Rentenversicherers vor. Er äußert sich auch nicht zur Notwendigkeit oder Ablehnung einer Rentengewährung durch den Rentenversicherungsträger, auch nicht in Form eines Vorschlages.

Das Gutachten muss nun vom Gutachter fristgemäß erstellt und dem auftraggebenden Rentenversicherungsträger zurückgesandt werden.

Was geschieht mit den Untersuchungsbefunden, die während des Gutachtens erstellt wurden?

Falls unerwartet bisher unbekannte ernsthafte pathologische oder gar lebensbedrohende Befunde vom Gutachter erhoben wurden, unterrichtet er darüber unverzüglich telefonisch oder schriftlich Ihren Hausarzt. Die übrigen Befunde werden archiviert.

Einen sog. Arztbericht oder Kopien über die gutachterliche Untersuchung erhält Ihr Hausarzt nicht, wie dies viele Antragsteller annehmen.

Falls Sie Ihren Gutachter auffordern, erhobene Befunde Ihnen oder Ihren Ärzten zuzuschicken, wird er dies ablehnen und Sie an den Rentenversicherungsträger verweisen. Das heißt, falls Sie die Herausgabe von Befunden oder sonstigen Unterlagen vom Gutachter erwirken wollen, müssen Sie einen schriftlichen Antrag an den Auftraggeber des Gutachtens, den zuständigen Rentenversicherungsträger, stellen.

Warum der Gutachter Sie nicht ärztlich weiterbetreuen darf

Es ist nicht selten, dass die sachliche Atmosphäre, die eingehenden Bemühungen des Gutachters, Ihre gesundheitlichen Probleme zu verstehen, die gründlichen Untersuchungen usw. Sie dazu bewegen, den Gutachter um zukünftige ärztliche Betreuung zu bitten. Er kann aber solchen Bitten nicht entsprechen, denn er darf keinen von ihm kassen- oder privatärztlich betreuten Patienten auf Antrag einer Behörde begutachten, da er im Auftrag einer Behörde als unparteiischer, unabhängiger Gutachter tätig werden muss.

Deshalb muss der Gutachter die Übernahme einer ärztlichen Behandlung bzw. Betreuung so lange ablehnen, bis sein Gutachterauftrag erfüllt und das Gutachtenverfahren abgeschlossen ist.

Der Frührenten-Bescheid, Widerspruch, Klage, Berufung, Revision

6

Gutachterliche Leistungsbeurteilung

Die abschließende klinisch-medizinische und sozialmedizinische Beurteilung der Leistungsfähigkeit im Frührentenverfahren der gesetzlichen Rentenversicherung orientiert sich am Krankheitsfolgemodell der Weltgesundheitsorganisation (WHO). Das Modell unterscheidet zwischen

- gesundheitlicher Schädigung (Krankheit)
- der hieraus folgenden Fähigkeitseinbuße (funktionelle Einschränkungen)
- der sich daraus ergebenden Beeinträchtigung (Schwierigkeit am Arbeitsmarkt).

Es wird also sorgfältig geprüft, ob Ihre Krankheiten mit einer Störung von Organfunktionen einhergehen oder nicht. Außerdem wird geprüft, ob und in welchem Ausmaß eine festgestellte Funktionseinbuße das Verrichten Ihrer Arbeit im Beruf beziehungsweise am allgemeinen Arbeitsmarkt im Alltag behindert.

Die qualitativen, funktionellen Einschränkungen können sich z. B. auf die physische Belastbarkeit des Bewegungs- und Stützapparates, der Herz- und Kreislauforgane, aber auch auf die geistig-psychische Belastbarkeit beziehen. Wenn wesentliche Funktionseinschränkungen kompensiert werden können, liegt keine relevante Einschränkung des quantitativen Leistungsvermögens vor.

Nach den Erhebungen und den gutachterlichen Untersuchungen nimmt das Gutachten allmählich seine endgültige Form an und beinhaltet entsprechend dem Verlangen der gesetzlichen Rentenversicherung eine kritische Würdigung über

- alle gewonnenen Erkenntnisse über Ihren Gesundheitszustand, wie Krankheitsgeschichte einschließlich frühere Untersuchungsbefunde, Beschwerden, Ergebnisse der gutachterlichen Untersuchungen, Arbeits- und Sozialanamnese

- Art und Ausmaß der Funktionsstörungen
- die Krankheiten, die als Ursache der Funktionsstörungen gelten, und diejenigen, die diesbezüglich ohne Bedeutung sind
- die differenzialdiagnostischen Erwägungen, evtl. Anregung eines Zusatzgutachtens auf einem anderen Fachgebiet
- die Festlegung von Funktionsdiagnosen mit Klassifikation und/oder Stadieneinteilung. Somit werden auch solche chronische oder schubweise auftretende Erkrankungen erfasst, die zum Zeitpunkt der gutachterlichen Untersuchung erscheinungsfrei sind.
- den Umfang und die Effizienz der bisherigen ärztlichen Behandlungen
- die Einschränkungen Ihrer Leistungsfähigkeit in Ihrem bisherigen Beruf. Die beschriebenen Funktionsstörungen ließen sich aus den festgestellten Gesundheitsstörungen herleiten. Dadurch wird ein sog. individuelles positives und negatives Leistungsbild erstellt.
- die Beschreibung des bisherigen Krankheitsverlaufes und der Prognose mit Chancen durch Rehabilitationsleistungen die berufliche Leistungsfähigkeit zu verbessern oder wiederherzustellen
- evtl. Fremdverschulden bei den Gesundheitsschäden
- mögliche Widersprüche, wenn medizinische Aussagen in Berichten oder Attesten sich gutachterlich nicht bestätigen ließen.

Achtung: Das auf Grundlage Ihrer Leistungseinschränkungen beschriebene negative Leistungsbild stellt Ihr Unvermögen dar, als Frührentenantragsteller bestimmte Arbeitsvorgänge an Ihrem Arbeitsplatz bzw. auf dem allgemeinen Arbeitsmarkt zu verrichten.

Das positive Leistungsbild demgegenüber bezieht sich nicht auf die Anforderungen der zuletzt ausgeübten Tätigkeit, sondern beschreibt unabhängig davon die zumutbaren Leistungsmerkmale der körperlichen Arbeitsschwere, der Arbeitshaltung und der Arbeitsorganisation. Es beschreibt also, welche und wie viel Arbeit Ihnen zumutbar oder erträglich ist.

Bei einer halbschichtigen Beschäftigung werden Antragsteller so beurteilt, als ob sie in einem vollschichtigen Arbeitsverhältnis stünden.

Wichtig: Es sei nochmals betont, dass eine hausärztlich festgestellte Arbeitsunfähigkeit zum Zeitpunkt der gutachterlichen Untersuchung keine entscheidende Auswirkung auf die Beurteilung des allgemeinen Leistungsvermögens darstellt. Bei der sozialmedizinischen Leistungsbeurteilung kann die Anerkennung einer Schwerbehinderung (GdB) durch Versorgungsämter oder einer Minderung der Erwerbsfähigkeit (MdE) durch Berufsgenossenschaften nicht berücksichtigt werden. Ebenso spielt dabei das Lebensalter des Versicherten, eine „Doppelbelastung" z. B. durch Pflege kranker Eltern oder eines behinderten Kindes, eine bestehende Arbeitslosigkeit oder die Vermittelbarkeit am Arbeitsmarkt, keine Rolle. Abschließend erfolgt die Abschätzung des konkreten Handicaps am Arbeitsplatz bzw. am allgemeinen Arbeitsmarkt.

Maßstab für die Feststellung des Leistungsvermögens ist die Erwerbsfähigkeit des Versicherten auf dem allgemeinen Arbeitsmarkt, d. h. in jeder nur denkbaren Tätigkeit, die es auf dem allgemeinen Arbeitsmarkt gibt. Allerdings kommen dabei nur Tätigkeiten in Betracht, die auf dem allgemeinen Arbeitsmarkt üblich sind. Damit wird sichergestellt, dass für die Feststellung des Leistungsvermögens solche Tätigkeiten, für die es für den zu beurteilenden Versicherten einen Arbeitsmarkt schlechthin nicht gibt (BSGE 80, 24, 34) nicht in Betracht zu ziehen sind.

Gesetzestext im Originalwortlaut

§ Konkret zu dem zeitlichen Arbeitseinsatz am Arbeitsplatz lauten die gesetzlichen Ausführungen zu **§ 43 SGB VI** wie folgt:

Das Leistungsvermögen des Versicherten ist anhand seiner zeitlichen Einsatzfähigkeit zu beurteilen. Um einen einheitlichen, für alle Versicherten gleichen Maßstab zugrunde legen zu können, wird auf die Stundenzahl abgestellt. Bei der Beurteilung ist die Frage zu Grunde zu legen, ob der Versicherte noch in der Lage ist, auf dem allgemeinen Arbeitsmarkt unter den dort üblichen Bedingungen regelmäßig im Rahmen einer 5-Tage-Woche mindestens sechs Stunden täglich zu arbeiten.

Daraus ergibt sich für die gutachterliche Entscheidung im Frührentenverfahren vorerst die entscheidende Frage, ob die gegenwärtige Leistungsfähigkeit oder das Restleistungsvermögen des Antragstellers für einen sechsstündigen Arbeitseinsatz ohne oder mit Einschränkungen ausreicht oder nicht ausreicht. Dort ist zu lesen: Eine unter sechsstündige Einschätzung des Leistungsvermögens kommt einer teilweisen Erwerbsminderung gleich und wenn die Leistungseinbuße des Antragstellers nicht mehr mindestens drei Stunden zumutbare Arbeit täglich erlaubt, dann ist er voll erwerbsgemindert.

Achtung: Erwerbsgemindert ist nach der Neuregelung nicht, wer mindestens sechs Stunden täglich erwerbstätig (nicht zu verwechseln mit Berufstätigkeit) sein kann (siehe Seite 19). Für Versicherte, die vor dem 02.01.1961 geboren sind, gilt noch der Berufsschutz, jedoch gelten nicht mehr die alten Bedingungen für die Berufsunfähigkeit (siehe ab Seite 24).

Welche Arbeit jeweils für einen Frührentenantragsteller als zumutbar gilt, wird gesetzlich geregelt:

Die subjektive Zumutbarkeit einer Tätigkeit unter dem Gesichtspunkt der Ausbildung und des Status der bisherigen beruflichen Tätigkeit ist ohne Bedeutung. Zu berücksichtigen sind allein die körperliche und geistige Leistungsfähigkeit des Versicherten sowie eventuelle zusätzliche Einschränkungen, die sich aus der ärztlichen Begutachtung ergeben können.

Einschränkung der Einsetzbarkeit am allgemeinen Arbeitsmarkt

Einschränkungen bedeuten, dass der Gesetzgeber außer der zeitlichen Beanspruchung am Arbeitsplatz auch die physische Beanspruchung in Betracht gezogen haben will. Deshalb nehmen bei der Leistungsbeurteilung des Frührentenantragstellers die Einschränkungen des Arbeitseinsatzes am Arbeitsplatz einen besonderen Stellenwert ein. Die definierten Leistungseinschränkungen müssen direkt aus den Einbußen von Organfunktionen abgeleitet werden.

Beispiel:

Wenn Sie an einem Bandscheibenvorfall erkrankt sind, können Sie nicht mehr Schweres heben. Falls Sie dies nach Wiederaufnahme der Arbeit tun, kommt es unweigerlich zu weiteren Bandscheibenbeschwerden.

Nur durch Vermeiden von Heben und Tragen am Arbeitsplatz, z. B. durch den Einsatz einer Hebemaschine, können Sie Ihren Arbeitsplatz behalten und für den Rentenversicherer werden die Kosten für Ihre Umschulung bzw. Frühberentung gespart.

Die wichtigsten Einschränkungen

- Keine schwere, sondern nur mittelschwere oder leichte körperliche Arbeit möglich
- Keine schwere und mittelschwere, sondern nur leichte körperliche Arbeit möglich
- Überwiegend oder ausschließlich nur leichte Arbeit möglich
- Verschonung von Wechselschicht- oder Nachtarbeit nötig
- Verschonung von Akkord- oder Fließbandarbeit nötig
- Kein schweres Heben oder Tragen aus eigener Kraft

noch: Die wichtigsten Einschränkungen

- Keine Arbeiten überwiegend im Stehen oder im Sitzen
- Keine Arbeiten überwiegend im Freien
- Keine Arbeiten in gebückter Haltung oder Zwangshaltung
- Unzumutbare Anmarschwege
- Arbeiten ohne besondere Beanspruchung des Seh-, Hör-, Riech-, Tast- oder Sprechvermögens (z. B. keine überwiegenden Bildschirmarbeiten oder Publikumsverkehr)
- Arbeiten ohne volle Gebrauchsfähigkeit beider Hände
- Unübliche Arbeitspausen erforderlich
- Nur Arbeiten ohne Belastung mit Nässe, Kälte, Hitze, Zugluft, extremen Temperaturschwankungen, Lärm, Haut- oder inhalative Reizstoffe, Erschütterungen, Vibrationen, erhöhte Schwindel- oder Unfallgefahr, usw. möglich
- Arbeiten mit besonderer Gang- und Standsicherheit nicht möglich
- Keine Arbeiten mit besonderem Konzentrations-, Reaktions-, Umstellungs- oder Anpassungsvermögen
- Keine Arbeiten mit Verantwortung für Personen und/oder Maschinen möglich
- Keine Arbeiten mit Überwachung oder Steuerung komplexer Arbeitsvorgänge möglich

In Kenntnis der funktionellen Einschränkungen und konkreten Anforderungen des Arbeitsplatzes ist es möglich, individuelle Vorschläge zu Einschränkungen aufzuzeigen.

Der Gutachter kann zu der Meinung gelangen, dass Ihre Leistungsfähigkeit durch stationäre Reha-Maßnahmen (Leistungen zur medizinischen Rehabilitation oder zur Teilhabe am Arbeitsleben) teilweise oder ganz wiederhergestellt werden könnte. In diesem Fall wird nach Durchführung von Kurmaßnahmen, noch vor Entlassung aus der Reha-Klinik, ein zweites Mal Ihre Leistungsfähigkeit beurteilt. Wenn die Heilbehandlung erfolgreich abgeschlossen werden konnte, werden Sie arbeitsfähig entlassen, wenn nicht, werden sozialmedizinische Maßnahmen einschließlich Frühberentung vorgeschlagen.

Neben den abgehandelten gesundheitlichen Aspekten werden auch die sozialen Gesichtspunkte nach Interpretation des Gesetzgebers zu § 43 SGB VI gewahrt:

Der Anspruch auf eine Erwerbsminderungsrente wird nicht allein vom Gesundheitszustand des Versicherten abhängig gemacht, sondern auch davon, ob er noch in der Lage ist, bei der konkreten Situation des (Teilzeit-) Arbeitsmarktes die ihm verbliebene Erwerbsfähigkeit zur Erzielung eines Erwerbseinkommens einzusetzen. Versicherte, die noch mindestens drei, aber nicht mehr sechs Stunden täglich arbeiten, das verbliebene Restleistungsvermögen wegen Arbeitslosigkeit aber nicht in Erwerbseinkommen umsetzen können, erhalten eine volle Erwerbsminderungsrente.

Was im ärztlichen Gutachten stehen muss

Das Schriftwerk, das als Gutachten nun nach den Erhebungen und den Untersuchungen durch den Gutachter für den Rentenversicherungsträger erstellt wird, beinhaltet systematisch geordnet:

- alle gewonnenen Erkenntnise über Ihren Gesundheitszustand einschließlich Krankheitsgeschichte, Beschwerden, Untersuchungsbefunde sowie Arbeits- und Sozialanamnese
- Krankheiten, die als Ursache von vorliegenden Funktionsstörungen beziehungsweise Behinderungen gelten
- Leistungsbeurteilung, ggf. mit Einschätzung der Einbuße Ihrer Arbeitskraft im Beruf sowie Ihres Restleistungsvermögens (Erstellung eines individuellen positiven und negativen Leistungsbildes)
- die Einschränkungen der Einsetzbarkeit am Arbeitsplatz
- Chancen, durch Rehabilitationsleistungen die Leistungsfähigkeit zu verbessern oder wiederherzustellen

- die Prognose hinsichtlich einer möglichen Besserung oder Verschlechterung der vorliegenden Erkrankungen
- evtl. Fremdverschulden der Gesundheitsschäden

Dementsprechend wird das Gutachten – obwohl es in freier Form gestaltet werden kann – nach folgendem Schema abgefasst:

Schema des Gutachtens

- Familienanamnese
- Eigenanamnese der Vorerkrankungen
- Bei Frauen gynäkologische Anamnese
- Anamnese der jetzigen Beschwerden und deren Entwicklungsgeschichte
- Berufs- und Sozialanamnese
- Biographische Anamnese bei psychiatrischem Gutachten
- Klinische Untersuchung
- Medizinisch-technische Ergänzungsuntersuchungen
- Diagnosen und Funktionsdiagnosen mit Klassifikation und/oder Stadieneinteilung
- Epikrise mit sozialmedizinischer Leistungsbeurteilung in Form eines individuellen positiven und negativen Leistungsbildes

Vertrauen ist gut, Kontrolle ist besser

Der Antragsteller auf Frührente bekommt die Entscheidung des Rentenversicherungsträgers über sein Begehren in Form eines Rentenbescheides. Der Rentenbescheid kann beinhalten:

- die volle Anerkennung der gesundheitlichen Schädigungen und daraus resultierenden Einschränkung der allgemeinen körperlichen Leistungsfähigkeit bzw. beruflichen Einsatzfähigkeit

- eine teilweise Anerkennung
- die Ablehnung der beantragten Anerkennung der teilweisen oder vollen Erwerbsminderung

Praxis-Tipp:

Der Frührentenbescheid ebenso wie alle sonstigen behördlichen Bescheide sollten immer einer formal-juristischen und einer inhaltlichen Prüfung unterzogen werden.

Da die Beurteilung der dauerhaften Leistungsminderung sich an vorhandenen oder nicht vorhandenen dauerhaften Funktionsstörungen orientiert, kommt der Beurteilung der Funktionsstörungen besonders bei der Benennung der sog. Ablehnungsdiagnosen eine sehr wichtige Rolle zu.

Bei einem ablehnenden Bescheid wird der Antragsteller erwägen, dagegen Widerspruch einzulegen.

Wichtig: Als Alternative zum Widerspruch ist zu überlegen, ob es vernünftiger ist, bei Krankheiten mit fortschreitenden Funktionsminderungen etwas Zeit verstreichen zu lassen und dann einen neuen Antrag zu stellen. Im Fall eines Bedenkens wegen des gleichen Gutachters gelten die Ausführungen über Ihre Möglichkeiten hinsichtlich der Akzeptanz eines Gutachters (siehe ab Seite 44).

Der Widerspruch: Wenn Sie unzufrieden sind

Ein Widerspruch wird vom Versicherten gegen den Rentenbescheid eingelegt, weil er der Ansicht ist, dass

- seine Krankheiten in ihrem tatsächlichen Ausmaß unzureichend berücksichtigt sind,

- nicht alle Krankheiten in die Entscheidungsfindung einbezogen wurden,
- sozialmedizinische Kriterien unerfüllt blieben,
- der Beginn der Leistungsminderung falsch angesetzt wurde,
- die Rentendauer zu kurz bemessen worden ist,
- die Erstellung des Gutachtens und der gutachterlichen Untersuchung unangemessen lange gedauert hat,
- die Kompetenz, Objektivität oder Neutralität des Gutachters anzuzweifeln sei.

Es besteht wie bei allen Verwaltungsverfahren die Möglichkeit, die Entscheidung des Rentenversicherungsträgers mit einem Widerspruch anzufechten und ihn z. B. durch Vorlage von weiteren Attesten und ärztlichen Unterlagen der behandelnden Ärzte zum Überprüfen und Überdenken seiner Entscheidung zu bewegen.

Nach § 78 SGG ist vor Erhebung der Anfechtungsklage die Rechtmäßigkeit und Zweckmäßigkeit des Verwaltungsaktes in einem Vorverfahren (Widerspruchsverfahren) nachzuprüfen. Diese Regelung soll vor allem zu einer Entlastung der Sozialgerichte führen. Zugleich gibt sie der Verwaltung die Möglichkeit der Selbstkontrolle.

Mit der Erhebung des Widerspruchs leitet der Betroffene als Widerspruchsführer das Vorverfahren ein.

Praxis-Tipp:

Der Widerspruch ist innerhalb einer gesetzten Frist nach Bekanntgabe des anzufechtenden Verwaltungsaktes, in diesem Falle nach dem Rentenbescheid zu erheben.

Die Verwaltungsstelle hat dann zu prüfen, ob sie dem Widerspruch abhelfen kann. Ist dies nicht möglich, ist der Vorgang, im Falle der Deutschen Rentenversicherung Bund, an die „Zentrale Widerspruchsstelle des Versicherungsträgers" abzugeben.

In der Zentralen Widerspruchsstelle werden dann die in der Vertreterversammlung gewählten Vertrauensmänner/-frauen den Widerspruch bearbeiten und entscheiden.

Die Sitzungen der Widerspruchsausschüsse sind nicht öffentlich. Soweit erforderlich, kann aber der Widerspruchsführer persönlich gehört werden. Dies kommt allerdings relativ selten vor.

Im Jahr 2004 betrug die Zahl der eingegangenen Widersprüche bei der BfA (heute: Deutsche Rentenversicherung Bund) insgesamt 287 000, dazu kamen aus dem Vorjahr noch 105 004 unerledigte Verfahren hinzu. Die Verwaltung konnte in 2004 hiervon in 288 302 Fällen einen Bescheid erstellen.

Ihr Recht auf Akteneinsicht

Der Widerspruchsbegründung geht häufig der Wunsch des Widerspruchsführers bzw. seines Rechtsbeistandes voraus, Einsicht in die Unterlagen, insbesondere in das medizinische Gutachten zu erhalten.

§ 25 SGB X sichert das Recht auf Akteneinsicht. Der beratungsärztliche Dienst des Versicherungsträgers hat lediglich zu prüfen, ob dem Versicherten aus der Kenntnis des medizinischen Akteninhaltes Nachteile gesundheitlicher Art (psychische Konfliktsituation durch die Kenntnis z. B. vom Umfang eines bösartigen Tumors, eines psychiatrischen Leidens) entstehen könnten.

In einem solchen Falle kann der Inhalt der Unterlagen im Auftrag des Versicherungsträgers durch einen Arzt vermittelt werden.

Wichtig: Die Akteneinsicht ist bei der Zentralen Widerspruchsstelle und nicht beim medizinischen Gutachter zu beantragen.

Für ein Widerspruchs- bzw. mehr noch für ein Klageverfahren bei einem Sozialgericht – wenn dem Widerspruch beim Versicherungsträger intern nicht abgeholfen werden konnte – braucht ein Versicherter den Beistand eines guten Renten- oder Rechtsberaters, der sich auf Versicherungsrecht spezialisiert hat.

Praxis-Tipp:

Eine rechtsanwaltliche Vertretung ist weder für die erste Instanz (Sozialgericht) noch für das Verfahren vor dem Landessozialgericht (zweite Instanz) zwingend vorgeschrieben.

Der gerichtliche Weg: Klage – Berufung – Revision

Sowohl das Widerspruchsverfahren als auch das Verfahren vor der Sozialgerichtsbarkeit ist für den Versicherten kostenfrei. Allerdings kann er zur Zahlung sog. Mutwillenskosten herangezogen werden, wenn er das Verfahren beispielsweise verschleppt.

Das Gericht entscheidet im Urteil, ob dem Kläger die ihm entstandenen Rechtsverfolgungskosten (insbesondere: Kosten eines Rechtsanwaltes) ersetzt werden. Auch im Widerspruchsverfahren sind diese Kosten zu ersetzen, wenn der Widerspruch erfolgreich war (§ 63 SGB X).

Achtung: Vorstehend wurde ausgeführt, dass das Gerichtsverfahren für den Versicherten kostenfrei ist. Hiervon gibt es aber eine wesentliche Ausnahme, die in § 109 SGG geregelt ist. Auf Antrag des Versicherten muss hiernach vom Gericht ein bestimmter Arzt gutachtlich gehört werden. Die Anhörung kann davon abhängig gemacht werden, dass der Antragsteller (Versicherte) die Kosten vorschießt und vorbehaltlich einer anderen Entscheidung des Gerichts endgültig trägt.

Das Gericht kann allerdings einen solchen Antrag ablehnen, wenn durch die Zulassung die Erledigung des Rechtsstreits verzögert werden würde und der Antrag nach freier Überzeugung des Gerichts in der Absicht, das Verfahren zu verschleppen oder aus grober Nachlässigkeit nicht früher vorgebracht worden ist.

Die Aufklärungspflicht der Sozialgerichte

Im Übrigen ist der Vorsitzende der betreffenden Kammer des Gerichts verpflichtet, von sich aus die Einzelheiten des betreffenden Falles festzustellen und aufzuklären.

Das Sozialgerichtsgesetz (§ 106) unterscheidet sich hier stark von den Vorschriften über den Zivilprozess. Dort müssen die Beteiligten (Kläger, Beklagter) von sich aus alle Beweismittel vorlegen bzw. benennen. Im Sozialgerichtsprozess ist dies – wie erwähnt – anders. Zur Durchführung der Aufklärungspflicht des Vorsitzenden kann dieser insbesondere:

- um Mitteilung von Urkunden ersuchen
- Krankenpapiere, Aufzeichnungen, Krankengeschichten, Untersuchungsbefunde sowie Röntgenbilder beiziehen
- Auskünfte jeder Art einholen
- Zeugen und Sachverständige in geeigneten Fällen vernehmen oder, auch eidlich, durch den ersuchten Richter vernehmen lassen
- die Einnahme des Augenscheins sowie die Begutachtung durch Sachverständige anordnen und ausführen
- andere beiladen
- einen Termin anberaumen, das persönliche Erscheinen der Beteiligten (auch des Klägers, also des Versicherten) hierzu anordnen und den Sachverhalt mit diesen erörtern

Die ärztliche Begutachtung für die Sozialgerichte

Die meisten Klagen werden wegen medizinischer, also nicht formeller Gründe erhoben, d. h. der ehemalige Rentenantragsteller, hier Kläger, hält die medizinische Begutachtung des Rentenversicherungsträgers und damit den Rentenbescheid für ungerecht (siehe Seite 111).

Der Richter stützt sich bei seiner Urteilsfindung auf medizinischen Sachverstand in Form beratungsärztlicher Stellungnahmen und/oder ärztlicher Begutachtung.

Der vom Sozialgericht benannte medizinische Sachverständige hat Sie nach richterlichen Vorgaben erneut medizinisch zu begutachten. Die Vorgaben sollten auf die bei Ihnen vorliegenden gesundheitlichen Besonderheiten Rücksicht nehmen.

Ein unabhängiger Gutachter kann vom Gericht bestimmt oder vom Kläger vorgeschlagen werden. Er verfährt ebenso, wie dies bereits im Kapitel 4 beschrieben wurde, und prüft vor allem die bei Ihnen festgestellten Funktionseinschränkungen, Behinderungen und die verbliebene Restleistungsfähigkeit hinsichtlich der Verwendbarkeit auf dem allgemeinen Arbeitsmarkt.

Wichtig: Verschlimmerung, Auftreten von Komplikationen, neu festgestellte Erkrankungen während des Verfahrens sollten vorgetragen und nachgewiesen werden. Sie können prozessentscheidend werden. Nachgeschobene Erkrankungen von alten Zeiten erscheinen nicht glaubwürdig.

Es wird geprüft, ob die im Verfahren bisher erstellten Gutachten einander widersprechen, ob Kompetenz, Objektivität und Neutralität des vom Rentenversicherungsträger bestellten Gutachters beachtet wurden.

Praxis-Tipp:

Wenn Sie schon die Mühe des Klageweges auf sich nehmen, sollten Sie sowohl bei dem medizinischen Gutachter als auch vor dem Gericht positive Mitarbeit leisten.

In Versicherungs- und Rentenangelegenheiten fanden im Jahr 2004 insgesamt 27 952 Verfahren eine Erledigung, in 36 063 Fällen blieben sie unerledigt. Gegen die Entscheidung der Sozialgerichte wurde in 1229 Fällen Berufung eingelegt.

Das Urteil der Sozialgerichte

Das Sozialgericht entscheidet in der Regel durch Urteil (§ 125 SGG). Es kann, sofern in der Ladung auf diese Möglichkeit hingewiesen worden ist, nach Lage der Akten entscheiden, wenn zu einem Termin keiner der Beteiligten erscheint oder beim Ausbleiben von Beteiligten die erschienenen Beteiligten es beantragen.

Aus dem Urteil müssen sich die Entscheidungsgründe ergeben (§ 136 SGG). Außerdem ist die Darstellung des Tatbestandes erforderlich.

Diese kann durch eine Bezugnahme auf den Inhalt der vorbereitenden Schriftsätze und auf die zur Sitzungsniederschrift erfolgten Feststellungen ersetzt werden, soweit sich aus ihnen der Sach- und Streitstand richtig und vollständig ergibt. In jedem Falle sind jedoch die erhobenen Ansprüche genügend zu kennzeichnen und die dazu vorgebrachten Angriffs- und Verteidigungsmittel ihrem Wesen nach hervorzuheben.

Wann Berufung zulässig ist

Berufung gegen die Entscheidung des Sozialgerichts kann nur erhoben werden, wenn dies im Urteil zugelassen ist (§ 144 SGG).

Wird die Berufung ausgeschlossen, kann dagegen Beschwerde beim Sozialgericht oder beim Landessozialgericht (nächste Instanz) eingelegt werden (§ 145 SGG). Die Entscheidung darüber fällt das Landessozialgericht.

Die Berufung selbst ist beim Landessozialgericht innerhalb eines Monats nach Zustellung des Urteils einzureichen (§ 151 SGG). Die Frist hat also die gleiche Länge wie die zur Einreichung der Klage. Hier läuft der Monat von der Zustellung des Widerspruchsbescheides an.

Auch beim Landessozialgericht besteht die Aufklärungspflicht des Vorsitzenden (des jeweiligen Senats).

Im Berufungsverfahren vor einem Landessozialgericht spielt der medizinische Sachverständige eine wichtige Rolle. Er agiert im Auftrag und nach Vorgaben des Richters oder auf den Antrag des Klägers, der zugelassen werden muss. Die Gestaltung des medizinischen sachverständigen Gutachtens richtet sich nach den Voraussetzungen, Regeln und der Zielsetzung, wie bereits beim Sozialgerichtsverfahren beschrieben. Der Gutachter muss sämtliche, im laufenden Verfahren bereits erstellte medizinische Gutachten zusätzlich zu den vom Patienten vorgetragenen und bei der Untersuchung gewonnenen Daten aufarbeiten und in seine gutachterliche Feststellungen einfließen lassen.

Zielsetzung des ärztlichen Gutachters ist es Ihre Restgesundheit und eine damit verbundene Restleistungsfähigkeit und daraus resultierende Einsetzbarkeit auf dem allgemeinen Arbeitsmarkt exakt festzustellen. Es ist vom Kläger hier ebenso zu beachten, dass Verschlimmerung, Auftreten von Komplikationen, neu festgestellte Erkrankungen während des Verfahrens vorgetragen und nachgewiesen werden sollten.

Wichtig: Trotz der zermürbenden Prozessbelastung kann nur eine positive Mitarbeit den Gutachter in die Lage versetzen, einem berechtigten Begehren zur Geltung zu verhelfen.

Wann Revision möglich ist

Gegen die Entscheidung des Landessozialgerichts ist Revision vor dem Bundessozialgericht möglich. Hier besteht allerdings Anwaltszwang. Die Revision muss im Berufungsurteil zugelassen werden. Gegen eine Nichtzulassung ist Nichtzulassungsbeschwerde vor dem Bundessozialgericht möglich (§§ 160, 160a SGG).

Das Bundessozialgericht klärt den Sachverhalt aber nicht mehr auf. Vielmehr handelt es sich hier um eine reine Rechtsinstanz. Es wird geprüft, ob das Landessozialgericht das geltende Recht richtig angewandt hat.

Ist das Bundessozialgericht der Meinung, dass die Aufklärung durch die Vorinstanz nicht ausreichend erfolgte, wird der Fall an die Vorinstanz zurückverwiesen (§ 170 SGG).

Achtung: Wenn Kläger und Beklagter einverstanden sind, kann die zweite Instanz (Landessozialgericht) übergangen und gleich Revision (als Sprungrevision bezeichnet) eingelegt werden (§ 161 SGG).

Zugehörigkeit zur gesetzlichen Krankenversicherung und Ihre Leistungsansprüche

7

„Krankenversicherung der Rentner"

Die Krankenversicherung der Rentner lässt sich wie folgt darstellen:

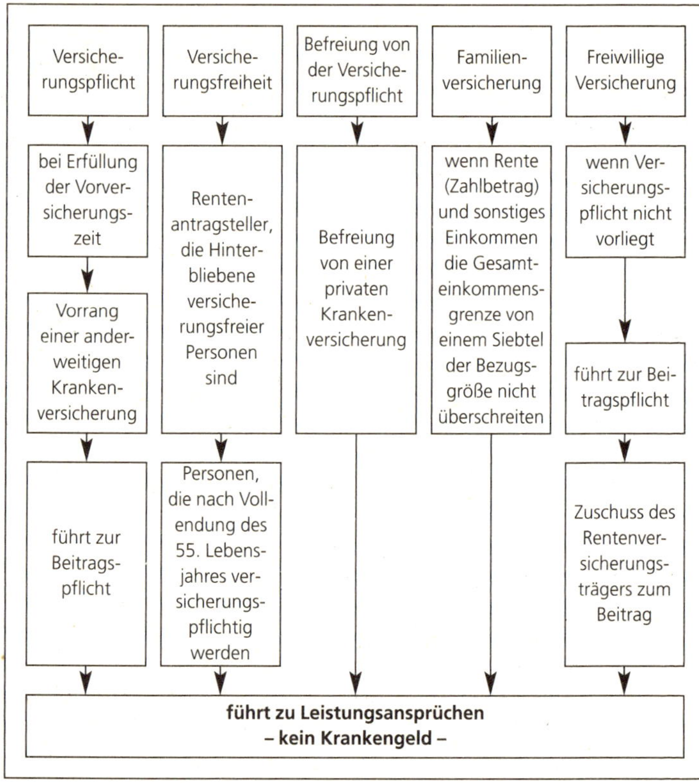

Versicherungspflicht

Die gesetzliche Krankenversicherung ist ursprünglich eine Versicherung der Arbeitnehmer. Im Laufe der Zeit sind aber verschiedene weitere Personenkreise als entsprechend schutzbedürftig eingestuft und in den Mitgliederkreis aufgenommen worden.

Dazu gehören auch Rentner. Hier werden zunächst die Personen angesprochen, die neben ihrer Rente keinerlei Beschäftigung nachgehen, deren Lebensgrundlage also die gesetzliche Rente bildet. Dabei ist es gleichgültig, ob daneben noch Ansprüche aus Betriebsrenten oder privaten Lebensversicherungen bestehen.

Für Rentenbezieher ist eine Versicherungspflicht kraft Gesetzes vorgesehen. Rechtsgrundlagen sind die Nummern 11, 11a und 12 des § 5 Abs. 1 Sozialgesetzbuch – Fünftes Buch (SGB V).

Zunächst werden hier Personen angesprochen, die die Voraussetzungen für den Anspruch auf eine Rente aus der gesetzlichen Rentenversicherung erfüllen und diese Rente beantragt haben.

Nicht von Bedeutung ist, ob die Rente von der Deutschen Rentenversicherung Bund (früher: Bundesversicherungsanstalt für Angestellte), einem Regionalträger (früher: Landesversicherungsanstalt) oder von der Deutschen Rentenversicherung Knappschaft-Bahn-See (früher: Bundesknappschaft, Seekasse, Bahnversicherungsanstalt) bezogen wird.

Welche Rente beantragt wurde, ist unwichtig. Es kann sich somit handeln um eine

- Altersrente
- Rente wegen verminderter Erwerbstätigkeit
- Rente wegen Todes (Hinterbliebenenrente)

Bezieht jemand eine Rente, die lediglich auf Höherversicherungsbeiträgen beruht, besteht keine Versicherungspflicht in der Krankenversicherung der Rentner. Hier handelt es sich um eine Rente nach altem Recht. Heute gibt es keine Höherversicherungsbeiträge mehr.

Ein Rentenanspruch – wie ihn § 5 Abs. 1 Nr. 11 SGB V fordert – ist dann gegeben, wenn die Voraussetzungen für den Bezug einer Rente erfüllt sind. Für den Eintritt der Versicherungspflicht ist es nicht notwendig, dass die Rente tatsächlich ausgezahlt wird. Es ist ausreichend, wenn der Rentenanspruch dem Grunde nach besteht. Deshalb wird die Rentnerkrankenversicherung auch dann durchgeführt, wenn die Rente wegen Zusammentreffens mit einer anderen Rente oder wegen Einkommen tatsächlich nicht gezahlt wird.

Achtung: Verzichtet der Rentenberechtigte auf die Rente, kommt es allerdings nicht zu einer Versicherungspflicht in der Rentnerkrankenversicherung.

Die Feststellung über das Vorliegen der Voraussetzungen für den Rentenbezug trifft der zuständige Rentenversicherungsträger mit Erteilung des Rentenbescheides oder mit Aufnahme einer laufenden Vorschusszahlung.

Wichtig: Für die Krankenkasse ist die Entscheidung des Rentenversicherungsträgers verbindlich.

Rentenantrag

Die Versicherungspflicht in der Rentnerkrankenversicherung setzt voraus, dass die Rente beantragt ist oder als beantragt gilt. Eine Rente gilt als beantragt, wenn ein Antrag auf bestimmte Leistungen des Rentenversicherungsträgers von diesem in einen Rentenantrag umgedeutet wird.

Das ist der Fall bei einem Antrag auf

- medizinische Rehabilitation
- Leistungen zur Teilhabe am Arbeitsleben

Es ist unwichtig, in welcher Form der Rentenantrag gestellt wird. Der Antrag kann schriftlich oder mündlich (zur Niederschrift) gestellt werden. In der Praxis wird der Antrag meist formularmäßig gestellt bzw. aufgenommen.

Als Tag der Rentenantragstellung ist auch der Tag des Antrags auf Weiterzahlung einer befristeten Rente wegen verminderter Erwerbsfähigkeit, Wiedergewährung einer Waisenrente sowie auf Witwen- oder Witwerrentenvorschuss anzusehen.

Vorversicherungszeit

§ 5 Abs. 1 Nr. 11 SGB V fordert als Voraussetzung für die Versicherungspflicht in der Rentnerkrankenversicherung, dass eine bestimmte Vorversicherungszeit zurückgelegt werden muss. Diese Vorversicherung muss in der Zeit zwischen der erstmaligen Aufnahme einer Erwerbstätigkeit und der Rentenantragstellung erfüllt sein (Rahmenfrist).

Neun Zehntel der zweiten Hälfte dieses Zeitraumes muss durch eine Mitgliedschaft oder eine Familienversicherung bei einer gesetzlichen Krankenkasse belegt sein. Den Mitgliedschaftszeiten stehen unter bestimmten Voraussetzungen bis zum 31.12.1988 die Zeiten einer Ehe mit einem Mitglied der gesetzlichen Krankenversicherung gleich.

Wichtig: Bei Hinterbliebenen gilt die Vorversicherungszeit auch dann als erfüllt, wenn der Verstorbene diese erfüllt hatte.

Praxis-Tipp:

Beachten Sie, dass Sie bei der Rentenantragstellung auch eine Meldung für die Krankenkasse ausfüllen müssen. Dort werden Fragen gestellt, die sich auf die Vorversicherungszeit beziehen. Beachten Sie die geforderten Angaben korrekt, vermeiden Sie dadurch Rückfragen der Krankenkasse.

Die Rahmenfrist beginnt – wie bereits erwähnt – mit dem Tag der erstmaligen Aufnahme einer Erwerbstätigkeit. Sie endet mit dem Tag der Rentenantragstellung. Letzteres gilt auch dann, wenn die Krankenversicherung der Rentner zunächst nicht wirksam wird. Beispielsweise ist dies möglich, wenn zum Zeitpunkt der Antragstellung eine Versicherungspflicht aufgrund einer Beschäftigung besteht. Hier handelt es sich um eine Vorrangversicherung (Genaueres dazu später in diesem Kapitel).

Bei Personen, die wegen ihrer Behinderung eine Erwerbstätigkeit nicht ausüben konnten, gilt der Eintritt der Versicherungspflicht als behinderte Menschen als erstmalige Aufnahme einer Erwerbstätigkeit.

Die Spitzenverbände der Krankenkassen und die Deutsche Rentenversicherung Bund weisen in ihrem Gemeinsamen Rundschreiben vom 30.12.2008 zur Rentnerkrankenversicherung darauf hin, dass dann, wenn eine Erwerbstätigkeit nicht aufgenommen wurde, als Beginn der Rahmenfrist folgende Tatbestände gelten:

- der Tag der Eheschließung
- wenn eine Ehe nicht bestand, die Vollendung des 18. Lebensjahres
- bei minderjährigen Waisen der Tag der Geburt

Beispiel:

Rentenantragstellung am	19.07.2009
Erstmalige Aufnahme einer Erwerbstätigkeit am	01.03.1967
Rahmenfrist beginnt am	01.03.1967
und endet am	19.07.2009

Maßgebend ist – wie erwähnt – die Belegung in der zweiten Hälfte der Rahmenfrist. Diese ist in Jahre, Monate und Tage umzurechnen. Dabei werden volle Kalendermonate zu 30 und das Kalenderjahr zu 365 Tagen gerechnet.

Beispiel:

Rentenantrag am	24.07.2009
Erstmalige Aufnahme einer Erwerbstätigkeit am	01.03.1967

Ermittlung der Rahmenfrist: Vom 01.03.1967 bis 24.07.2009

Ermittlung des Beginns der zweiten Hälfte der Rahmenfrist:

	Tage	Monate	Jahre	
	24.	07.	2009	
./.	01.	03.	1967	
=	24 (23+01)	04	42	: 2
=	11	02	21	
+	02.	03.	1967	(Datum der erstmaligen Aufnahme einer Erwerbstätigkeit)
=	13.	05.	1988	Beginn der zweiten Hälfte der Rahmenfrist

Ermittlung der erforderlichen Vorversicherungszeit:

	Tage	Monate	Jahre
	24.	07.	2009
./.	13.	05.	1988
=	12 (11+01)	02	21

Hiervon 9/10 lt. Tabelle:

21 Jahre	=	18 Jahre	10 Monate	29 Tage
02 Monate	=	– Jahre	1 Monat	24 Tage
12 Tage	=	– Jahre	– Monate	11 Tage
		18 Jahre	11 Monate	64 Tage
		19 Jahre	1 Monat	4 Tage (Umwandlung)

Ergebnis:

Erforderliche Vorversicherungszeit = 19 Jahre 1 Monate 4 Tage

Der Rentenantragsteller muss in der Zeit vom 13.05.1988 bis 24.07.2009 mindestens 19 Jahre, 1 Monat, 4 Tage anrechenbare Versicherungszeiten nachweisen.

Die Spitzenverbände der Krankenkassen und die Deutsche Rentenversicherung Bund haben als Anhang zu ihrem Gemeinsamen Rundschreiben vom 30.12.2008 eine Tabelle entwickelt, die bei Berechnung der Neun-Zehntel-Belegung hilfreich sein kann:

Tabelle zur Ermittlung der Neun-Zehntel-Belegung nach § 5 Absatz 1 Nr. 11 SGB V

Jahre (= J)		Monate (= M)		Tage (= T)	
Vers.-zeit	**9/10**	**Vers.-zeit**	**9/10**	**Vers.-zeit**	**9/10**
1 J	0 J 10 M 29 T	1 M	0 M 27 T	1 T	1 T
2 J	1 J 9 M 22 T	2 M	1 M 24 T	2 T	2 T
3 J	2 J 8 M 16 T	3 M	2 M 21 T	3 T	3 T
4 J	3 J 7 M 9 T	4 M	3 M 18 T	4 T	4 T

noch: Tabelle zur Ermittlung der Neun-Zehntel-Belegung nach § 5 Absatz 1 Nr. 11 SGB V

5 J	4 J 6 M 3 T	5 M	4 M 15 T	5 T	5 T
6 J	5 J 4 M 26 T	6 M	5 M 12 T	6 T	6 T
7 J	6 J 3 M 20 T	7 M	6 M 9 T	7 T	7 T
8 J	7 J 2 M 13 T	8 M	7 M 6 T	8 T	8 T
9 J	8 J 1 M 7 T	9 M	8 M 3 T	9 T	9 T
10 J	9 J 0 M 0 T	10 M	9 M 0 T	10 T	9 T
11 J	9 J 10 M 29 T	11 M	9 M 27 T	11 T	10 T
12 J	10 J 9 M 22 T	12 M	10 M 24 T	12 T	11 T
13 J	11 J 8 M 16 T			13 T	12 T
14 J	12 J 7 M 9 T			14 T	13 T
15 J	13 J 6 M 3 T			15 T	14 T
16 J	14 J 4 M 26 T			16 T	15 T
17 J	15 J 3 M 20 T			17 T	16 T
18 J	16 J 2 M 13 T			18 T	17 T
19 J	17 J 1 M 7 T			19 T	18 T
20 J	18 J 0 M 0 T			20 T	18 T
21 J	18 J 10 M 29 T			21 T	19 T
22 J	19 J 9 M 22 T			22 T	20 T
23 J	20 J 8 M 16 T			23 T	21 T
24 J	21 J 7 M 9 T			24 T	22 T
25 J	22 J 6 M 3 T			25 T	23 T
				26 T	24 T
				27 T	25 T
				28 T	26 T
				29 T	27 T
				30 T	27 T

Als Vorversicherungszeit sind alle Zeiten der Versicherung bei einer Krankenkasse innerhalb der zweiten Hälfte der Rahmenfrist zu berücksichtigen. Dabei ist gleichgültig, welche Art von Versicherung vorlag:

- eine Pflichtversicherung
- eine freiwillige Versicherung (Erläuterungen dazu auf den folgenden Seiten)
- eine Familienversicherung (siehe ab Seite 217)

Wichtig: Bei der Prüfung der Vorversicherungszeit sind die beim Träger der Sozialversicherung im Beitrittsgebiet (bis 31.12.1990) zurückgelegten Versicherungszeiten den Zeiten einer Pflichtversicherung in der gesetzlichen Krankenversicherung gleichgestellt. Dies gilt auch für Zeiten in der Freiwilligen Krankheitskostenversicherung der ehemaligen Staatlichen Versicherung der DDR oder in einem Sonderversorgungssystem.

Wie bereits erwähnt, werden Mitgliedszeiten bis zum 31.12.1988 Zeiten der Ehe mit einem Mitglied der gesetzlichen Krankenversicherung gleichgestellt.

Achtung: Ehezeiten, in denen der Rentenantragsteller mehr als nur geringfügig beschäftigt oder selbstständig tätig war, werden nicht berücksichtigt.

Auch ausländische Versicherungszeiten können berücksichtigt werden. Dies ist dann der Fall, wenn diese Zeiten durch überstaatliches Recht oder durch ein zwischenstaatliches Sozialversicherungsabkommen gleichgestellt sind. Eine solche Gleichstellung ergibt sich aus dem Sozialrecht der Europäischen Union, dem sog. Rheinschiffer-Übereinkommen sowie aus einigen Sozialversicherungsabkommen mit anderen Staaten.

Das EU-Recht gilt außer in Deutschland in folgenden Staaten: Belgien, Bulgarien, Dänemark, Estland, Finnland, Frankreich, Griechenland, Großbritannien und Nordirland, Irland, Island, Italien, Lettland, Liechtenstein, Litauen, Luxemburg, Malta, Niederlande, Norwegen, Österreich, Polen, Portugal, Rumänien, Schweden, Schweiz, Slowakei, Slowenien, Spanien, Tschechien, Ungarn und Zypern (griechischer Teil).

Die Zeiten in der Schweiz werden seit 01.06.2002 aufgrund des Freizügigkeitsabkommens zwischen der EG und der Schweiz angerechnet. In den am 01.05.2004 in die EU eingetretenen zehn Staaten können lediglich Zeiten ab dem genannten Zeitpunkt berücksichtigt werden. Island, Liechtenstein und Norwegen sind keine Mitgliedsstaaten der EU. Das Sozialrecht der EU gilt in diesen Ländern wegen ihrer Zugehörigkeit zum Europäischen Wirtschaftsraum (EWR).

Zugehörigkeit zur gesetzlichen Krankenversicherung

Einige Sozialversicherungsabkommen enthalten Regelungen über die Zusammenrechnung von deutschen mit ausländischen Zeiten: Kroatien, Mazedonien (seit 01.01.2005), Tunesien und Türkei. Diese gelten allerdings nur im Verhältnis zu Kroatien und Mazedonien unabhängig von der Staatsangehörigkeit des Rentners.

Rentner, die ihren gewöhnlichen Aufenthalt in Deutschland haben und aufgrund eines Rentenanspruchs, der bis zum 31.12.1995 entstanden ist, eine Rente nach der Verordnung vom 03.04.1991 in Verbindung mit einem Sozialversicherungsvertrag der früheren DDR beziehen, sind für die Dauer dieses Rentenbezuges und von Nachfolgerenten Pflichtmitglied der Rentnerkrankenversicherung. Auf die Erfüllung der Vorversicherungszeit kommt es hier nicht an.

Selbstständige künstlerische oder publizistische Tätigkeiten

§ 5 Abs. 1 Nr. 11a SGB V sieht vor, dass Personen, die eine selbstständige künstlerische oder publizistische Tätigkeit vor dem 01.01.1983 aufgenommen haben, versicherungspflichtig in der gesetzlichen Krankenversicherung sind. Bedingung ist aber, dass sie die Voraussetzungen für den Anspruch auf eine Rente aus der gesetzlichen Rentenversicherung erfüllen und diese Rente beantragt haben.

Außerdem ist erforderlich, dass sie mindestens neun Zehntel des Zeitraums zwischen dem 01.01.1985 und der Stellung des Rentenantrags nach dem Künstlersozialversicherungsgesetz in der gesetzlichen Krankenversicherung versichert waren. Für Personen, die am 03.10.1990 ihren Wohnsitz im Beitrittsgebiet hatten, ist anstelle des 01.01.1985 der 01.01.1992 maßgebend.

Für diesen Personenkreis sind ausschließlich Pflichtmitgliedszeiten nach dem Künstlersozialversicherungsgesetz anrechenbar.

Spätaussiedler und Verfolgte

§ 5 Abs. 1 Nr. 12 SGB V sieht eine Sonderregelung für bestimmte Personenkreise vor. Diese müssen nämlich die Vorversicherungszeit nicht erfüllen, um versicherungspflichtig in der gesetzlichen Krankenversicherung zu werden.

Es handelt sich um:

- anerkannte Spätaussiedler
- deutschsprachige Angehörige des Judentums
- vertriebene Verfolgte

Weitere Voraussetzung ist die Wohnsitzverlegung innerhalb der letzten zehn Jahre vor der Rentenantragstellung in das Bundesgebiet.

Beim Antrag auf Hinterbliebenenrente gelten die Voraussetzungen des § 5 Abs. 1 Nr. 12 SGB V als erfüllt, wenn die Voraussetzungen beim Verstorbenen vorlagen.

Sind die Voraussetzungen zur Durchführung einer Pflichtversicherung in der Rentnerkrankenversicherung bisher nicht, sondern erst durch den Hinzutritt einer weiteren Rente erfüllt, beginnt die Rentnerkrankenversicherung bereits mit dem Tag der Rentenantragstellung.

Beispiel:

Rente aus eigener Versicherung seit	01.09.2001
→ Vorversicherungszeit nicht erfüllt	
Antrag auf Hinterbliebenenrente am	25.08.2009
→ Vorversicherungszeit durch Verstorbenen erfüllt	

Ergebnis:

Die Pflichtversicherung in der Krankenversicherung der Rentner beginnt am 25.08.2009. Ab diesem Zeitpunkt sind auch aus der bereits bewilligten Rente Pflichtbeiträge zu erheben (siehe ab Seite 151).

In diesem Zusammenhang ist die seit 01.04.2007 geltende Vorschrift des § 5 Abs. 1 Nr. 13 SGB V zu beachten.

Hier geht es um Personen, die keinen anderweitigen Anspruch auf Absicherung im Krankheitsfall haben. Sie müssen entweder

- zuletzt gesetzlich krankenversichert

oder

- bisher nicht gesetzlich oder privat krankenversichert gewesen sein.

Durch § 5 Abs. 1 Nr. 13 SGB V hat der Gesetzgeber seine Absicht verwirklicht, dass alle Menschen in Deutschland dem Krankenversicherungsschutz unterliegen. Nach ausdrücklicher Vorschrift in § 5 Abs. 8a SGB V ist aber jede Pflichtmitgliedschaft sowie die freiwillige Mitgliedschaft und der Anspruch aus der Familienversicherung vorrangig vor der Versicherungspflicht nach § 5 Abs. 1 Nr. 13 SGB V. Dort werden auch die Personen nicht erfasst, für die nach § 264 SGB V die Krankenkasse im Auftrag (insbesondere) der Sozialhilfeträger Leistungen gewährt.

Ausschluss der Versicherungspflicht

In der Krankenversicherung der Rentner wird nicht pflichtversichert, wer:

- hauptberuflich selbstständig erwerbstätig ist
- kraft Gesetzes familienversichert ist (siehe ab Seite 217)
- nach bestimmten Vorschriften versicherungspflichtig ist

Wer versicherungspflichtig ist, regelt § 5 SGB V Nummer 1 bis 8 (siehe nachfolgende Übersicht):

Hiernach sind versicherungspflichtig:

Arbeiter, Angestellte, Auszubildende		§ 5 Abs. 1 Nr. 1 SGB V
Arbeitslosengeldbezieher	nach dem Sozialgesetzbuch – Drittes Buch (SGB III)	§ 5 Abs. 1 Nr. 2 SGB V
Bezieher von Arbeitslosengeld II	nach dem Sozialgesetzbuch – Zweites Buch (SGB II)	§ 5 Abs. 1 Nr. 2a SGB V
Landwirte	gilt auch für mitarbeitende Familienangehörige und sog. Altenteiler	§ 5 Abs. 1 Nr. 3 SGB V
Künstler oder Publizisten	angesprochen sind selbstständig tätige Personen	§ 5 Abs. 1 Nr. 4 SGB V
Jugendliche, die in einer Einrichtung der Jugendhilfe für eine Erwerbstätigkeit befähigt werden sollen		§ 5 Abs. 1 Nr. 5 SGB V
Teilnehmer an Leistungen zur Teilhabe am Arbeitsleben sowie an Abklärung der beruflichen Eignung oder Arbeitserprobung	wenn die Leistungsgewährung nicht nach dem Kriegsopferrecht erfolgt	§ 5 Abs. 1 Nr. 6 SGB V
Behinderte Menschen, die als solche der Versicherungspflicht unterliegen		§ 5 Abs. 1 Nr. 7, 8 SGB V
Fortbestehen der Mitgliedschaft	z. B. wegen Krankengeldbezug	§§ 192 Abs. 1, 193 SGB V

Versicherungsfreiheit

§ 6 SGB V zählt verschiedene Personengruppen auf, die in der gesetzlichen Krankenversicherung versicherungsfrei sind. Dazu gehören beispielsweise Beamte, Richter sowie Zeit- und Berufssoldaten. Ferner sind hier Geistliche und Lehrer an privaten genehmigten Ersatzschulen angesprochen.

Solange ein Rentenantragsteller oder Rentner zu einer dieser Personengruppen gehört, ist er krankenversicherungsfrei. Das gilt auch für Hinterbliebene dieser Personen, wenn sie ihren Rentenanspruch nur aus der Versicherung dieser Personen ableiten und nach beamtenrechtlichen Vorschriften oder Grundsätzen bei Krankheit Anspruch auf Beihilfe haben.

Wichtig: Personen sind versicherungsfrei, die nach dem 55. Lebensjahr versicherungspflichtig werden. Voraussetzung ist, dass sie in den letzten fünf Jahren vor Eintritt der Versicherungspflicht nicht gesetzlich versichert waren. Die Regelung gilt lediglich nicht für Bezieher von Arbeitslosengeld II. Sie ist aber auf Rentner anzuwenden, auch wenn sie beispielsweise die Vorversicherungszeit erfüllt haben.

Beispiel:

Hinterbliebenenrentenantrag am → Vorversicherungszeit ist über den Verstorbenen erfüllt	19.08.2009
Die 1944 geborene Hinterbliebene war aufgrund einer hauptberuflich selbstständigen Tätigkeit privat krankenversichert seit	01.04.1996

Ergebnis:

Durch den Rentenantrag tritt ab dem 19.08.2009 grundsätzlich eine Pflichtmitgliedschaft in der Rentnerkrankenversicherung ein. Da die Hinterbliebene jedoch das 55. Lebensjahr vollendet hat, innerhalb der letzten fünf Jahre vor Beginn der Versicherungspflicht (19.08.2004 bis 18.08.2009) nicht gesetzlich krankenversichert und wenigstens die Hälfte dieser Zeit nicht versicherungspflichtig war, besteht Versicherungsfreiheit.

Befreiung von der Versicherungspflicht

§ 8 SGB V zählt einige Tatbestände auf, bei deren Vorliegen der Rentenantragsteller beziehungsweise Rentner sich von der Versicherungspflicht in der Krankenversicherung der Rentner auf Antrag befreien lassen kann.

Danach wird auf Antrag von der Versicherungspflicht befreit, wer versicherungspflichtig wird durch:

- den Antrag auf Rente
- den Bezug von Rente

Es handelt sich hier insbesondere um Personen, die privat krankenversichert sind und dies auch bleiben wollen.

Praxis-Tipp:

Prüfen Sie, bevor Sie einen Antrag auf Befreiung von der Versicherungspflicht stellen, genau, ob eine Versicherung in der gesetzlichen Krankenkasse nicht günstiger, insbesondere preisgünstiger für Sie wäre.

Der Antrag auf Befreiung ist innerhalb von drei Monaten nach Beginn der Versicherungspflicht zu stellen. Der Tag des Beginns der Versicherungspflicht ist nicht in die Frist einzubeziehen. Die Frist endet mit dem Ablauf des Tages des Folgemonats, der seiner Zahl nach dem Ereignistag entspricht.

Zugehörigkeit zur gesetzlichen Krankenversicherung

Beispiel:

Rentenantrag am	17.08.2009
Beginn der Versicherungspflicht am	17.08.2009
Beginn der Antragsfrist am	18.08.2009
Ende der Antragsfrist am	17.11.2009

Der Antrag auf Befreiung ist an die zuständige Krankenkasse zu richten. Zuständig ist die Krankenkasse, bei der zur Zeit der Rentenantragstellung eine gesetzliche Krankenversicherung besteht.

Besteht zur Zeit der Rentenantragstellung keine Krankenversicherung, ist der Antrag an die Krankenkasse zu richten, die zuletzt eine Versicherung durchgeführt hat. Ergibt sich danach keine Zuständigkeit, müssen Sie eine bestimmte Krankenkasse wählen. Diese ist dann für die Beurteilung des Befreiungsantrages zuständig.

Wichtig: Der Antrag auf Befreiung von der Versicherungspflicht ist auch dann fristgerecht gestellt, wenn er innerhalb der Drei-Monats-Frist bei einer unzuständigen Stelle – z. B. beim Rentenversicherungsträger – eingeht.

Die Entscheidung der zuständigen Krankenkasse ist dem Rentner schriftlich mitzuteilen.

Die Befreiung wirkt allerdings nur dann vom Beginn der Krankenversicherung der Rentner an, wenn seit ihrem Beginn noch keine Leistungen gewährt worden sind. Hat der Befreiungsberechtigte für sich oder haben seine familienversicherten Angehörigen bereits Leistungen in Anspruch genommen, wirkt die Befreiung vom Beginn des Kalendermonats an, der auf die Antragstellung folgt.

Beispiel:

Jemand stellt einen Rentenantrag am	07.08.2009
An diesem Tag beginnt die Mitgliedschaft als Rentenantragsteller.	

Der Betreffende stellt einen Antrag auf Befreiung
von der Versicherungspflicht am 05.11.2009
Der bisher familienversicherte Sohn des Rentenantragstellers hat am 26.09.2009 eine Leistung auf Rechnung der Krankenkasse erhalten.

Ergebnis:

Beginn der Antragsfrist am	08.08.2009
Ende der Antragsfrist am	07.11.2009
Die Befreiung wirkt vom	01.12.2009

Wichtig: Nach ausdrücklicher Vorschrift in § 8 Abs. 2 SGB V kann die Befreiung von der Versicherungspflicht in der Rentnerkrankenversicherung nicht widerrufen werden.

Die Befreiung gilt also für die Dauer des Rentenverfahrens beziehungsweise des Rentenbezuges. Sie wirkt auch weiter, wenn beispielsweise im Anschluss an eine Rente wegen verminderter Erwerbsfähigkeit eine Altersrente gezahlt wird.

Bezieht ein von der Versicherungspflicht in der Krankenversicherung der Rentner befreiter Rentner eine weitere Rente, dann gilt die zu der ersten Rente ausgesprochene Befreiung auch für die zweite Rente.

Beispiel:

Zu einer Altersrente tritt eine Witwenrente hinzu.

Unterbrechungen in der Rentenzahlung haben keine Auswirkung auf den Befreiungstatbestand. Insoweit muss auch nicht unterschieden werden, ob im Anschluss an die Unterbrechung dieselbe Rente weitergezahlt oder wieder gewährt wird.

Die Befreiung von der Rentnerkrankenversicherung schließt auch die Versicherungspflicht nach anderen gesetzlichen Vorschriften aus. Übt beispielsweise ein von der Versicherungspflicht befreiter Rentner eine Beschäftigung aus, tritt die Versicherungspflicht zur gesetzlichen Krankenversicherung aufgrund der Beschäftigung erst nach Wegfall der Rente ein.

Allerdings gilt Vorstehendes nicht für eine Versicherungspflicht als:

- Bezieher von Arbeitslosengeld oder Unterhaltsgeld
- Bezieher von Arbeitslosengeld II
- Landwirte, die mitarbeitenden Familienangehörigen und Altenteiler
- selbstständige Künstler und Publizisten

Freiwillige Versicherung

Die freiwillige Versicherung in der gesetzlichen Krankenversicherung ist in § 9 SGB V geregelt. In erster Linie geht es darum, dass die Versicherung nach dem Ausscheiden aus ihr freiwillig fortgesetzt wird.

Beispiel:

Jemand scheidet am 31.08. aus der Versicherungspflicht als Arbeitnehmer aus. Er ist ab 01.09. Rentenbezieher. Aufgrund des Rentenbezuges wird er aber nicht pflichtversichert, weil er nicht die Vorversicherungszeit erfüllt hat.

Ergebnis:

Der Rentner kann unter bestimmten Voraussetzungen freiwilliges Mitglied in der gesetzlichen Krankenversicherung bleiben.

Voraussetzungen sind:

- Ausscheiden aus der Versicherungspflicht (wie im Beispiel beschrieben)
- Erfüllung einer Vorversicherungszeit, die aber ganz anders strukturiert ist als die Vorversicherungszeit für Rentner

Der Betreffende muss nämlich in den letzten fünf Jahren vor dem Ausscheiden mindestens 24 Monate oder unmittelbar vor dem Ausscheiden mindestens zwölf Monate versichert gewesen sein.

Die Zeit einer Mitgliedschaft als Rentenantragsteller wird dabei nicht berücksichtigt. Ausnahme: Die Mitgliedschaft als Rentenantragsteller hat eine Familienversicherung verdrängt.

Freiwillig versichern kann sich aber auch ein bisher Familienversicherter, der nunmehr eine Rente bezieht. Hier ist allerdings zu beachten, dass er familienversichert bleibt, wenn sein Gesamteinkommen (das beispielsweise allein in einer Rente bestehen kann) monatlich ein Siebtel der Bezugsgröße nicht überschreitet. 2009 sind hier 360 Euro maßgebend.

Wichtig: Bei Renten wird als Gesamteinkommen der Zahlbetrag der Rente berücksichtigt. Lediglich der Teil der Rente, der auf Entgeltpunkte für Kindererziehungszeiten entfällt, wird nicht herangezogen.

Praxis-Tipp:

Welcher Teil der Rente hier anrechnungsfrei ist, ergibt sich aus dem Rentenbescheid. Selbstverständlich ist es auch möglich, sich in dieser Hinsicht vom Rentenversicherungsträger beraten zu lassen.

Scheidet jemand aus der Familienversicherung aus, weil er eine Rente über dem genannten Betrag bezieht, kann er sich freiwillig versichern. Auch hier muss die oben genannte Vorversicherungszeit (Versicherungszeit von 24 Monaten in den letzten fünf Jahren vor dem Ausscheiden und unmittelbar vorher mindestens zwölf Monate) vorliegen.

Bezüglich der Vorversicherungszeiten ist zu beachten, dass die Vorversicherungszeit von 24 Monaten nicht zusammenhängend verlaufen muss, jedoch die Vorversicherungszeit von zwölf Monaten.

Die freiwillige Mitgliedschaft kann aus unterschiedlichen Gründen enden:

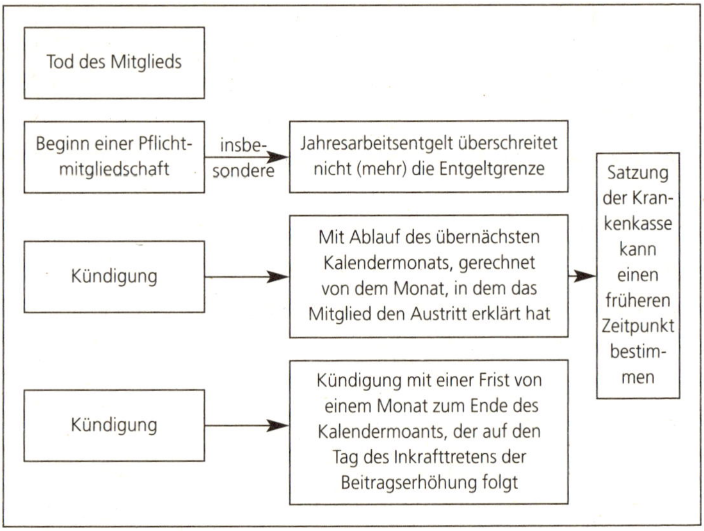

Zuständige Krankenkasse

Die zuständige Krankenkasse für die Durchführung der Rentnerkrankenversicherung wird im Allgemeinen nicht gesetzlich vorgeschrieben. Vielmehr hat der Versicherte ein Wahlrecht unter sehr vielen Krankenkassen.

Rechtsgrundlage ist hier § 173 SGB V. Die Vorschrift gilt sowohl für pflichtversicherte als auch für freiwillig versicherte Personen.

Ausnahmen von der Wahlfreiheit gelten für Versicherte der Krankenversicherung der Landwirte und der Künstlersozialversicherung.

Danach können Versicherungspflichtige und Versicherungsberechtigte eine der folgenden Krankenkassen wählen:

- die Ortskrankenkasse (AOK) des Beschäftigungs- oder Wohnorts
- jede Ersatzkasse (Ersk.), deren Zuständigkeit sich nach der Satzung auf den Beschäftigungs- oder Wohnort erstreckt
- die Betriebs- oder Innungskrankenkasse (BKK oder IKK), wenn der Betreffende in dem Betrieb beschäftigt ist, für den die BKK oder IKK besteht
- die BKK oder IKK, wenn die Satzung der betreffenden Krankenkasse dies vorsieht – hier wird von der geöffneten BKK oder IKK gesprochen
- die Deutsche Rentenversicherung Knappschaft-Bahn-See
- die Krankenkasse, bei der vor Beginn der Versicherungspflicht oder Versicherungsberechtigung zuletzt eine Mitgliedschaft oder eine Familienversicherung bestanden hat
- die Krankenkasse, bei der der Ehegatte versichert ist

Hinsichtlich der zuletzt aufgeführten Möglichkeit ist zu beachten, dass immer dann, wenn beide Ehegatten Mitglieder verschiedener Krankenkassen sind, die Mitgliedschaft bei der Krankenkasse des anderen Ehegatten gewählt werden kann. Wechselt der Ehegatte die Krankenkasse, kann der Rentner/Rentenantragsteller ihm folgen.

Außer den vorstehend aufgeführten Krankenkassen können versicherungspflichtige Rentner und Rentenantragsteller zusätzlich die Krankenkasse wählen, bei der ein Elternteil versichert ist. Dabei kommt es auf die Art der Versicherung nicht an.

Versicherte Rentner können im Übrigen zusätzlich die BKK oder IKK wählen, wenn sie früher in einem Betrieb beschäftigt gewesen sind, für den eine BKK oder IKK besteht.

Die bei den landwirtschaftlichen Krankenkassen Pflichtversicherten, die eine Rente aus der gesetzlichen Rentenversicherung beantragt haben oder eine solche Rente beziehen, werden (weiterhin) kraft Gesetzes bei diesen Krankenkassen versichert. Ein Wahlrecht zu einer nichtlandwirtschaftlichen Krankenkasse besteht nicht.

Ausübung des Wahlrechts

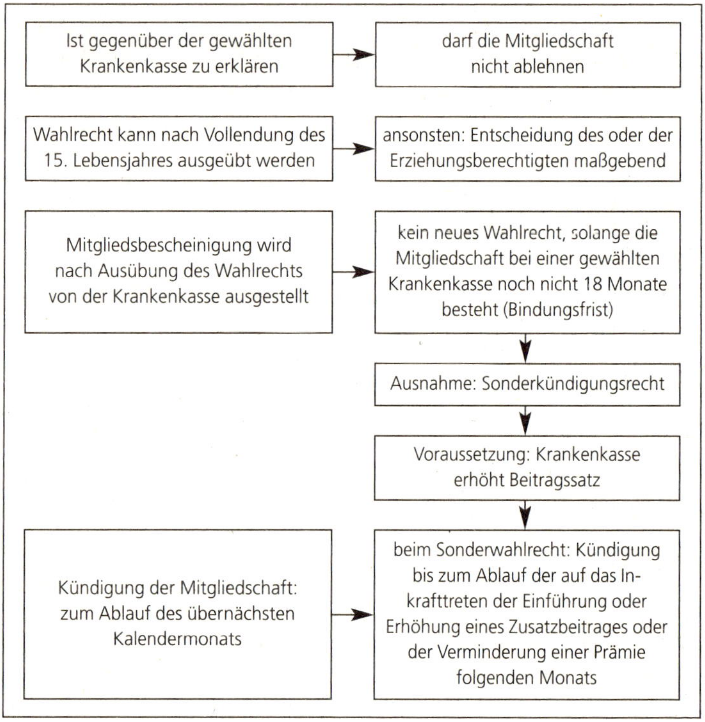

Wichtig: Ein Rentenantragsteller oder Rentner kann der bisherigen Krankenkasse nicht kündigen, wenn die 18-monatige Bindungsfrist nicht abgelaufen ist.

Beispiel:

Krankenkassenwechsel als freiwilliges Mitglied zur Krankenkasse A zum	01.03.2009
Rentenantrag und gleichzeitige Wahl der Krankenkasse B am	13.08.2009
Beschäftigungsverhältnis endet am	30.09.2009
Rentenbeginn am	01.10.2009

Ergebnis:

Ein Krankenkassenwechsel zur Krankenkasse B ab 01.09.2009 ist nicht möglich, da die 18-monatige Bindungsfrist zur Krankenkasse A (bis 31.08.2009) noch nicht erfüllt ist.

Wie in dem eben aufgeführten Schaubild kann die Krankenkasse lediglich dann gewechselt werden, wenn der Rentner oder Rentenantragsteller die Mitgliedschaft bei seiner bisherigen Krankenkasse wirksam gekündigt hat.

Als Nachweis dient die von der bisherigen Krankenkasse innerhalb von 14 Tagen nach Eingang der Kündigung auszustellende Kündigungsbestätigung.

Die Kündigung der Mitgliedschaft ist zum Ablauf des übernächsten Kalendermonats möglich, gerechnet von dem Monat, in dem das Mitglied die Kündigung erklärt. Maßgebend ist das Datum des Eingangs der Kündigung bei der bisherigen Krankenkasse.

Beispiel:

Kündigung der seit 01.01.2008 bestehenden Mitgliedschaft am	07.08.2009
Kündigung zum	31.10.2009
Ende der Bindungsfrist am	30.06.2009
Ausstellung der Kündigungsbestätigung am	09.08.2009

Ergebnis:

Der Krankenkassenwechsel vollzieht sich zum 01.11.2009, da die Mitgliedschaft fristgerecht gekündigt worden ist und die 18-monatige Bindungsfrist bereits am 30.06.2009 erfüllt war.

Wird vom Rentner oder Rentenantragsteller eine Kündigung für einen Zeitpunkt ausgesprochen, zu dem ein Krankenkassenwechsel noch nicht möglich ist, weil beispielsweise die Bindungsfrist noch nicht abgelaufen ist, hat die Krankenkasse die Kündigung in eine solche zum nächstmöglichen Zeitpunkt umzudeuten.

Beispiel:

Kündigung der seit 01.01.2008 bestehenden Mitgliedschaft am	09.12.2008
Kündigung zum	29.02.2009
Ende der Bindungsfrist am	30.06.2009

Ergebnis:

Ein Krankenkassenwechsel vollzieht sich nicht zum 01.03.2009, da die 18-monatige Bindungsfrist noch nicht erfüllt ist und die Kündigung nicht fristgerecht erklärt wurde. Trotzdem ist die Kündigung so umzudeuten, als wenn sie im Monat April 2009 ausgesprochen worden wäre, damit sich zum 01.07.2009 ein Krankenkassenwechsel vollziehen kann.

Wie im vorausgegangenen Schaubild (Ausübung des Wahlrechts) erwähnt, gibt es ein Sonderkündigungsrecht. Dieses besteht dann, wenn eine Krankenkasse einen Zusatzbeitrag einführt, erhöht oder eine Prämie aufgrund eines Überschusses vermindert.

In einem solchen Fall muss die Kündigung bis zum Ablauf des Kalendermonats, der dem Monat folgt, zu dessen Beginn die Beitragssatzerhöhung wirksam wird, der Krankenkasse zugegangen sein. Der Krankenkassenwechsel vollzieht sich dann mit Ablauf des übernächsten Kalendermonats.

Beispiel:

Einführung eines Zusatzbeitrages zum	01.08.2009

Ergebnis:

Die Kündigung muss der Krankenkasse spätestens vorliegen bis zum	30.08.2009
Die Mitgliedschaft endet spätestens am	31.10.2009
Neue Mitgliedschaft ist nachzuweisen bis zum Ende der Kündigungsfrist am	31.10.2009

Die Spitzenverbände der Krankenkassen und die Deutsche Rentenversicherung Bund weisen in ihrem Gemeinsamen Rundschreiben vom 30.12.2008 zur Krankenversicherung der Rentner darauf hin, dass das Sonderkündigungsrecht zwar die Bindungswirkung aufhebt. Gleichzeitig löst es aber bei der neu gewählten Krankenkasse eine neue Bindungswirkung aus.

Beginn und Ende der Mitgliedschaft

Nach § 186 Abs. 9 SGB V beginnt die Mitgliedschaft versicherungspflichtiger Rentner mit dem Tag der Stellung des Rentenantrags.

Wird die Mitgliedschaft Versicherungspflichtiger zu einer Krankenkasse gekündigt (beachten Sie dazu bitte die obigen Ausführungen), beginnt die Mitgliedschaft bei der neugewählten Krankenkasse mit dem Tag nach Eintritt der Rechtswirksamkeit der Kündigung.

Wichtig: Es werden auch Personen Mitglied der Krankenkasse, die zwar einen Antrag auf Rentengewährung gestellt, jedoch keinen Rentenanspruch haben. Beispielsweise sind hier Personen zu erwähnen, die einen Antrag auf Rente wegen Erwerbsminderung stellen, deren Rentenantrag aber abgelehnt wird.

Rechtsgrundlage ist hier § 189 SGB V. Eine Mitgliedschaft entsteht nach dieser Vorschrift aufgrund einer Entscheidung des Bundessozialgerichts (BSG) dann nicht, wenn der Rentenanspruch ganz offensichtlich nicht gegeben ist. Außerdem muss Grund zu der Annahme bestehen, dass der Antrag allein in der Absicht gestellt worden ist, eine Mitgliedschaft in der gesetzlichen Krankenversicherung zu erlangen.

Die Mitgliedschaft als Rentenantragsteller beginnt mit dem Tag der Stellung des Rentenantrags, und zwar um 0.00 Uhr.

Die Mitgliedschaft beginnt allerdings dann nicht mit dem Tag der Stellung des Rentenantrags, wenn zu diesem Zeitpunkt eine Vorrangversicherung, beispielsweise als Arbeitnehmer, besteht.

Zugehörigkeit zur gesetzlichen Krankenversicherung

Die Mitgliedschaft als Rentenantragsteller endet mit dem Tag, von dem an Rente zugebilligt wird.

Die Mitgliedschaft als Rentenantragsteller endet darüber hinaus:

- mit dem Tod des Rentenantragstellers
- mit dem Tag, an dem der Rentenantrag zurückgenommen wird
- mit dem Tag, an dem die Ablehnung des Rentenantrages durch den Rentenversicherungsträger unanfechtbar wird

Bei Rücknahme des Rentenantrags kommt es darauf an, wann die entsprechende Erklärung des Rentenantragstellers beim Rentenversicherungsträger eingeht. Kommt es zur Rücknahme des Antrags während eines Sozialgerichtsverfahrens, wirkt sie mit der Annahme der Erklärung durch das Gericht.

Nach § 190 Abs. 11 SGB V endet die Mitgliedschaft versicherungspflichtiger Rentner

- mit Ablauf des Monats, in dem der Anspruch auf Rente wegfällt oder die Entscheidung über den Wegfall oder den Entzug der Rente unanfechtbar geworden ist, frühestens allerdings mit Ablauf des Monats, für den letztmalig Rente zu zahlen ist.
- bei Gewährung einer Rente für zurückliegende Zeiträume mit Ablauf des Monats, in dem die Entscheidung unanfechtbar wird.

Kraft Gesetzes fällt eine Rente beim Vorliegen bestimmter Tatbestände weg. Beispielsweise ist dies dann der Fall, wenn:

- die Witwe oder der Witwer heiratet
- die Waise das 18. Lebensjahr vollendet
- der Bezieher einer Altersrente eine rentenschädliche Beschäftigung ausübt
- die befristete Rente endet

Bei befristeten Renten ist bereits im Rentenbewilligungsbescheid der Wegfall der Rente bestimmt. Hier entfällt der Rentenanspruch mit Ablauf der Frist, ohne dass der Rentenversicherungsträger einen förmlichen Wegfallbescheid erteilt.

Die Mitgliedschaft in der gesetzlichen Krankenversicherung endet in diesen Fällen mit Ablauf des Monats, für den letztmalig Rente zu zahlen ist. Das gilt auch dann, wenn Rente irrtümlich über den Tag, an dem die Voraussetzungen für den Wegfall erfüllt waren, weitergezahlt worden ist.

Entfällt der Rentenanspruch bei einer befristeten Rente vor Ablauf der Befristung oder bei einer unbefristeten Rente, erteilt der Rentenversicherungsträger einen förmlichen Bescheid über den Wegfall oder den Entzug der Rente. Zu denken ist hier an:

- eine Wiederheirat
- eine Besserung des Gesundheitszustandes
- das Überschreiten von Hinzuverdienstgrenzen vor Vollendung des 65. Lebensjahres

Die Mitgliedschaft in der gesetzlichen Krankenversicherung endet in diesen Fällen erst mit Ablauf des Monats, in dem der Bescheid des Rentenversicherungsträgers unanfechtbar wird; frühestens jedoch mit Ablauf des Monats, für den die Rente letztmalig gezahlt wird.

Legt der Rentner gegen den Bescheid über den Wegfall beziehungsweise den Entzug der Rente einen Rechtsbehelf oder ein Rechtsmittel ein, gibt es je nach Ausgang des Widerspruchs- beziehungsweise sozialgerichtlichen Verfahrens unterschiedliche Lösungen.

Nach Ansicht der Spitzenverbände der Krankenkassen und der Deutschen Rentenversicherung Bund sind in diesem Zusammenhang folgende Fallgestaltungen denkbar:

- Ergibt das Verfahren einen weiteren unbefristeten Rentenbezug, so bleibt die Mitgliedschaft weiterhin bestehen.

- Ergibt das Verfahren einen weiteren befristeten Rentenbezug, bleibt die Mitgliedschaft bis zum Ende des Monats erhalten, in dem der Widerspruchsbescheid unanfechtbar wird oder das Urteil Rechtskraft erlangt beziehungsweise die Rente letztmalig gezahlt wird.
- Bestätigt das Verfahren den Wegfall- beziehungsweise Entziehungsbescheid, so endet die Mitgliedschaft mit Ablauf des Monats, in dem die Entscheidung unanfechtbar wird.
- Endet das Verfahren durch Vergleich, so endet die Mitgliedschaft mit Ablauf des Monats, in dem der Vergleich verbindlich wird oder eine eventuelle Widerspruchsfrist abläuft, soweit die Rente nicht über diesen Zeitpunkt hinaus gewährt wird. Andernfalls endet sie mit Ablauf des Monats, für den letztmalig Rente zu zahlen ist.
- Wird das Verfahren durch Rücknahme des Rechtsbehelfs beziehungsweise Rechtsmittels beendet, so endet die Mitgliedschaft mit Ablauf des Monats der Rücknahme.

Beispiel:

Zubilligung einer Zeitrente am	09.08.2008
Wegfall der Zeitrente am	30.10.2008
Sozialgerichtsverfahren bestätigt den Wegfall der Rente	
Zustellung des Urteils am	15.02.2009
Rechtskraft des Urteils am	19.03.2009
Ende der Mitgliedschaft am	31.03.2009

Meldungen sind auch zu machen, wenn der Rentner zu seiner Rente noch Versorgungsbezüge, wie etwa Betriebsrenten, erhält (siehe nachstehendes Schaubild).

Allerdings hat hier nicht nur der Versicherte Meldepflichten, sondern auch die Zahlstelle der Versorgungsbezüge.

Meldungen

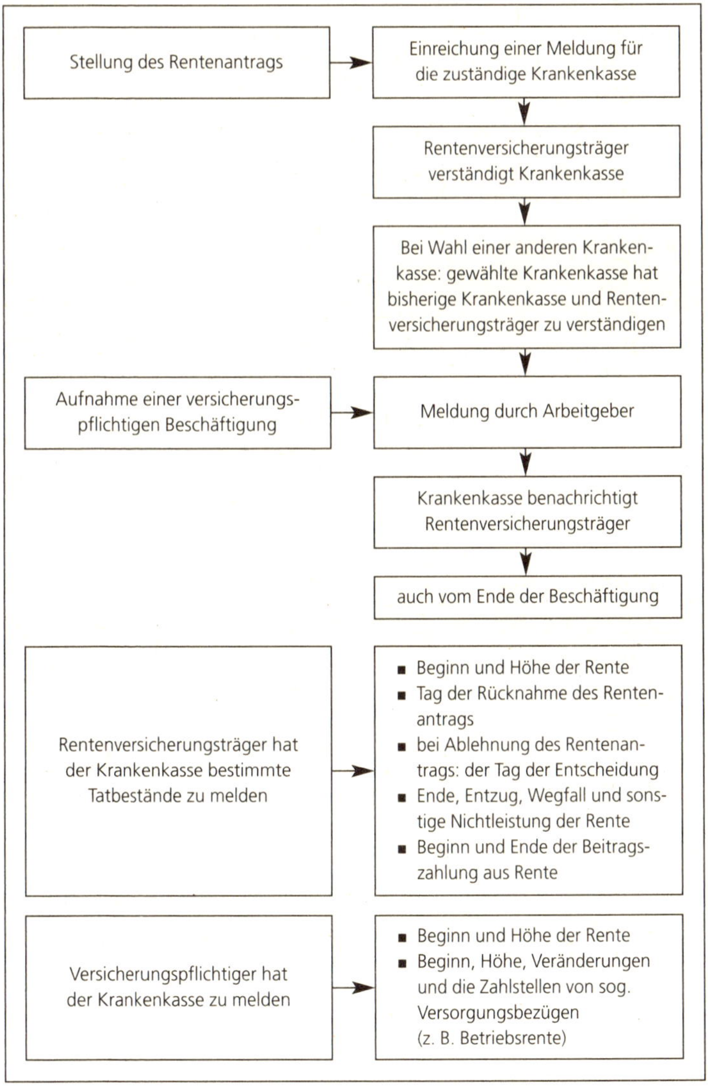
Stellung des Rentenantrags
Einreichung einer Meldung für die zuständige Krankenkasse
Rentenversicherungsträger verständigt Krankenkasse
Bei Wahl einer anderen Krankenkasse: gewählte Krankenkasse hat bisherige Krankenkasse und Rentenversicherungsträger zu verständigen
Aufnahme einer versicherungspflichtigen Beschäftigung
Meldung durch Arbeitgeber
Krankenkasse benachrichtigt Rentenversicherungsträger
auch vom Ende der Beschäftigung
Rentenversicherungsträger hat der Krankenkasse bestimmte Tatbestände zu melden
Beginn und Höhe der Rente
Tag der Rücknahme des Rentenantrags
bei Ablehnung des Rentenantrags: der Tag der Entscheidung
Ende, Entzug, Wegfall und sonstige Nichtleistung der Rente
Beginn und Ende der Beitragszahlung aus Rente
Versicherungspflichtiger hat der Krankenkasse zu melden
Beginn und Höhe der Rente
Beginn, Höhe, Veränderungen und die Zahlstellen von sog. Versorgungsbezügen (z. B. Betriebsrente)

Zugehörigkeit zur gesetzlichen Krankenversicherung

Um eine möglichst frühzeitige beitragsrechtliche Erfassung der Versorgungsbezüge zu erreichen, haben die Zahlstellen die zuständige Krankenkasse von sich aus zu ermitteln. Sie haben der Krankenkasse mitzuteilen:

- Beginn der Versorgungsbezüge
- Höhe der Versorgungsbezüge
- Veränderungen der Versorgungsbezüge
- Ende der Versorgungsbezüge

Bei laufenden Beitragszahlungen aus Versorgungsbezügen sind nur Veränderungen zu melden. Dabei gilt als solche jede Änderung des Zahlbetrages. Das gilt auch dann, wenn sich die Änderung auf einen in der Vergangenheit liegenden Zeitraum bezieht.

Änderungsmeldungen müssen auch dann erstattet werden, wenn sich der Zahlbetrag der Versorgungsbezüge durch Gewährung einer Einmalzahlung erhöht. In diesen Fällen ist einmal für den Monat, in dem die Einmalzahlung gewährt wird, eine Meldung abzugeben. Darüber hinaus muss für die anschließende Zeit wiederum der laufende Versorgungsbezug gemeldet werden.

Die Krankenkassen und die Zahlstellen haben das Recht, praxisgerechte Abweichungen vom Vorstehenden zu vereinbaren, sofern eine korrekte Beitragsabführung gewährleistet ist. Einzelheiten enthält die „Verfahrensbeschreibung der Beitragsabführung zur Kranken- und Pflegeversicherung durch die Zahlstellen".

Bezieht ein Rentner Arbeitseinkommen aus einer selbstständigen Tätigkeit, hat er seiner Krankenkasse Folgendes mitzuteilen:

- den Beginn des Arbeitseinkommens
- die Höhe des Arbeitseinkommens
- Veränderungen des Arbeitseinkommens

Beitragspflicht

Grundsätze

Rentenantragsteller und Rentner haben Beiträge zur gesetzlichen Krankenversicherung zu zahlen. Rentenantragsteller werden dabei wie freiwillige Mitglieder ohne Rentenbezug behandelt. Das Gesetz (§ 239 SGB V) schreibt vor, dass bei Rentenantragstellern die Beitragsbemessung bis zum Beginn der Rente durch die Satzung der Krankenkasse geregelt wird. Dies gilt auch für die Personen, bei denen die Rentenzahlung eingestellt wird, und zwar bis zum Ablauf des Monats, in dem die Entscheidung über Wegfall oder Entzug der Rente unanfechtbar geworden ist. Im Übrigen gelten die Vorschriften für freiwillig Versicherte (Genaueres dazu später in diesem Kapitel).

§ 225 Abs. 1 SGB V regelt die Beitragsfreiheit bestimmter Personen, die einen Rentenantrag gestellt haben. Danach ist ein Rentenantragsteller bis zum Beginn der Rente beitragsfrei, wenn er

- als hinterbliebener Ehegatte eines in der gesetzlichen Krankenversicherung versicherungspflichtigen Rentners, der bereits Rente bezogen hat, Hinterbliebenenrente beantragt
- als Waise eines versicherungspflichtigen Rentners, der bereits Rente bezogen hat, vor Vollendung des 18. Lebensjahres Waisenrente beantragt
- ohne die Versicherungspflicht als Rentenantragsteller familienversichert wäre

Die Beitragsfreiheit gilt im Übrigen nicht, wenn der Rentenantragsteller Arbeitseinkommen oder Versorgungsbezüge (z. B. Betriebsrente) erhält.

Versicherungspflichtige Personen haben aus ihrer Rente Beiträge zu zahlen. Dabei gilt für die Beitragsbemessung aus Renten der gesetzlichen Rentenversicherung der allgemeine Beitragssatz der gesetzlichen Krankenversicherung (seit 01.07.2009: 14,0 Prozent). Außerdem ist der zusätzliche Beitragssatz von 0,9 Prozent zu beachten. Ausgenommen von der Verpflichtung, den zusätzlichen Beitragssatz zu entrichten, sind lediglich Bezieher von Arbeitslosengeld II.

Viele Rentenbezieher erhalten neben ihrer Rente sog. Versorgungsbezüge.

Das Gesetz (§ 229 Abs. 1 SGB V) spricht von „der Rente vergleichbare Einnahmen". Als solche gelten Bezüge, soweit sie wegen einer Einschränkung der Erwerbsfähigkeit oder zur Alten- oder Hinterbliebenenversorgung erzielt werden.

Als Beitragssatz gilt der allgemeine Beitragssatz der jeweiligen Krankenkasse (Ausnahme: Renten der landwirtschaftlichen Alterssicherung).

Das Gesetz enthält eine abschließende Aufzählung der bei der Festsetzung der beitragspflichtigen Einnahmen zu berücksichtigenden Versorgungsbezüge. Diese haben gemeinsam, dass sie an eine (frühere) Erwerbstätigkeit anknüpfen. Leistungen aus anderen als den dort genannten Rechtsverhältnissen und Quellen unterliegen nicht der Beitragspflicht. Deshalb bleiben Einkünfte, die nicht in Zusammenhang mit dem Erwerbsleben stehen (z. B. aufgrund betriebsfremder privater Eigenvorsorge), unberücksichtigt.

Versorgungsbezüge werden – wie oben bereits erwähnt – nur insoweit für die Beitragsbemessung herangezogen, als sie wegen einer Einschränkung der Erwerbsfähigkeit oder zur Alters- oder Hinterbliebenenversorgung erzielt werden. Der Grad der Erwerbsminderung sowie das Alter des Versorgungsempfängers spielen dabei keine Rolle.

Als mit der Rente vergleichbare Einnahmen (Versorgungsbezüge) gelten:

- Versorgungsbezüge aus einem öffentlich-rechtlichen Dienstverhältnis oder entsprechenden Arbeitsverhältnis
- Bezüge aus der Versorgung der Abgeordneten, Parlamentarischen Staatssekretäre und Minister
- Renten der Versicherungs- und Versorgungseinrichtungen für Angehörige bestimmter Berufsgruppen
- Renten und Landabgaberenten nach dem Gesetz über die Alterssicherung der Landwirte
- Renten der betrieblichen Altersversorgung, der Zusatzversorgung im öffentlichen Dienst und der hüttenknappschaftlichen Zusatzversorgung

Als Versorgungsbezüge im vorgenannten Sinne kommen sowohl laufende Geldleistungen und seit dem 01.01.2004 auch einmalige Kapitalleistungen in Betracht. Ebenso unterliegen Abfindungen für Versorgungsbezüge der Beitragspflicht. Nicht zu den Versorgungsbezügen gehören Nutzungsrechte und Sachleistungen beziehungsweise Deputate. Dies gilt selbst dann, wenn die Sachbezüge in Geldwert abgegolten werden.

Die Versorgungsbezüge werden – wie im Übrigen auch die Renten der gesetzlichen Rentenversicherung – mit ihrem Zahlbetrag bei der Ermittlung der beitragspflichtigen Einnahmen berücksichtigt. Unter Zahlbetrag ist dabei der unter Anwendung aller Versagens-, Kürzungs- und Ruhensvorschriften zur Auszahlung gelangende Betrag zu verstehen.

Wichtig: Die auf die Versorgungsbezüge entfallende Steuer darf ebenso wenig abgezogen werden wie eventuelle Abzweigungsbeträge infolge einer Aufrechnung, Verrechnung, Abtretung oder Pfändung.

Unterhaltszahlungen an den geschiedenen Ehegatten mindern ebenfalls nicht den Zahlbetrag der Versorgungsbezüge. Gleiches gilt im Falle eines schuldrechtlichen Versorgungsausgleichs.

Zugehörigkeit zur gesetzlichen Krankenversicherung

Im Gegensatz zu Renten der gesetzlichen Rentenversicherung werden bei der Ermittlung der beitragspflichtigen Einnahmen aus Versorgungsbezügen Kinderzuschüsse oder Erhöhungsbeträge für Kinder bei Versorgungsbezügen in Betracht gezogen.

Nach der höchstrichterlichen Rechtsprechung gehören zu den Versorgungsbezügen auch Einmalzahlungen, wie beispielsweise Weihnachtsgelder, sowie sonstige laufend gewährte Zulagen. Auf die Bezeichnung kommt es hier nicht an.

Versorgungsbezüge mit Entschädigungscharakter sind nicht vergleichbar mit Renten der gesetzlichen Rentenversicherung und unterliegen deshalb nicht der Beitragspflicht.

Von der Beitragspflicht werden aber grundsätzlich auch Nachzahlungen von Versorgungsbezügen erfasst.

Als Versorgungsbezüge aus einem öffentlich-rechtlichen Dienstverhältnis kommen unter anderem in Betracht:

- Ruhegehalt
- Witwengeld
- Witwergeld
- Waisengeld
- Unterhaltsbeiträge für entlassene Beamte sowie für deren Hinterbliebene

Versorgungsbezüge, die lediglich übergangsweise geleistet werden, sind nicht in die Beitragsberechnung einzubeziehen. Deshalb bleiben beispielsweise für entlassene Beamte und Soldaten unberücksichtigt:

- Übergangsgelder
- Übergangsbeihilfen
- Übergangsgebührnisse

Zu den Versorgungsbezügen gehört auch die jährliche Sonderzuwendung. Sie ist in dem Monat bei der Beitragsberechnung zu berücksichtigen, in dem sie gezahlt wird. Der Familienzuschlag, den ein Ruhestandsbeamter erhält, gehört ebenfalls zu den Versorgungsbezügen.

Zu den Renten der betrieblichen Altersversorgung (Betriebsrenten) gehören die Leistungen der Alters-, Invaliditäts- oder Hinterbliebenenversorgung, die unmittelbar oder mittelbar anlässlich eines früheren Arbeitsverhältnisses zufließen.

Betriebliche Altersversorgung ist auf verschiedenen Durchführungswegen möglich. Dies kann vollzogen werden über eine:

- Direktversicherung
- Pensionszusage (Direktzusage)
- Unterstützungskasse
- Pensionskasse
- einen Pensionsfonds

Allerdings ist der Durchführungsweg selbst für die beitragsrechtliche Beurteilung, ob ein Versorgungsbezug im Sinne des Krankenversicherungsrechts vorliegt, ohne Bedeutung.

Entscheidend ist, ob der Versorgungsbezug mit dem Berufsleben in Zusammenhang steht.

Wichtig: Es besteht kein solcher Zusammenhang, wenn der Arbeitgeber weder Zuschüsse noch Aufwendungen leistet oder auch keine sonstige Einbindung des Arbeitgebers bei der Beschaffung der Altersvorsorge erkennbar ist, beispielsweise bei der reinen privaten Altersvorsorge.

Nach einer höchstrichterlichen Entscheidung ist es für die Zuordnung der Leistungen der betrieblichen Altersversorgung zu den Versorgungsbezügen unerheblich, wer die Leistungen im Ergebnis finanziert hat. Dies bedeutet, dass die Leistungen selbst dann zu den Versorgungsbezügen gehören, wenn und soweit sie auf Beiträgen des Arbeitnehmers beruhen. Das gilt auch, wenn es sich um Leistungen aufgrund einer Höher- oder Weiterversicherung in einer Pensionskasse handelt oder um Leistungen aus einer Direktversicherung, die durch Entgeltumwandlung finanziert wurde.

Zu den bei der Beitragsberechnung zu berücksichtigenden Leistungen der betrieblichen Altersversorgung gehören insbesondere:

- die Altersrenten einschließlich der Kinderzuschüsse
- Witwen-/Witwerrenten
- Waisenrenten

Das Gleiche gilt für Weihnachtsgelder oder sonstige Einmalzahlungen und Zuschläge neben den eigentlichen Versorgungsbezügen, unabhängig davon, ob deren Zahlung in bestimmter Höhe in der Versorgungsregelung festgelegt ist, oder ob die Zuwendungen ohne ausdrückliche Zusage vorbehaltlos in regelmäßiger Wiederkehr und in gleicher Höhe gezahlt worden sind.

Der Beitragsermittlung unterliegen ferner:

- Übergangsgelder
- Überbrückungsgelder
- Ausgleichszahlungen
- Gnadenbezüge u. Ä.

die im Anschluss an das Arbeitsverhältnis und anstelle der Betriebsrenten gewährt werden. Diese Leistungen werden allerdings nur bis zur Höhe der später einsetzenden Betriebsrente zur Beitragsleistung herangezogen.

Für einen Übergangszeitraum an Hinterbliebene gezahlte erhöhte Versorgungsbezüge (z. B. für das sog. Sterbevierteljahr) unterliegen dagegen in voller Höhe der Beitragspflicht. Dies gilt auch für das in einer Übergangszeit an die Hinterbliebenen von Arbeitnehmern im Todesfall in bisheriger oder gekürzter Höhe weitergezahlte Arbeitsentgelt.

Versorgungsbezüge aus dem Ausland oder von zwischenstaatlichen beziehungsweise überstaatlichen Einrichtungen werden ebenfalls als beitragspflichtige Einnahmen herangezogen. Das gilt allerdings nur, soweit die Versorgungsbezüge den oben aufgeführten Leistungen entsprechen. Dazu zählen auch Versorgungsleistungen (Pensionen) der Europäischen Gemeinschaft an ihre früheren Beamten, soweit dem nicht Sonderregelungen des EU-Rechts entgegenstehen. Gesetzliche Rentenleistungen aus ausländischen Rentensystemen sind dagegen nicht als Versorgungsbezüge im vorgenannten Sinne anzusehen.

Alle Kapitalleistungen, die der Alters- und Hinterbliebenenversorgung oder der Versorgung bei verminderter Erwerbsfähigkeit dienen, unterliegen der Beitragspflicht. Voraussetzung ist allerdings ein Bezug zum früheren Erwerbsleben.

Beitragspflicht besteht im Übrigen unabhängig davon, ob die Versorgungsleistung als originäre Kapitalzahlung ohne Wahlrecht zu Gunsten einer Rentenzahlung oder als Kapitalleistung mit Option zu Gunsten einer Rentenzahlung zugesagt wird.

Für die Ermittlung der beitragspflichtigen Einnahmen ist der Zahlbetrag der Kapitalleistungen auf zehn Jahre (dies entspricht 1/120 monatlich) umzulegen.

Wichtig: Beiträge sind nicht zu bezahlen, wenn der so ermittelte monatliche Betrag ein Zwanzigstel der monatlichen Bezugsgröße nicht übersteigt.

2009 sind hier 126 Euro maßgeblich. Da sich die Bezugsgröße jährlich ändert, gilt dies auch für den genannten Höchstbetrag.

Wird die Kapitalleistung in Raten ausgezahlt, ist für die Ermittlung des beitragspflichtigen Anteils im Rahmen der 1/120-Regelung dennoch der Gesamtbetrag heranzuziehen.

Bei Direktversicherungen kann es vorkommen, dass wegen der im Versicherungsvertrag genannten Altersgrenze die Kapitalleistung bereits fließt, der Versicherte aber noch weiterhin beschäftigt ist.

Auch in diesen Fällen beginnt der Zehn-Jahres-Zeitraum mit dem Ersten des auf die Auszahlung des Kapitalbetrages folgenden Kalendermonats. Soweit in dieser Zeit allerdings ein Beschäftigungsverhältnis ausgeübt wird, in der das Arbeitsentgelt des Versicherten die Beitragsbemessungsgrenze der gesetzlichen Krankenversicherung erreicht, fallen aus der Kapitalleistung zunächst keine Beiträge an. Der Zehn-Jahres-Zeitraum wird dadurch allerdings nicht verändert.

Sollte der Versorgungsempfänger vor Ablauf von zehn Jahren versterben, endet auch die Beitragspflicht.

In diesen Fällen kann für die Hinterbliebenen eine eigene Beitragspflicht lediglich dann entstehen, wenn sie als Hinterbliebenenversorgung einen eigenen Kapitalbetrag beanspruchen können.

Auch Kapitalabfindungen für Versorgungsbezüge werden zur Beitragsberechnung herangezogen. Darunter fallen solche Abfindungen, die als nicht regelmäßig wiederkehrende Leistung nach Eintritt des Versorgungsfalls an die Stelle der laufenden Versorgungsbezüge treten.

Dabei gilt ein Einhundertzwanzigstel der Abfindung als monatlicher Zahlbetrag. Dies bedeutet, dass der Betrag der Kapitalabfindung auf zehn Jahre umgelegt wird.

Die Frist von zehn Jahren beginnt mit dem Ersten des Monats, der auf die Auszahlung der Kapitalabfindung folgt. Werden Versorgungsbezüge für einen Zeitraum von weniger als zehn Jahren abgefunden und anschließend laufend gezahlt, dann kann die Abfindung nur auf den entsprechenden kürzeren Zeitraum verteilt werden.

Allerdings unterbleibt die Beitragsentrichtung, wenn der monatliche Betrag ein Zwanzigstel der monatlichen Bezugsgröße nicht übersteigt.

Versorgungsbezüge, die aus Anlass der Wiederverheiratung einer Witwe oder eines Witwers kapitalisiert werden, sind nicht beitragspflichtig.

Arbeitseinkommen

Nach ausdrücklicher Vorschrift in § 237 SGB V werden bei versicherungspflichtigen Rentnern nicht nur der Zahlbetrag der Rente der gesetzlichen Rentenversicherung und der Zahlbetrag der Versorgungsbezüge, sondern auch das Arbeitseinkommen berücksichtigt. Es geht hier um Einnahmen aus selbstständiger Tätigkeit. Als Beitragssatz wird der bundeseinheitliche allgemeine Beitragssatz der Krankenversicherung berücksichtigt (seit 01.07.2009 14,9 Prozent).

Erreicht der Zahlbetrag der Rente nicht die Beitragsbemessungsgrenze, werden nacheinander der Zahlbetrag der Versorgungsbezüge und das Arbeitseinkommen des Mitglieds bis zur Beitragsbemessungsgrenze herangezogen.

Die Beitragsbemessungsgrenze in der gesetzlichen Krankenversicherung beläuft sich 2009 auf 3 675 Euro im Monat. In der Regel ändert sich diese jährlich zum 01.01.

Beispiel:

Ein Rentner hat im Jahre 2009 monatlich folgende Einkünfte:

▪ Rente:	2 000 Euro
▪ Versorgungsbezüge:	1 000 Euro
▪ Arbeitseinkommen:	700 Euro
	3 700 Euro

Ergebnis:

Für die Beitragsberechnung sind heranzuziehen:

▪ Rente:	2 000 Euro
▪ Versorgungsbezüge:	1 000 Euro
▪ Arbeitseinkommen:	675 Euro
	3 675 Euro

Das restliche Arbeitseinkommen in Höhe von 125 Euro bleibt wegen Überschreitens der Beitragsbemessungsgrenze unberücksichtigt.

Zugehörigkeit zur gesetzlichen Krankenversicherung

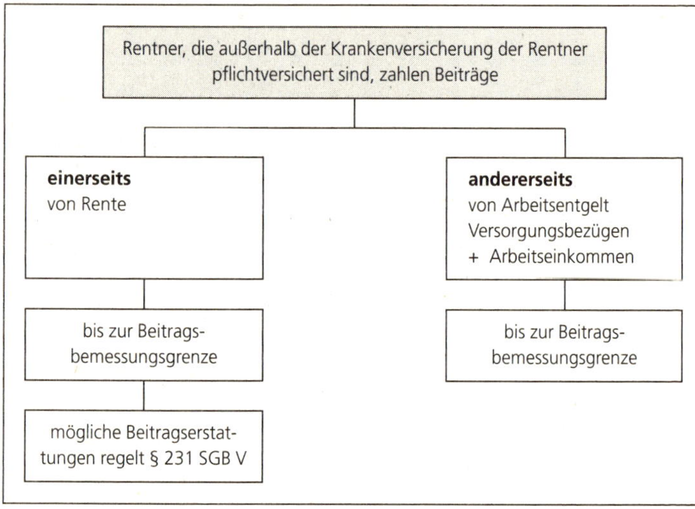

Es ist für die Beitragspflicht der Rente nicht erforderlich, dass ein Arbeitnehmer ohne die versicherungspflichtige Arbeitnehmerbeschäftigung in der Rentnerkrankenversicherung versicherungspflichtig wäre. Dies bedeutet, dass die Erfüllung der Vorversicherungszeit (siehe ab Seite 124) nicht entscheidend für die Beitragspflicht ist.

Beitragspflicht besteht im Übrigen auch dann, wenn keine Rente aus der gesetzlichen Rentenversicherung, sondern nur Versorgungsbezüge gewährt werden.

Die Einbeziehung von Arbeitseinkommen in die Beitragsbemessung ist dagegen an einen Renten- oder Versorgungsbezug geknüpft.

Die Rangfolge der Einnahmearten wird in § 230 SGB V festgelegt. Danach werden bei der Beitragsberechnung Versorgungsbezüge und Arbeitseinkommen insoweit herangezogen, als sie zusammen mit Arbeitsentgelt aus dem die Versicherungspflicht begründenden Beschäftigungsverhältnis die Beitragsbemessungsgrenze nicht übersteigen.

Aber: Die Rente der gesetzlichen Rentenversicherung wird separat bis zur Beitragsbemessungsgrenze berücksichtigt. Hier gibt es allerdings die Möglichkeit der Beitragserstattung (siehe folgende Seiten).

Beispiel 1:

Im Jahre 2009 hat ein Rentner folgende monatliche Einkünfte:

Arbeitsentgelt:	1 600 Euro
Rente:	1 400 Euro
zusammen:	3 000 Euro

Ergebnis:

Für die Beitragsberechnung sind Arbeitsentgelt und Rente jeweils in voller Höhe heranzuziehen. Beide überschreiten zusammen die Beitragsbemessungsgrenze (2009: 3 675 Euro) nicht.

Beispiel 2:

Ein Rentner erzielt im Jahre 2009 monatlich folgende Einkünfte:

Arbeitsentgelt:	1 700 Euro
Arbeitseinkommen:	150 Euro
Rente:	1 000 Euro
zusammen:	2 850 Euro

Ergebnis:

Für die Beitragsberechnung sind Arbeitsentgelt und Arbeitseinkommen in voller Höhe heranzuziehen. Die Beitragsbemessungsgrenze wird nicht überschritten. Daneben ist die Rente ebenfalls in voller Höhe zu berücksichtigen.

Beitragssätze in der Krankenversicherung der Rentner

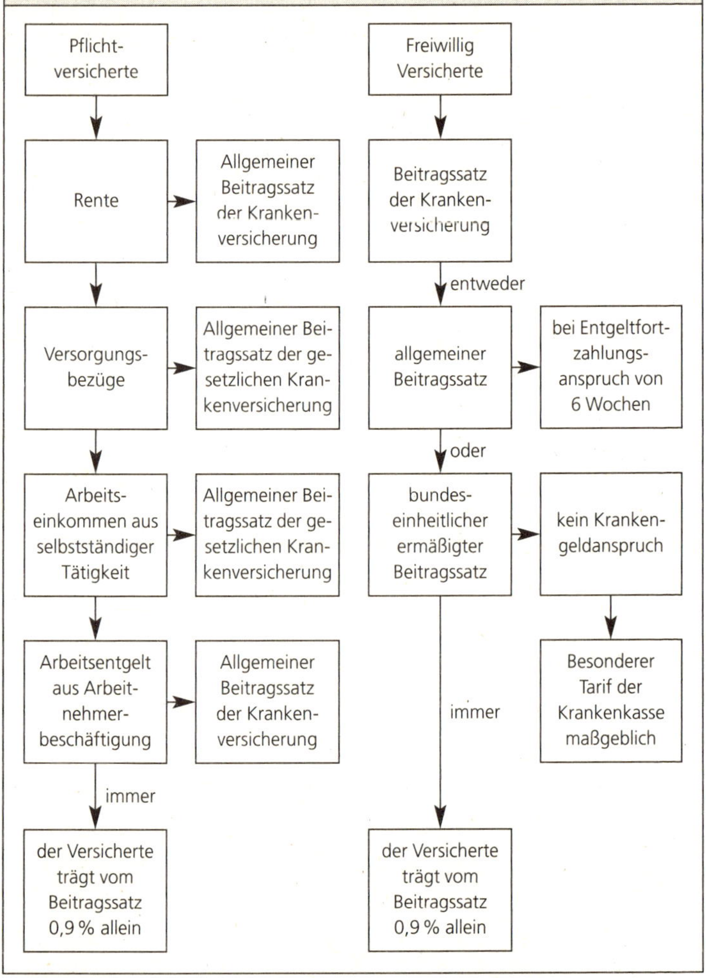

Beitragspflichtige Einnahmen in der Krankenversicherung der Rentner (Pflichtversicherung)

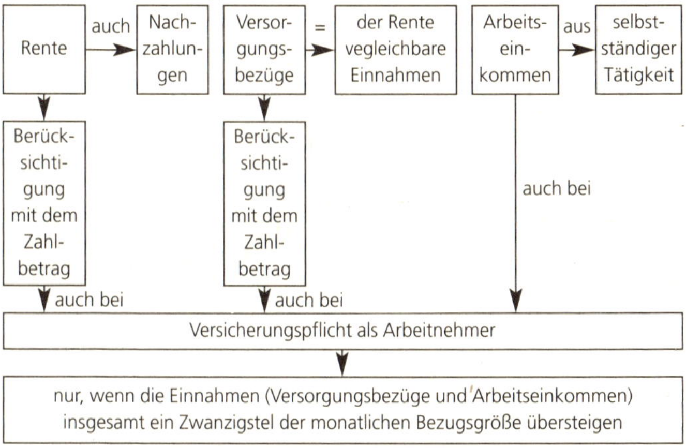

Beitragspflichtige Einnahmen in der Krankenversicherung der Rentner (Freiwillige Versicherung)

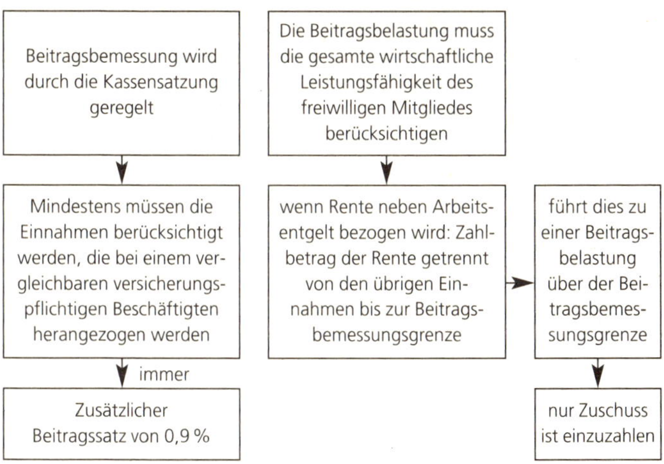

Die Beiträge aus Versorgungsbezügen und Arbeitseinkommen sind von Versicherten alleine in voller Höhe zu bezahlen.

Beitragserstattung möglich

Wird durch die Berechnungsweise der beitragspflichtigen Einnahmen die Beitragsbemessungsgrenze der gesetzlichen Krankenversicherung überschritten, hat der Versicherte einen Erstattungsanspruch gegen die gesetzliche Krankenkasse.

Die vom Krankenkassenmitglied getragenen Beiträge sind von der zuständigen Krankenkasse auf Antrag zu erstatten. Es handelt sich dabei um die vom Mitglied selbst getragenen Anteile an den Beiträgen aus der Rente der gesetzlichen Rentenversicherung. Die Erstattung erfolgt insoweit, als die Rente zusammen mit den übrigen der Beitragsbemessung zugrunde gelegten Einnahmen des Mitglieds überschritten werden.

In diesem Zusammenhang ist dem Gemeinsamen Rundschreiben der Spitzenverbände der Krankenkassen und der Deutschen Rentenversicherung Bund vom 30.12.2008 folgendes – allerdings aktualisiertes – Beispiel entnommen.

Beispiel:

Eine Rentnerin hat im Jahre 2009 folgende monatliche Einkünfte:

Arbeitsentgelt:	2 800 Euro
Witwenrente:	1 000 Euro

Ergebnis:

Arbeitsentgelt:	2 800 Euro
Witwenrente:	+ 1 000 Euro
insgesamt:	3 800 Euro
abzüglich monatliche Beitragsbemessungsgrenze:	– 3 675 Euro
	125 Euro

Die auf 100 Euro entfallenden (vom Mitglied monatlich getragenen) Beiträge aus der Rente können erstattet werden. Sofern der Versicherte einen Erstattungsantrag stellt, sind auch dem Rentenversicherungsträger die von ihm getragenen Beitragsanteile zu erstatten.

Nicht nur Beiträge aus der Rente werden erstattet. Vielmehr werden dem Mitglied durch die Krankenkasse auf Antrag auch Beiträge aus Versorgungsbezügen oder Arbeitseinkommen erstattet. Das gilt allerdings nur, soweit sie auf Beträge entfallen, um die die Versorgungsbezüge und das Arbeitseinkommen zusammen mit dem Arbeitsentgelt einschließlich des einmalig gezahlten Arbeitsentgelts die anteilige Jahresarbeitsentgeltgrenze überschritten haben.

Beispiel:

Im Jahre 2009 hat ein Versicherungspflichtiger monatlich folgende Einkünfte:

Arbeitsentgelt:	2 900 Euro
Urlaubsgeld im Juni:	1 000 Euro
Versorgungsbezüge:	1 000 Euro
Laufendes Arbeitsentgelt bis Juni (2 900 Euro x 6):	16 200 Euro
Urlaubsgeld:	1 000 Euro
Versorgungsbezüge bis Juni (1 000 Euro x 6):	+ 6 000 Euro
zusammen:	24 400 Euro
abzüglich anteilige Jahresarbeitsentgeltgrenze bis Juni:	= 22 050 Euro
	(monatlich 3 675 Euro)
	2 350 Euro

Ergebnis:

Dem Mitglied können Beiträge aus einem Betrag von 2 350 Euro erstattet werden.

Freiwillig versicherte Rentner

Rechtsgrundlage für die Beitragsbemessung freiwilliger Mitglieder ist § 240 SGB V. Dort wird zunächst bestimmt, dass die Beitragsbemessung für freiwillige Mitglieder durch die Satzung der Krankenkasse geregelt wird. Dabei ist sicherzustellen, dass die Beitragsbelastung die gesamte wirtschaftliche Leistungsfähigkeit des freiwilligen Mitgliedes berücksichtigt.

Wichtig: Für freiwillig versicherte Personen ist eine Mindestbeitragsbemessungsgrundlage vorgesehen. Diese beträgt den 90. Teil der sich in der Regel zu Jahresbeginn ändernden monatlichen Bezugsgröße. 2009 sind hier kalendertäglich im gesamten Bundesgebiet 28 Euro maßgebend. Dies entspricht einem Monatsbetrag von 840 Euro.

Allerdings gilt die Mindestbeitragsbemessungsgrundlage nicht für freiwillige Mitglieder, die die Voraussetzungen für den Anspruch auf eine Rente aus der gesetzlichen Rentenversicherung erfüllen und diese Rente beantragt haben. Voraussetzung ist allerdings, dass sie seit der erstmaligen Aufnahme einer Erwerbstätigkeit bis zur Stellung des Rentenantrags mindestens neun Zehntel der zweiten Hälfte dieses Zeitraums Mitglied oder familienversichert waren. Hier handelt es sich um Ausnahmefälle. Im „Normalfall" wird hier Versicherungspflicht vorliegen.

Aber: Auch freiwillig Versicherte haben vom Beitrag 0,9 Prozent allein zu zahlen. Dieser Beitrag ist vom Rentner alleine zu tragen.

Beiträge des Rentenversicherungsträgers

Nach ausdrücklicher Vorschrift in § 249a SGB V tragen Versicherungspflichtige, die eine Rente aus der gesetzlichen Rentenversicherung beziehen, und die Träger der Rentenversicherung die aus der Rente zu zahlenden Beiträge nach dem um 0,9 Beitragssatzpunkte verminderten allgemeinen Beitragssatz jeweils zur Hälfte. Den zusätzlichen Beitrag trägt – wie bereits erwähnt – der Rentner allein.

Bei nicht pflichtversicherten Rentnern ist eine Besonderheit zu beachten. Sie haben nämlich Anspruch auf einen Zuschuss des Rentenversicherungsträgers. Dabei ist zu unterscheiden, ob sie:

- freiwillig in der gesetzlichen Krankenversicherung versichert sind
- bei einem privaten Krankenversicherungsunternehmen versichert sind

Bei der privaten Versicherung muss es sich um die Versicherung bei einem privaten Versicherungsunternehmen handeln, das der deutschen Versicherungsaufsicht unterliegt.

Der Zuschussanspruch besteht nicht bei gleichzeitiger Pflichtversicherung in der gesetzlichen Krankenversicherung.

Für Rentenbezieher, die freiwillig in der gesetzlichen Krankenversicherung versichert sind, wird der monatliche Zuschuss in Höhe des halben Betrages geleistet, der sich aus der Anwendung des allgemeinen Beitragssatzes der Krankenversicherung (14,9 Prozent) auf den Zahlbetrag der Rente ergibt.

Zugehörigkeit zur gesetzlichen Krankenversicherung

Für Rentenbezieher, die bei einem Krankenversicherungsunternehmen versichert sind, wird der monatliche Zuschuss in Höhe des halben Beitrages geleistet, der sich aus der Anwendung des bundeseinheitlichen allgemeinen Beitragssatzes ergibt.

Allerdings: Der monatliche Zuschuss ist auf die Hälfte der tatsächlichen Aufwendungen für die Krankenversicherung begrenzt. Beziehen Rentner mehrere Renten, wird ein begrenzter Zuschuss von den Rentenversicherungsträgern anteilig nach dem Verhältnis der Höhen der Renten geleistet. Er kann auch in einer Summe zu einer dieser Renten geleistet werden.

Der Zuschuss wird zusammen mit der monatlichen Rente gezahlt.

Bei pflichtversicherten Rentnern wird der Beitragsanteil des Rentners an der Rente abgezogen. Der Rentenversicherungsträger zahlt diesen Beitragsanteil zusammen mit den von ihm zu zahlenden Beiträgen an die Deutsche Rentenversicherung Bund. Hier erfolgt auf dem Wege der Verrechnung eine Weiterleitung an die Krankenkassen.

Ist bei der Zahlung der Rente die Einbehaltung der Beiträge unterblieben, sind die rückständigen Beiträge durch den Rentenversicherungsträger aus der weiterhin zu zahlenden Rente einzubehalten. Wird die Rente nicht mehr gezahlt, ist die zuständige Krankenkasse verpflichtet, die Beiträge einzuziehen.

Wichtig: Ändert sich die Beitragshöhe, etwa durch einen Zusatzbeitrag der Krankenkasse, da diese mit den Zuwendungen aus dem Gesundheitsfonds ihre Ausgaben nicht decken kann, erfolgt kein neuer Bescheid durch den Rentenversicherungsträger. In solchen Fällen werden in der Regel Benachrichtigungen durch die Krankenkassen vorgenommen.

Zahlung der Beiträge in der Krankenversicherung der Rentner

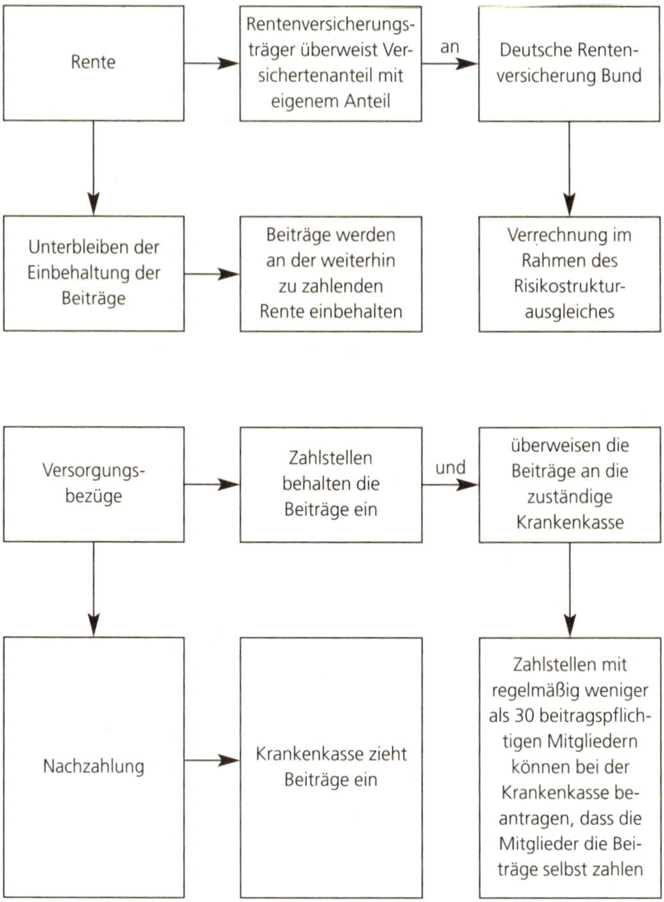

Tragung der Beiträge im Bereich der Krankenversicherung der Rentner

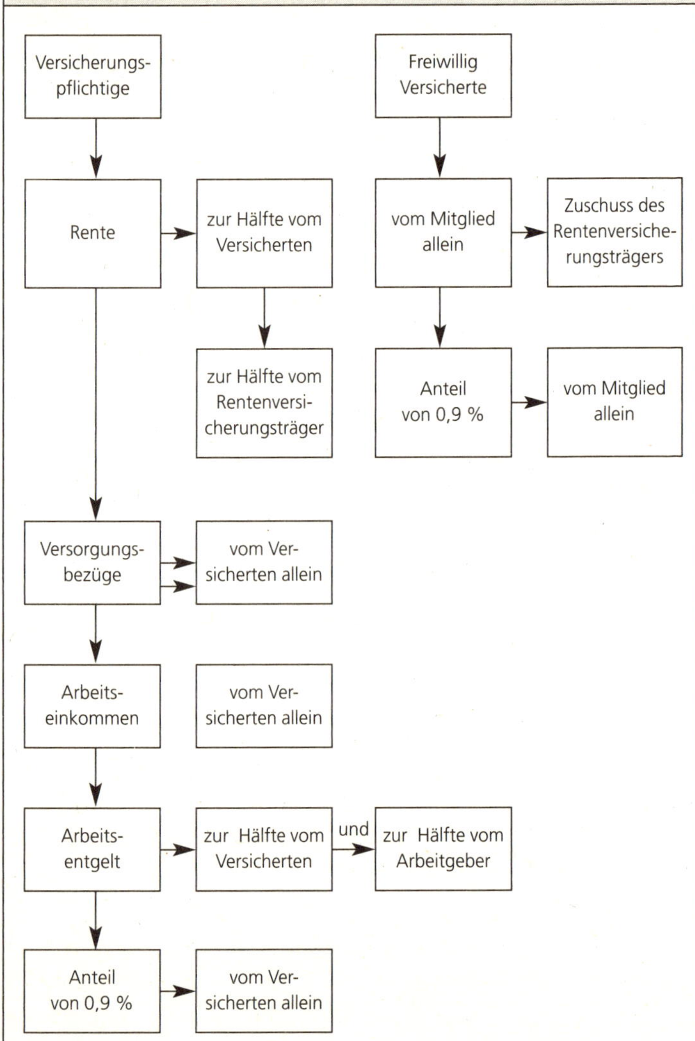

Leistungsansprüche – Grundsätze

Die Krankenversicherung als Solidargemeinschaft hat die Aufgabe, die Gesundheit der Versicherten zu erhalten, wiederherzustellen oder ihren Gesundheitszustand zu bessern. Das gilt für alle Versichertengruppen, gleichgültig, ob sie beispielsweise als Arbeitnehmer oder als Rentner versichert sind.

Auch für als Rentenantragsteller oder Rentner versicherte Personen gilt im Übrigen, dass die Versicherten für ihre Gesundheit mitverantwortlich sind. Sie sollen durch

- eine gesundheitsbewusste Lebensführung
- durch frühzeitige Beteiligung an gesundheitlichen Vorsorgemaßnahmen
- durch aktive Mitwirkung an Krankenbehandlung und Rehabilitation

dazu beitragen, den Eintritt von Krankheit und Behinderung zu vermeiden oder ihre Folgen zu überwinden.

Dabei haben die Krankenkassen den Versicherten durch

- Aufklärung
- Beratung
- Leistungen

zu helfen und auf gesunde Lebensverhältnisse hinzuwirken.

Die durch das Gesetz vorgesehenen Leistungen sind den Versicherten durch die Krankenkassen zur Verfügung zu stellen. Das gilt allerdings nur, soweit diese Leistungen nicht der Eigenverantwortung der Versicherten zugerechnet werden.

Behandlungsmethoden, Arznei- und Heilmittel der besonderen Therapierichtungen sind nicht ausgeschlossen. Qualität und Wirksamkeit der Leistungen haben dem allgemein anerkannten Stand der medizinischen Erkenntnisse zu entsprechen und den medizinischen Fortschritt zu berücksichtigen.

Bei der Auswahl der Leistungserbringer ist ihre Vielfalt zu beachten. Den religiösen Bedürfnissen der Versicherten ist Rechnung zu tragen.

Wichtig: Krankenkassen, Leistungserbringer und Versicherte haben darauf zu achten, dass die Leistungen wirksam und wirtschaftlich erbracht und nur im notwendigen Umfang in Anspruch genommen werden.

Für die Versichertengruppe der Rentner ist auch § 2a SGB V von großer Bedeutung. Hier wird bestimmt, dass den besonderen Belangen behinderter und chronisch kranker Menschen Rechnung zu tragen ist.

Leistungsarten

Die Leistungsarten der gesetzlichen Krankenversicherung werden zunächst in § 11 SGB V aufgezählt:

- Leistungen zur Verhütung von Krankheiten und von deren Verschlimmerung sowie zur Empfängnisverhütung, bei Sterilisation und bei Schwangerschaftsabbruch
- Leistungen zur Früherkennung von Krankheiten
- Leistungen zur Behandlung einer Krankheit
- das Persönliche Budget nach § 17 Abs. 2 bis 4 des Neunten Buches Sozialgesetzbuch (SGB IX)

Versicherte haben auch Anspruch auf Leistungen zur medizinischen Rehabilitation sowie auf unterhaltssichernde und andere ergänzende Leistungen, die notwendig sind, um eine Behinderung oder Pflegebedürftigkeit abzuwenden, zu beseitigen, zu mindern, auszugleichen, ihre Verschlimmerung zu verhüten oder ihre Folgen zu mildern.

Leistungen der aktivierenden Pflege nach Eintritt von Pflegebedürftigkeit werden von den Pflegekassen erbracht (siehe Kapitel 8).

Die Rehabilitationsleistungen werden unter Beachtung des SGB IX erbracht, soweit nichts anderes ausdrücklich vorgeschrieben ist. Beachten Sie hierzu bitte auch das im Walhalla Fachverlag erschienene Buch „SGB IX – Rehabilitation und Teilhabe behinderter Menschen", ISBN 978-3-8029-7466-3.

Bei stationärer Behandlung umfassen die Leistungen auch die aus medizinischen Gründen notwendige Mitaufnahme einer Begleitperson des Versicherten.

Wichtig: Auf Leistungen besteht kein Anspruch, wenn sie als Folge eines Arbeitsunfalls oder einer Berufskrankheit im Sinne der gesetzlichen Unfallversicherung zu erbringen sind. (Zu den Leistungen der gesetzlichen Unfallversicherung siehe Kapitel 9.)

Nach ausdrücklicher Vorschrift in § 12 SGB V müssen die Leistungen ausreichend, zweckmäßig und wirtschaftlich sein. Sie dürfen allerdings das Maß des Notwendigen nicht überschreiten.

Leistungen, die nicht notwendig oder unwirtschaftlich sind:

- können Versicherte nicht beanspruchen
- dürfen die Leistungserbringer nicht bewirken
- dürfen die Krankenkassen nicht bewilligen

Die Versicherten erhalten die Leistungen vom Grundsatz her als Sach- und Dienstleistungen. § 13 SGB V enthält hier zwei wesentliche Ausnahmen, die auch für Rentner von großem Interesse sind:

- Die Krankenkasse kann eine unaufschiebbare Leistung nicht rechtzeitig erbringen oder sie lehnt eine Leistung zu Unrecht ab.
- Der Versicherte wählt statt der Sach- und Dienstleistungen die Kostenerstattung.

Zur ersten Möglichkeit ist zu beachten, dass die Krankenkasse hier die Kosten einer selbstbeschafften Leistung in der entstandenen Höhe zu erstatten hat. Voraussetzung ist natürlich, dass die Leistung notwendig war.

Zugehörigkeit zur gesetzlichen Krankenversicherung

Hierüber haben die Versicherten ihre Krankenkasse vor Inanspruchnahme der Leistung in Kenntnis zu setzen. Der Leistungserbringer (z. B. Arzt) hat die Versicherten vor Inanspruchnahme der Leistung darüber zu informieren, dass Kosten, die nicht von der Krankenkasse übernommen werden, von den Versicherten zu tragen sind. Der Versicherte hat die erfolgte Beratung gegenüber dem Leistungserbringer schriftlich zu bestätigen. Eine Einschränkung der Wahl auf den Bereich der ärztlichen Versorgung, der zahnärztlichen Versorgung, den stationären Bereich oder auf veranlasste Leistungen ist möglich.

Leistungserbringer, die im SGB V nicht aufgeführt sind, dürfen nur nach vorheriger Zustimmung der Krankenkasse in Anspruch genommen werden. Bei einem kollektiven Verzicht von Vertragsärzten auf die Zulassung zur vertragsärztlichen Versorgung dürfen Ärzte, die hieran teilgenommen haben, nicht herangezogen werden.

Im Übrigen kann eine Zustimmung erteilt werden, wenn medizinische oder soziale Gründe eine Inanspruchnahme der nicht im SGB V vorgesehenen Leistungserbringer rechtfertigen. Außerdem muss eine zumindest gleichwertige Versorgung gewährleistet sein.

Im Falle der Wahl der Kostenerstattung besteht Anspruch auf Erstattung höchstens in Höhe der Vergütung, die die Krankenkasse bei Erbringung als Sachleistung zu tragen hätte.

Die Satzung der Krankenkasse hat das Verfahren der Kostenerstattung zu regeln.

Dabei hat sie ausreichende Abschläge vom Erstattungsbetrag für Verwaltungskosten und fehlende Wirtschaftlichkeitsprüfungen vorzusehen sowie vorgesehene Zuzahlungen im Abzug zu bringen.

Wichtig: Die Versicherten sind an ihre Wahl der Kostenerstattung mindestens ein Jahr gebunden.

Leistungen können unter bestimmten Voraussetzungen auch in anderen Ländern des Europäischen Wirtschaftsraumes im Rahmen von Kostenerstattungen in Anspruch genommen werden.

Medizinische Vorsorgeleistungen

Medizinische Vorsorgeleistungen stellen sich wie folgt dar:

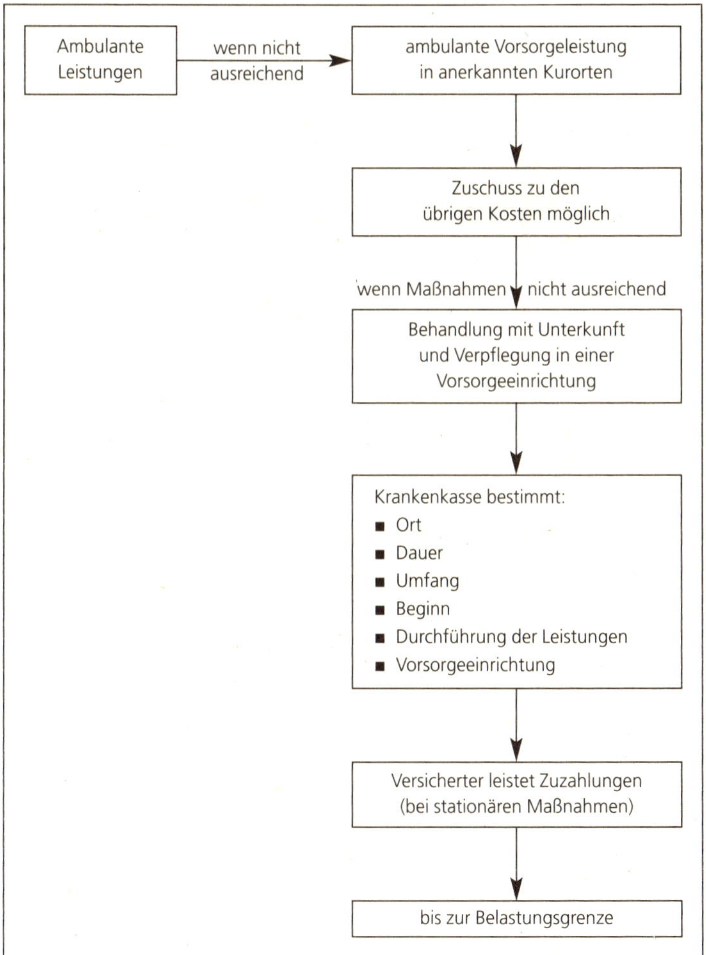

Krankheitsfrüherkennung

Die Grundsätze der Leistungen zur Krankheitsfrüherkennung lassen sich so darstellen:

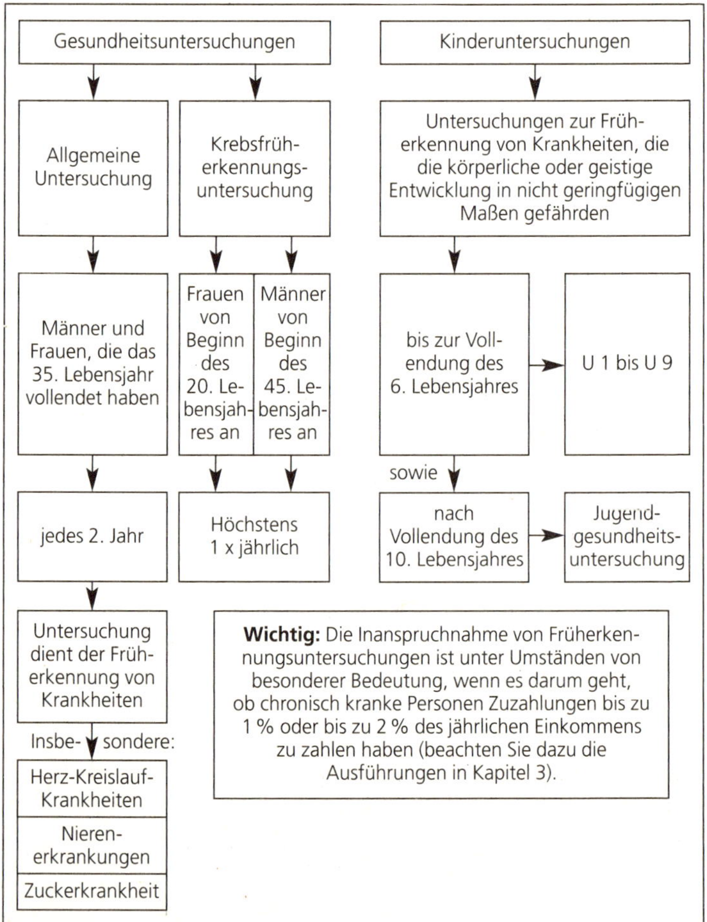

Wichtig: Für den Anspruchsnachweis genügt die Krankenversichertenkarte.

Krankenbehandlung

Versicherte haben Anspruch auf Krankenbehandlung, wenn sie notwendig ist:

- um eine Krankheit zu erkennen
- um eine Krankheit zu heilen
- um ihre Verschlimmerung zu verhüten
- um Krankheitsbeschwerden zu lindern

Die Krankenbehandlung wird in ambulanter und in stationärer Form gewährt.

An ambulanten Leistungen sind zu unterscheiden:

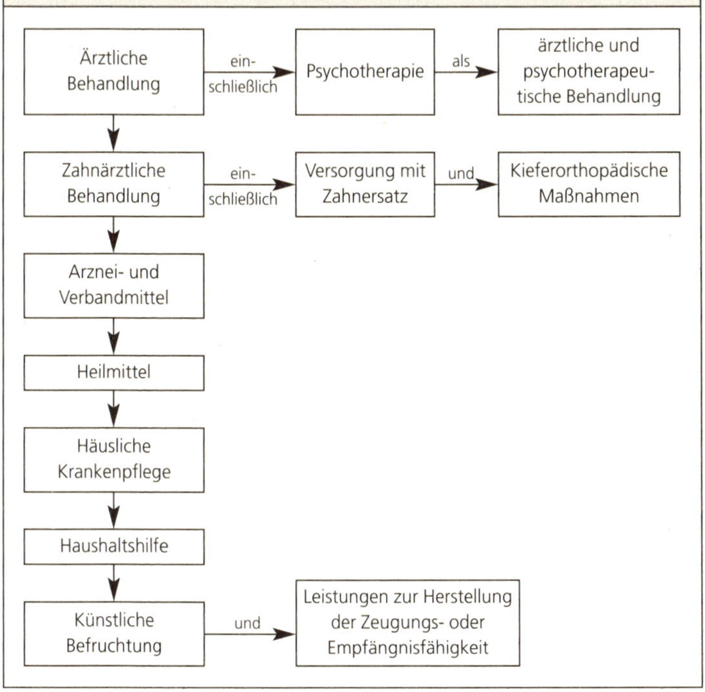

Zugehörigkeit zur gesetzlichen Krankenversicherung

Bei der Krankenbehandlung ist den besonderen Bedürfnissen psychisch Kranker Rechnung zu tragen. Dies gilt insbesondere bei der Versorgung mit Heilmitteln und bei der medizinischen Rehabilitation.

Die ärztliche Behandlung umfasst die Tätigkeit des Arztes, die zur Verhütung, Früherkennung und Behandlung von Krankheiten nach den Regeln der ärztlichen Kunst ausreichend und zweckmäßig ist.

Zur ärztlichen Behandlung gehört auch die Hilfeleistung anderer Personen, die von dem Arzt angeordnet und von ihm zu verantworten sind.

Die zahnärztliche Behandlung umfasst die Tätigkeit des Zahnarztes, die zur Verhütung, Früherkennung und Behandlung von Zahn-, Mund- und Kieferkrankheiten nach den Regeln der zahnärztlichen Kunst ausreichend und zweckmäßig ist. Sie umfasst auch konservierend-chirurgische Leistungen und Röntgenleistungen, die im Zusammenhang mit Zahnersatz einschließlich Zahnkronen und Suprakonstruktionen erbracht werden.

Wählen Versicherte bei Zahnfüllungen eine darüber hinausgehende Versorgung, haben sie die Mehrkosten selbst zu tragen. In diesen Fällen ist von den Krankenkassen die vergleichbare preisgünstigste plastische Füllung als Sachleistung abzurechnen. Hier ist vor Behandlungsbeginn eine schriftliche Vereinbarung zwischen dem Zahnarzt und dem Versicherten zu treffen. Die Mehrkostenregelung gilt nicht für Fälle, in denen intakte plastische Füllungen ausgetauscht werden.

Nicht zur zahnärztlichen Behandlung gehören die kieferorthopädische Behandlung von Versicherten, die zu Beginn der Behandlung das 18. Lebensjahr bereits vollendet haben. Dies gilt allerdings nicht für Versicherte mit schweren Kieferanomalien in einem Ausmaß, das kombinierte kieferchirurgische und kieferorthopädische Behandlungsmaßnahmen erfordert. Ebenso gehören funktionsanalytische und funktionstherapeutische Maßnahmen nicht zur zahnärztlichen Behandlung. Sie dürfen von den Krankenkassen auch nicht bezuschusst werden.

Gleiches gilt für implantologische Leistungen, es sei denn, es liegen seltene Ausnahmeindikationen für besonders schwere Fälle vor, in denen die Krankenkasse diese Leistung einschließlich der Suprakonstruktion als Sachleistung im Rahmen einer medizinischen Gesamtbehandlung erbringt. Diese Ausnahmeindikationen sind vom Gemeinsamen Bundesausschuss in Richtlinien festzulegen.

Die psychotherapeutische Behandlung einer Krankheit wird durch psychologische Psychotherapeuten und Kinder- und Jugendlichenpsychotherapeuten, soweit sie zur psychotherapeutischen Behandlung zugelassen sind, sowie durch Vertragsärzte durchgeführt. Die Durchführung hat sich nach den Richtlinien des Gemeinsamen Bundesausschusses zu richten.

Im Übrigen darf die ärztliche Behandlung nur von Ärzten und nicht von anderen zur Ausübung der Heilkunde berechtigten Personen, wie beispielsweise von Heilpraktikern, durchgeführt werden. Das ist auch in dringenden Fällen nicht möglich.

Vom Arzt angeordnete Tätigkeiten, die in seiner Praxis (z. B. Bestrahlungen oder Massagen) oder unter seiner Überwachung vorgenommen worden sind, gehören ebenfalls zur ärztlichen Behandlung.

Hier muss es sich allerdings um Hilfeleistungen handeln. Der Arzt ist nämlich grundsätzlich verpflichtet, seine Leistung persönlich zu erbringen. Für die genannten Tätigkeiten kommen nicht nur Angehörige von Heilhilfsberufen, sondern auch andere Personen (z. B. in der psychiatrischen Praxis mitarbeitende Sozialarbeiter) in Betracht.

Immer müssen jedoch Tätigkeiten vorliegen, die vom Arzt zu verantworten sind. Tätigkeiten also, die innerhalb des Bereiches liegen, der der ärztlichen Berufsausübung zuzurechnen ist.

Die Ärzte haben bei der Durchführung der Behandlung und ihrer Anordnungen die Regeln der ärztlichen Kunst zu beachten. Außerdem haben sie die ärztliche Behandlung in ausreichendem und zweckmäßigem Umfang durchzuführen.

Wichtig: Das Gesetz schreibt in § 70 Abs. 2 SGB V ausdrücklich vor, dass – und zwar nicht nur bezogen auf die ärztliche Behandlung – die Krankenkassen und die Leistungserbringer durch geeignete Maßnahmen auf eine humane Krankenbehandlung ihrer Versicherten hinzuwirken haben. Es wird also eine menschliche Behandlung gefordert. Eigentlich eine Selbstverständlichkeit.

Die Versicherten sollten wissen, dass sie – gleichgültig, welcher Versichertengruppe sie angehören – Anspruch auf eine solche Behandlung haben. Dieser Anspruch steht im Übrigen Versicherten aller Kassenarten zu.

Es gibt immer wieder Klagen darüber, dass Versicherte einer Krankenkasse schlecht behandelt werden, zumindest aber schlechter als beispielsweise Privatpatienten.

Zu beachten ist in diesem Zusammenhang auch, dass sich Versicherte an den Beauftragten der Bundesregierung für die Belange der Patienten wenden können. Dieser Patientenbeauftragte ist nach ausdrücklicher Bestimmung in § 140h SGB V von der Bundesregierung zu benennen. Zurzeit hat Frau Helga Kühn-Mengel dieses Amt inne.

Aufgabe der beauftragten Person ist es, darauf hinzuwirken, dass die Belange von Patienten, besonders hinsichtlich ihrer Rechte auf umfassende und unabhängige Beratung und objektive Information durch Leistungserbringer (z. B. Ärzte), Kostenträger und Behörden im Gesundheitswesen, berücksichtigt werden. Angesprochen ist die Beteiligung bei Fragen der Sicherstellung der medizinischen Versorgung.

Praxis-Tipp:

Scheuen Sie sich nicht, sich an die Beauftragte zu wenden, wenn Sie der Auffassung sind, beispielsweise von einem Leistungserbringer oder von einer Krankenkasse nicht so behandelt zu werden, wie es den gesetzlichen Vorschriften entspricht.

Sie erreichen die Beauftragte unter folgender Adresse: Frau Helga Kühn-Mengel, Beauftragte der Bundesregierung für die Belange der Patientinnen und Patienten, Friedrichstraße 108, 10117 Berlin

Ist jemand der Auffassung, falsch – insbesondere nicht menschenwürdig – behandelt zu werden, kann er sich natürlich auch an seine Krankenkasse wenden. Außerdem sind Beschwerden bei der zuständigen Kassenärztlichen Vereinigung (Vertretung der im Gesetz als Vertragsärzte bezeichneten Kassenärzte) sowie bei der Ärztekammer möglich.

Im Übrigen gehört zur humanen Krankenbehandlung auch, dass der Anspruch auf ärztliche Behandlung nicht dann endet, wenn der Zustand des Kranken nach ärztlicher Ansicht hoffnungslos geworden ist.

Die Übernahme der Behandlung verpflichtet den an der vertragsärztlichen Versorgung teilnehmenden Arzt dem Patienten gegenüber zur Sorgfalt nach den Vorschriften des bürgerlichen Vertragsrechts.

Das bedeutet beispielsweise, dass Versicherte und ihre Angehörigen im Falle des Vorliegens eines ärztlichen Behandlungsfehlers (auch als Kunstfehler bezeichnet) sehr wohl Schadenersatzansprüche gegen den behandelnden Arzt geltend machen können.

Besondere Bedeutung hat in diesem Zusammenhang die Vorschrift des § 66 SGB V. Hier geht es um die Unterstützung der Versicherten durch die Krankenkassen bei Behandlungsfehlern.

Praxis-Tipp:

Im Falle des Verdachts eines ärztlichen Behandlungsfehlers wenden Sie sich an Ihre Krankenkasse.

Beachten Sie in diesem Zusammenhang auch die im Walhalla Fachverlag erschienenen Bücher „Kassenleistungen voll ausschöpfen", ISBN 978-3-8029-3758-3 und „Schadensersatz bei ärztlichen Kunstfehlern", ISBN 978-3-8029-7404-5.

Praxis-Tipp:

Welche Ärzte an der vertragsärztlichen Versorgung teilnehmen, ergibt sich aus dem Ärzteverzeichnis Ihrer Krankenkasse. Fordern Sie ein solches kostenloses Verzeichnis an.

Freie Arztwahl

Die freie Arztwahl der Versicherten einer gesetzlichen Krankenkasse lässt sich wie folgt darstellen:

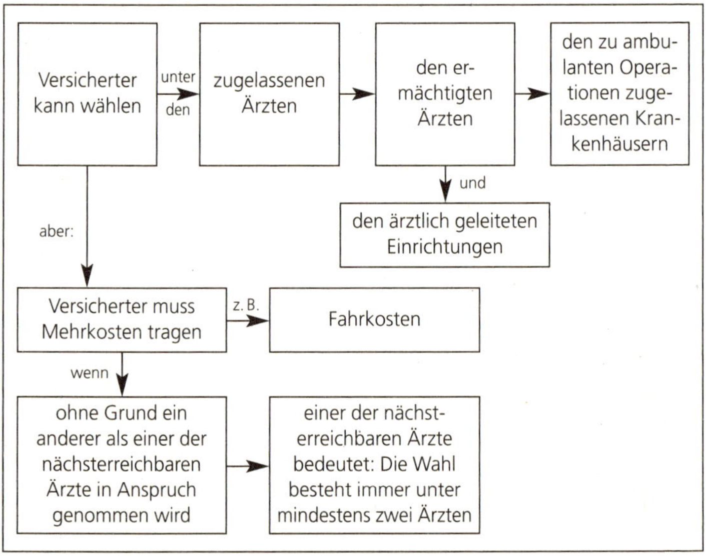

Sprechstunden – Besuchsbehandlungen – Überweisungen

Seine Sprechstunden muss der Vertragsarzt entsprechend dem Bedürfnis nach einer ausreichenden und zweckmäßigen vertragsärztlichen Versorgung und den Gegebenheiten seines Praxisbereiches festsetzen. Er muss die Sprechstunden auf einem Praxisschild mit festen Uhrzeiten bekannt geben.

Wichtig: Versicherte haben lediglich dann einen Anspruch auf Besuchsbehandlung, wenn ihnen das Aufsuchen des Arztes in dessen Praxisräumen wegen Krankheit nicht möglich ist. Die Krankenkassen haben ihre Versicherten darauf hinzuweisen.

Besuche außerhalb seines üblichen Praxisbereiches kann der Vertragsarzt ablehnen. Das gilt lediglich dann nicht, wenn es sich um einen dringenden Fall handelt und ein Vertragsarzt, in dessen Praxisbereich die Wohnung des Kranken liegt, nicht zu erreichen ist.

Der Vertragsarzt kann auch Überweisungen vornehmen:

Auftragsleistung →	Überweisender Arzt muss zu erbringende Leistungen oder eine bestimmte Behandlungsmethode empfehlen	In der Regel: nur Überweisung an einen Arzt einer anderen Arztgruppe zulässig!
Konsiliaruntersuchung →	Überweisung erfolgt ausschließlich zur Erbringung diagnostischer Leistungen	
Mitbehandlung →	Überweisung erfolgt zur gebietsbezogenen Erbringung begleitender, ergänzender, diagnostischer oder therapeutischer Maßnahmen	
Weiterbehandlung →	Gesamte diagnostische und therapeutische Tätigkeit wird übertragen	
Überweisung an einen Arzt derselben Arztgruppe ist ausnahmsweise zulässig →	▪ Inanspruchnahme besonderer Untersuchungs- und Behandlungsmethoden ▪ Wechsel des Aufenthaltsortes des Patienten ▪ Fortsetzen einer abgebrochenen Behandlung	

Versicherte, die das 18. Lebensjahr vollendet haben, müssen die sog. Praxisgebühr bezahlen (siehe ab Seite 219).

Arznei- und Verbandmittel

Rechtsgrundlage für die Gewährung von Arznei- und Verbandmittel ist insbesondere § 31 SGB V.

Die im Schaubild angesprochenen Leistungsausschlüsse sind in § 34 SGB V sowie in den entsprechenden Richtlinien des Gemeinsamen Bundesausschusses festgelegt. Die Festbeträge für Arznei- und Verbandmittel werden nach näherer Vorschrift des § 35 SGB V bestimmt.

Für Arzneimittel, die nicht in eine Festbetragsgruppe einzubeziehen sind, setzen die Spitzenverbände der Krankenkassen gemeinsam einen Höchstbetrag fest, bis zu dem die Krankenkassen die Kosten tragen.

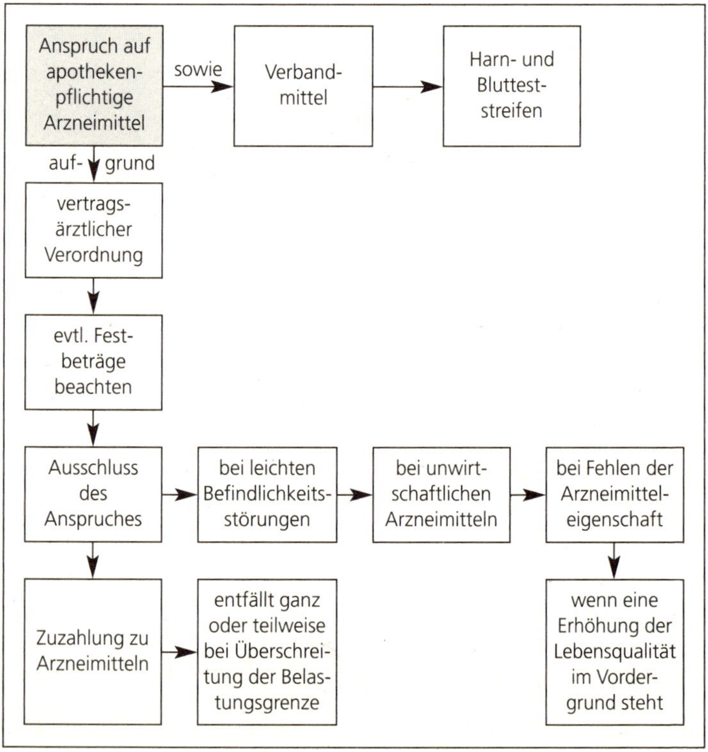

Wie aus dem Schaubild hervorgeht, sind von der Versorgung unter anderem Arzneimittel ausgeschlossen, bei deren Anwendung eine Erhöhung der Lebensqualität im Vordergrund steht. Insbesondere sind Arzneimittel ausgeschlossen, die überwiegend dienen zur:

- Behandlung der erektilen Dysfunktion
- Anreizung sowie Steigerung der sexuellen Potenz
- Raucherentwöhnung
- Abmagerung
- Zügelung des Appetits
- Regulierung des Körpergewichts
- Verbesserung des Haarwuchses

Der Gemeinsame Bundesausschuss hat auf der Grundlage der vorstehenden Richtlinien dafür Sorge zu tragen, dass eine Zusammenstellung der verordnungsfähigen Fertigarzneimittel erstellt wird. Die Liste muss regelmäßig aktualisiert werden. Sie muss im Internet abrufbar sowie in elektronisch weiterverarbeitbarer Form zur Verfügung stehen.

Versicherte, die das 18. Lebensjahr vollendet haben, leisten an die abgebende Stelle zu jedem zu Lasten der gesetzlichen Krankenversicherung verordneten Arznei- und Verbandmittel als Zuzahlung zehn Prozent des Abgabepreises, mindestens jedoch fünf Euro und höchstens zehn Euro. Mehr als die Kosten des Mittels sind nicht zu erbringen. Die Zuzahlungen in der gesetzlichen Krankenversicherung sind nur bis zur Höhe der Belastungsgrenze zu entrichten (siehe ab Seite 219).

Heilmittel

Der Anspruch auf Heilmittel richtet sich nach § 32 SGB V, die Leistungsausschlüsse nach § 34 SGB V. Versicherte, die das 18. Lebensjahr vollendet haben, haben zu den Kosten der Heilmittel eine

Zuzahlung zu erbringen, die an die abgebende Stelle zu zahlen ist. Die Zuzahlung beträgt zehn Prozent der Kosten sowie zehn Euro je Verordnung.

Die Zuzahlungen sind insgesamt bis zur Belastungsgrenze zu entrichten (siehe ab Seite 219).

Leistungen für Heilmittel

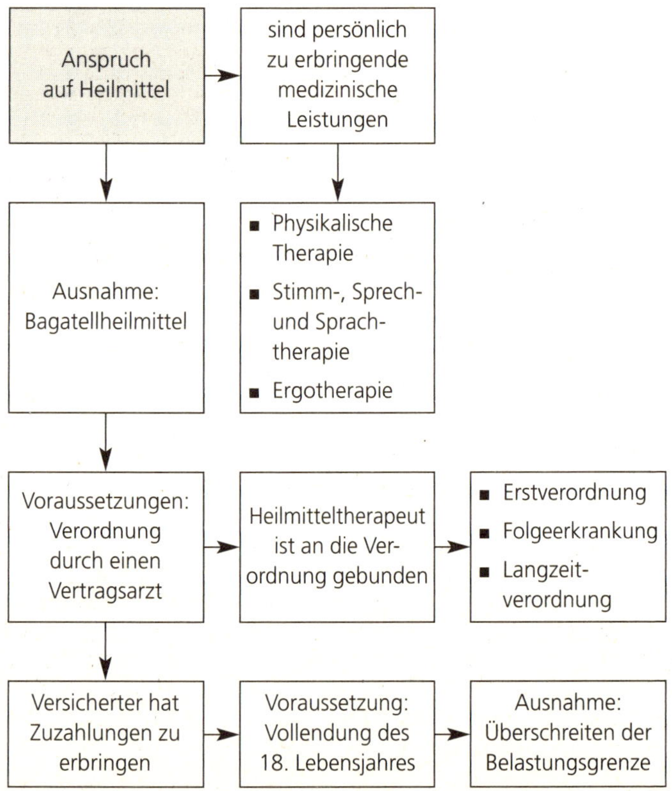

Hilfsmittel

Die Leistungen für Hilfsmittel stellen sich folgendermaßen dar:

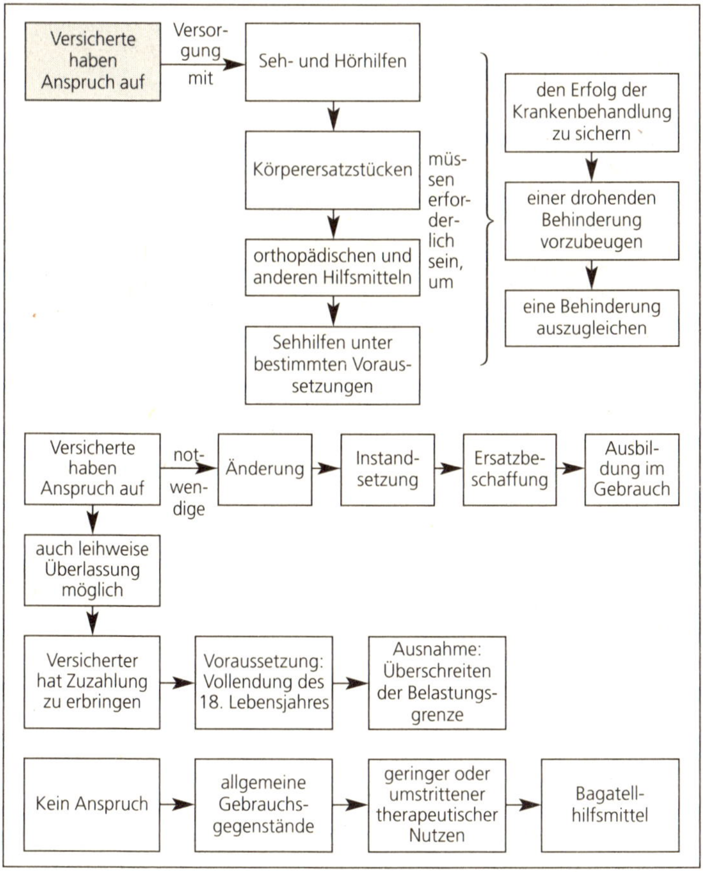

Der Anspruch auf Hilfsmittel ist in § 33 SGB V vorgesehen. Über die von den Krankenkassen zu gewährenden Hilfsmittel existiert ein Hilfsmittelverzeichnis.

Der Anspruch auf Sehhilfen ist stark eingeschränkt. Für Versicherte, die das 18. Lebensjahr vollendet haben, besteht ein solcher Anspruch nämlich nur, wenn sie aufgrund ihrer Sehschwäche oder Blindheit, entsprechend der von der Weltgesundheitsorganisation empfohlenen Klassifikation des Schweregrades der Sehbeeinträchtigung, auf beiden Augen eine schwere Sehbeeinträchtigung haben. Die Sehbeeinträchtigung muss mindestens der Stufe 1 angehören. Anspruch auf therapeutische Sehhilfen besteht, wenn diese der Behandlung von Augenverletzungen oder Augenerkrankungen dienen.

Die Möglichkeit, Festbeträge für Hilfsmittel festzulegen, ist in § 36 SGB V geregelt. Über den Ausschluss von Hilfsmitteln bestimmt neben § 33 SGB V auch § 34 SGB V. Hier wird auch bestimmt, dass Anspruch auf Versorgung mit Kontaktlinsen für Versicherte, die nach den vorstehenden Voraussetzungen anspruchsberechtigt sind, nur in medizinisch begründeten Ausnahmefällen besteht.

Wichtig: Die Krankenkasse kann den Versicherten die erforderlichen Hilfsmittel auch leihweise überlassen. Sie kann im Übrigen die Bewilligung von Hilfsmitteln davon abhängig machen, dass die Versicherten sich die Hilfsmittel anpassen oder sich in ihrem Gebrauch ausbilden lassen.

Versicherte, die das 18. Lebensjahr vollendet haben, leisten zu jedem zu Lasten der gesetzlichen Krankenversicherung verordneten Hilfsmittel eine Zuzahlung in Höhe von zehn Prozent des Abgabepreises, mindestens jedoch fünf Euro und höchstens zehn Euro. Mehr als die Kosten der Behandlung sind nicht zu übernehmen.

Besondere Eigenbeteiligungen bestehen bei Hilfsmitteln, die Gebrauchsgegenstände ersetzen, wie etwa orthopädische Schuhe.

Zuzahlungen sind bis zum Erreichen der Belastungsgrenze zu erbringen (siehe ab Seite 219).

Häusliche Krankenpflege

Rechtsgrundlage für die häusliche Krankenpflege ist § 37 SGB V.

Auch hier sind von Versicherten, die das 18. Lebensjahr vollendet haben, Zuzahlungen zu leisten. Die Zuzahlung beträgt zehn Prozent der Kosten sowie zehn Euro pro Verordnung. Begrenzt ist die Zuzahlung auf die ersten 28 Kalendertage der Leistungsinanspruchnahme je Kalendertag. Die Zuzahlungen haben bis zur Belastungsgrenze zu erfolgen (siehe ab Seite 219).

Die häusliche Krankenpflege stellt sich wie folgt dar:

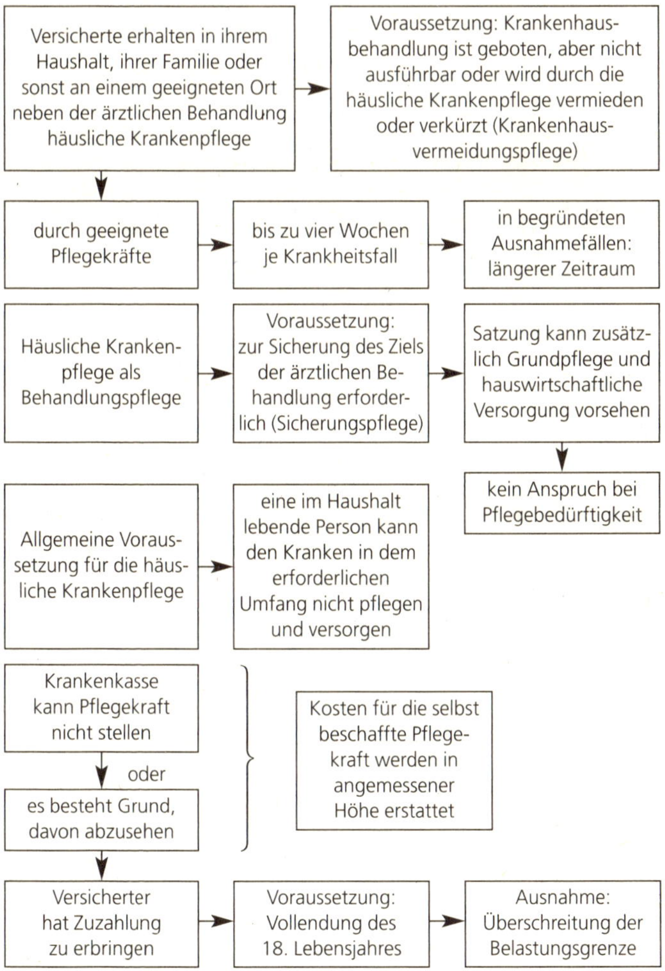

Zugehörigkeit zur gesetzlichen Krankenversicherung

In einem Gemeinsamen Rundschreiben zur häuslichen Krankenpflege haben die Spitzenverbände der Krankenkassen darauf hingewiesen, dass die Leistung „Häusliche Krankenpflege" auch dann zu gewähren ist, wenn die Notwendigkeit der stationären Behandlung im gegenwärtigen Zeitpunkt zwar noch nicht gegeben ist, jedoch ohne Gewährung häuslicher Krankenpflege unmittelbar bevorsteht.

Wird eine Krankenhausbehandlung durchgeführt, wirken die Krankenkassen unter Hinweis auf die Möglichkeit der häuslichen Krankenpflege in allen medizinisch vertretbaren Fällen auf eine frühzeitige Entlassung hin. Dabei arbeiten sie vor allem mit dem Krankenhaus und dem Vertragsarzt zusammen. Durch Kontaktaufnahme, beispielsweise mit der Sozialstation, ist die Rückkehr des Versicherten in seinen Haushalt vorzubereiten.

Hier wird dann die zweite Möglichkeit der Leistung „Häusliche Krankenpflege" verwirklicht, nämlich die Verkürzung der Krankenhausbehandlung (siehe Seite 197).

Der Gemeinsame Bundesausschuss beschäftigt sich in seinen Richtlinien unter anderem mit den Zielen der häuslichen Krankenpflege. Dabei unterscheidet er:

- die Krankenhausvermeidungspflege
- die Sicherungspflege

Ferner wird ausgeführt, dass die häusliche Krankenpflege als Sicherungspflege lediglich dann verordnet werden kann, wenn die ambulante vertragsärztliche Versorgung allein mit Unterstützung durch Maßnahmen der häuslichen Krankenpflege durchgeführt werden kann.

Praxis-Tipp:

Häusliche Krankenpflege kann nur mittels einer ärztlichen Verordnung beantragt werden. Voraussetzung für die Verordnung ist, dass sich der Vertragsarzt von dem Zustand des Kranken und der Notwendigkeit häuslicher Krankenpflege persönlich überzeugt hat oder dass ihm beides aus der laufenden Behandlung bekannt ist.

Inhalt der Leistungen

Die beiden Leistungsarten unterscheiden sich auch vom Inhalt der Leistung her. So umfasst die Krankenhausvermeidungspflege grundsätzlich:

- Behandlungspflege
- Grundpflege
- hauswirtschaftliche Versorgung

Dagegen ist Inhalt der Sicherungspflege die Behandlungspflege. Die Satzung der Krankenkasse kann aber als Mehrleistung bestimmen, dass die Krankenkasse zusätzlich zur Behandlungspflege als häusliche Krankenpflege auch folgende Leistungen erbringt:

- Grundpflege
- hauswirtschaftliche Versorgung

Dabei kann die Satzung Dauer und Umfang der Grundpflege und der hauswirtschaftlichen Versorgung vorschreiben.

Die Mehrleistung ist allerdings dann unzulässig, wenn Pflegebedürftigkeit im Sinne der sozialen Pflegeversicherung vorliegt.

Die Begriffe Behandlungspflege, Grundpflege und hauswirtschaftliche Versorgung werden durch die Spitzenverbände der Krankenkassen in ihrem Gemeinsamen Rundschreiben zur häuslichen Krankenpflege erläutert.

Pflege: Hier gelten zusammenfassend folgende Definitionen:

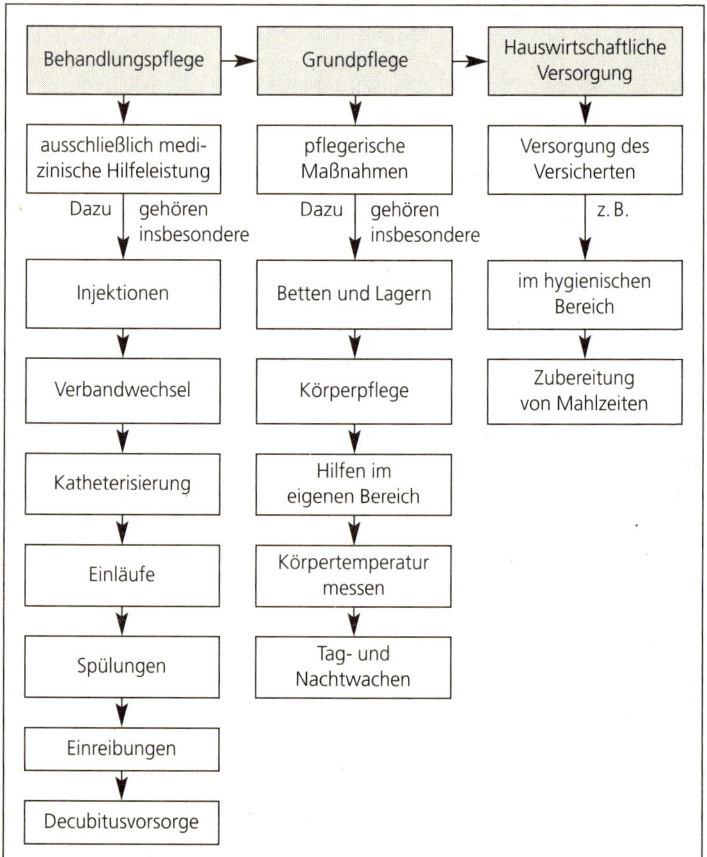

Anlage der Richtlinien des Gemeinsamen Bundesausschusses über die häusliche Krankenpflege ist ein Verzeichnis verordnungsfähiger Maßnahmen der häuslichen Krankenpflege. In diesem Verzeichnis werden bei behandlungspflegerischen Leistungen soweit möglich Aussagen zur Verordnungsdauer und zur Häufigkeit der Verrichtungen angegeben.

Hier handelt es sich aber lediglich um Empfehlungen für den Regelfall. Von diesen kann in begründeten Fällen abgewichen werden. Da bei Grundpflege und hauswirtschaftlicher Versorgung ein solcher Regelfall nicht beschrieben werden kann, sind hier Aussagen zur Dauer und Häufigkeit nicht enthalten.

Die Leistungen sind – so die Richtlinien des Bundesausschusses – unabhängig davon verordnungsfähig, ob es sich um somatische oder psychosomatische Krankheiten handelt. Bei der Verordnung durch den Vertragsarzt ist wegen der Krankheitsursache eine unterschiedliche Verordnungsdauer zu bedenken.

Haushaltshilfe

Wichtig: Der Versicherte muss den Haushalt bisher überwiegend selbst geführt haben. Deshalb ist der Anspruch auf Haushaltshilfe ausgeschlossen, wenn die wesentlichen Haushaltsarbeiten seither durch eine Hausangestellte verrichtet worden sind.

Allerdings kommt es nicht darauf an, warum eine andere im Haushalt lebende Person den Haushalt nicht weiterführen kann. So können dafür berufliche sowie während der Aus- und Fortbildung (von Waisenrentnern) auch schulische Verpflichtungen oder auch andere, z. B. körperliche oder altersmäßige Gründe, ausschlaggebend sein.

Ein Hinderungsgrund für die Weiterführung des Haushalts wird von der Krankenkasse lediglich für die Tage bejaht werden, an denen entsprechende Verpflichtungen bestehen.

Haushalt mit Kind

Wie aus dem folgenden Schaubild hervorgeht, wird Haushaltshilfe lediglich dann gewährt, wenn im Haushalt ein Kind lebt, das das zwölfte Lebensjahr noch nicht vollendet hat oder das behindert und auf Hilfe angewiesen ist. Das zwölfte Lebensjahr ist am Tage vor dem zwölften Geburtstag vollendet.

Zugehörigkeit zur gesetzlichen Krankenversicherung

Die Gewährung von Haushaltshilfe ist in § 38 SGB V geregelt:

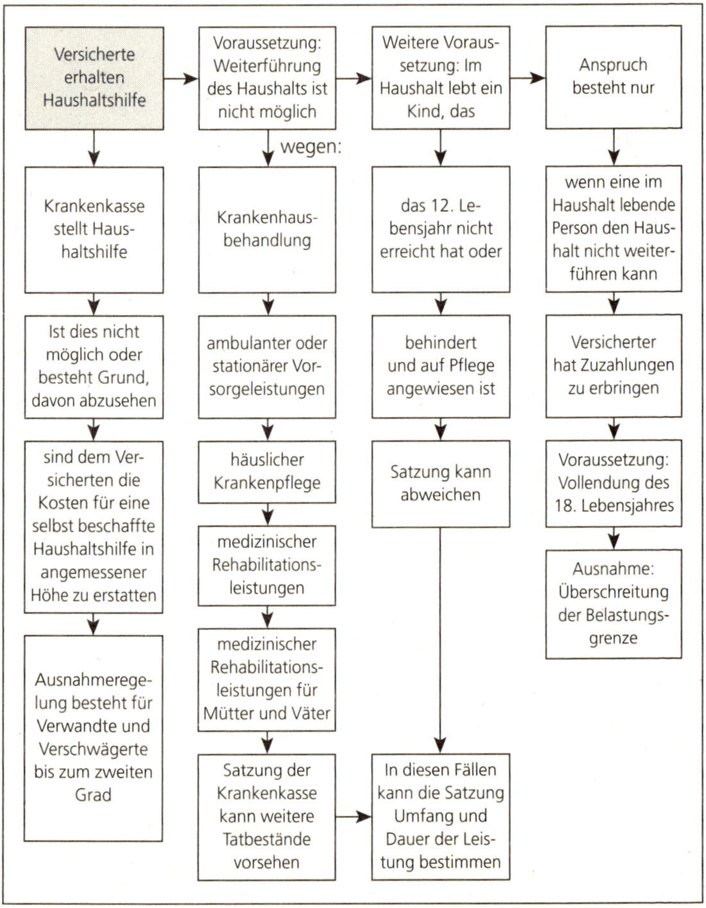

Ist das Kind behindert und auf Hilfe angewiesen, setzt der Anspruch auf Haushaltshilfe unbedingt voraus, dass das betreffende Kind nicht nur vorübergehend für die gewöhnlich und regelmäßig wiederkehrenden Verrichtungen im Ablauf des täglichen Lebens in erheblichem Umfang der Pflege oder Beaufsichtigung bedarf.

Achtung: Unterdurchschnittliche Begabung, Unkonzentriertheit, Nervosität, Labilität sowie ein Rückstand der geistigen Entwicklung stellen für sich allein keine Behinderung dar.

Ebenso sind akute Erkrankungen eines Kindes nicht als Behinderung anzusehen und führen nicht zu einer Aufhebung der Altersgrenze. Nach Ansicht der Spitzenverbände der Krankenkassen gilt die Aufhebung der Altersgrenze im Übrigen nur für behinderte Kinder, bei denen die Behinderung

- bis zur Vollendung des 18. Lebensjahres eingetreten ist
- bei Vorliegen von Schul- oder Berufsausbildung bis zur Vollendung des 25. Lebensjahres eingetreten ist

Wird durch das Kind während der Gewährung von Haushaltshilfe das zwölfte Lebensjahr vollendet, so erlischt der Anspruch nicht.

Es reicht vielmehr aus, wenn das Kind bei Beginn der Haushaltshilfe das zwölfte Lebensjahr noch nicht vollendet hat. Bezüglich der vorstehend erwähnten Daten „18. Lebensjahr" und „25. Lebensjahr" gilt dies ebenfalls.

Als Kind in diesem Sinne kommt nicht nur ein familienversichertes Kind, sondern jedes gewöhnlich im Haushalt lebende Kind in Betracht. Es spielt dabei keine Rolle, ob das Kind ein Familienangehöriger des Versicherten oder seines Ehegatten ist.

Zuzahlungen

Versicherte, die das 18. Lebensjahr vollendet haben, müssen als Zuzahlung je Kalenderjahr der Leistungsinanspruchnahme zehn Prozent des Abgabepreises, mindestens jedoch fünf Euro und höchstens zehn Euro leisten. Mehr als die tatsächlichen Kosten müssen nicht aufgebracht werden.

Wichtig: Die Zuzahlungen sind lediglich bis zur Belastungsgrenze zu entrichten (siehe ab Seite 219).

Soziotherapie, sozialpädiatrische Leistungen und Palliativversorgung

Rechtsgrundlage für die beiden ersten Leistungen ist § 37a SGB V. Danach haben Versicherte, die wegen schwerer psychischer Erkrankungen nicht in der Lage sind, ärztliche oder auch ärztlich verordnete Leistungen selbstständig in Anspruch zu nehmen, Anspruch auf Soziotherapie. Voraussetzung ist, dass dadurch Krankenhausbehandlung vermieden oder verkürzt wird. Das Gleiche gilt, wenn die Krankenhausbehandlung geboten, aber nicht ausführbar ist.

Die Soziotherapie umfasst die im Einzelfall erforderliche Koordinierung der verordneten Leistungen sowie Anleitung und Motivation zu deren Inanspruchnahme.

Der Anspruch besteht für höchstens 120 Stunden innerhalb von drei Jahren je Krankheitsfall.

Der Gemeinsame Bundesausschuss hat in Richtlinien das Nähere über Voraussetzungen, Art und Umfang der Leistung „Soziotherapie“ festgelegt.

Versicherte Kinder haben Anspruch auf nichtärztliche sozialpädiatrische Leistungen.

Wichtig: Dieser Anspruch erstreckt sich insbesondere auf psychologische, heilpädagogische und psychosoziale Leistungen.

Die Leistungen müssen unter ärztlicher Verantwortung erbracht werden. Sie müssen erforderlich sein, um eine Krankheit zum frühestmöglichen Zeitpunkt zu erkennen und einen Behandlungsplan aufzustellen.

Hinweis: Leistungen dieser Art werden im Übrigen auch als Rehabilitationsmaßnahmen im Sozialgesetzbuch – Neuntes Buch (SGB IX) vorgesehen, das auch für die gesetzliche Krankenversicherung gilt.

In diesem Zusammenhang ist auch § 37b SGB V zu beachten, der seit 01.04.2007 gilt. Danach haben Versicherte mit nicht heilbaren, fortschreitenden und weit fortgeschrittenen Erkrankungen bei einer

Krankenhausbehandlung wird in § 39 SGB V vorgeschrieben:

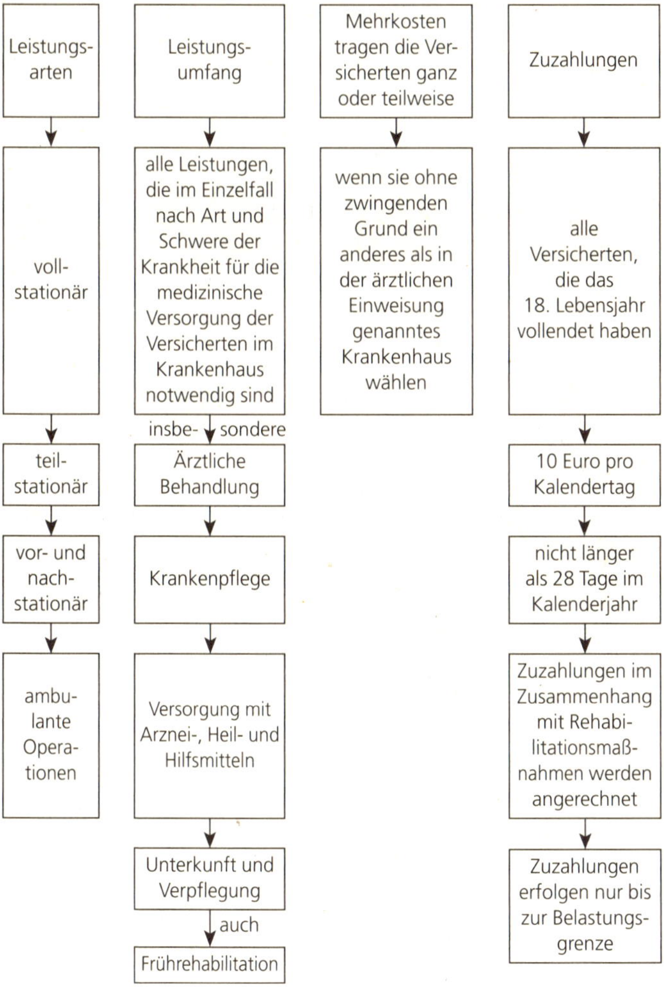

zugleich begrenzten Lebenserwartung, die eine besonders aufwendige Versorgung benötigen, Anspruch auf spezialisierte ambulante Palliativversorgung. Die Leistung ist von einem Vertragsarzt oder Krankenhausarzt zu verordnen.

Sie umfasst ärztliche und pflegerische Leistungen einschließlich ihrer Koordination, insbesondere zur Schmerztherapie und Symptomkontrolle.

Sie zielt darauf ab, die Betreuung der angesprochenen Versicherten in der vertrauten häuslichen Umgebung zu ermöglichen. Dabei sind die besonderen Belange von Kindern zu berücksichtigen.

Der Anspruch auf spezialisierte Palliativversorgung besteht auch für Versicherte in stationären Pflegeeinrichtungen. Im Übrigen haben Versicherte in stationären Hospizen einen Anspruch auf die Teilleistung der erforderlichen ärztlichen Versorgung im Rahmen der spezialisierten ambulanten Palliativversorgung.

Der Gemeinsame Bundesausschuss hat in Richtlinien das Nähere über diese Leistungen zu bestimmen.

Von einem Vertragsarzt darf Krankenhausbehandlung nur verordnet werden, wenn eine ambulante Versorgung der Versicherten zur Erzielung des Heil- und Linderungserfolges nicht ausreicht.

In der Verordnung ist die Notwendigkeit der Krankenhausbehandlung zu begründen. Allerdings sind in den geeigneten Fällen auch die beiden nächsterreichbaren, für die vorgesehene Krankenhausbehandlung geeigneten Krankenhäuser anzugeben.

Zu den allgemeinen Krankenhausleistungen, zu deren Übernahme die Krankenkasse bei einem Kind verpflichtet ist, gehören grundsätzlich auch die durch den medizinisch notwendigen Aufenthalt eines Elternteils im Krankenhaus entstehenden Kosten.

Krankenhausbehandlung ist wegen einer behandlungsbedürftigen Erkrankung erforderlich. Allerdings besteht eine Leistungsverpflichtung der Krankenkasse dann nicht, wenn die erforderlichen Pflegemaßnahmen in einem Krankenhaus lediglich dem Zweck dienen, einem Zustand der Hilflosigkeit zu begegnen (Pflegefall). Ein Pflegefall ist auch dann anzunehmen, wenn sich ein chronischer Krankheitszustand mit den besonderen medizinischen Mitteln eines Krankenhauses nicht mehr beeinflussen lässt.

In der Regel ist die Pflegeversicherung beim Vorliegen eines Pflegefalles für die Leistungsgewährung zuständig (siehe ab Seite 229).

Wichtig: Die Dauer der Krankenhausbehandlung ist zeitlich nicht begrenzt, sondern wird allein durch die Krankenhausbehandlungsbedürftgkeit bestimmt.

Das Krankenhaus kann Versicherte bei Verordnung von Krankenhausbehandlung in medizinisch geeigneten Fällen ohne Unterkunft und Verpflegung behandeln, um:

- die Erforderlichkeit einer vollstationären Krankenhausbehandlung zu klären oder die vollstationäre Krankenhausbehandlung vorzubereiten (vorstationäre Behandlung)
- im Anschluss an eine vollstationäre Krankenhausbehandlung den Behandlungserfolg zu sichern oder zu festigen (nachstationäre Behandlung)

Die vorstationäre Behandlung ist auf längstens drei Behandlungstage innerhalb von fünf Tagen vor Beginn der stationären Behandlung begrenzt. Die nachstationäre Behandlung darf sieben Behandlungstage innerhalb von 14 Tagen nach Beendigung der stationären Krankenhausbehandlung, bei Organübertragungen drei Monate, nicht überschreiten.

In medizinisch begründeten Einzelfällen können die Fristen von 14 Tagen oder drei Monaten im Einvernehmen mit dem einweisenden Arzt verlängert werden. Kontrolluntersuchungen bei Organübertragungen dürfen vom Krankenhaus auch nach Beendigung der nachstationären Behandlung fortgeführt werden, um die weitere Krankenbehandlung oder Maßnahmen der Qualitätssicherung wissenschaftlich zu begleiten oder zu unterstützen.

Ambulante Operationen sollen in der Regel auf Veranlassung eines niedergelassenen Vertragsarztes unter Verwendung einer Überweisung durchgeführt werden (siehe Seite 183).

Über Art und Umfang der ambulanten Operation entscheidet der für die Operation verantwortliche Arzt. Er ist dabei verpflichtet, in jedem Einzelfall zu prüfen, ob Art und Schwere des beabsichtigten Eingriffs unter Berücksichtigung des Gesundheitszustandes der Patienten die ambulante Durchführung der Operation nach den ärztlichen Regeln mit den zur Verfügung stehenden Möglichkeiten erlauben.

Zugleich muss sich der verantwortliche Arzt vergewissern und dafür Sorge tragen, dass der Patient nach Entlassung aus der unmittelbaren Betreuung des operierenden Arztes auch im häuslichen Bereich sowohl ärztlich als gegebenenfalls auch pflegerisch in qualifizierter Weise versorgt wird.

Der Versicherte, der das 18. Lebensjahr vollendet hat, zahlt vom Beginn der Krankenhausbehandlung an innerhalb eines Kalenderjahres für längstens 28 Tage zehn Euro pro Kalendertag an das Krankenhaus.

Die an einen Träger der gesetzlichen Rentenversicherung zu leistenden Zuzahlungen (im Rahmen von vor der Krankenhausbehandlung erbrachten Rehabilitationsleistungen) von zehn Euro täglich sind anzurechnen. (Zu den Rehabilitationsleistungen siehe ab Seite 202.)

Wichtig: Diese Anrechnung hat auch dann zu erfolgen, wenn zwar vor der Krankenhausbehandlung eine medizinische Rehabilitationsmaßnahme des Rentenversicherungsträgers erfolgt, die Zuzahlung aber tatsächlich erst nach der Krankenhausbehandlung geleistet worden ist.

Hat die Krankenkasse Zuzahlungsbeträge erhalten und stellt sich nachträglich heraus, dass wegen einer vorausgegangenen Rehabilitationsmaßnahme noch eine Zuzahlungsverpflichtung gegenüber dem Rentenversicherungsträger besteht, findet ein nachträglicher Ausgleich der Zuzahlungsbeträge zwischen Krankenkasse und Rentenversicherungsträger statt.

Die während einer stationären Rehabilitationsmaßnahme der Krankenversicherung zu leistende Zuzahlung ist ebenfalls anzurechnen (siehe ab Seite 202).

Hospizbehandlung

Versicherte, die keiner Krankenhausbehandlung bedürfen, haben Anspruch auf einen Zuschuss zu stationärer oder teilstationärer Versorgung in Hospizen. Es handelt sich hier um Einrichtungen, in denen palliativ-medizinische Behandlung (lindernde, nicht heilende Behandlung) erbracht wird. Voraussetzung ist, dass eine ambulante Versorgung im Haushalt oder der Familie des Versicherten nicht erbracht werden kann.

Die Höhe des Zuschusses ist in der Satzung der Krankenkasse festzulegen. Er darf ab August 2009 kalendertäglich 176,40 Euro nicht unterschreiten. Dies entspricht einem Monatsbetrag von 5 292 Euro. Er ändert sich voraussichtlich zu Beginn eines jeden Jahres.

Wichtig: Unter Anrechnung der Leistungen anderer Sozialleistungsträger dürfen die tatsächlichen kalendertäglichen Kosten der Hospizbehandlung nicht überschritten werden.

Das Gesetz kennt auch (und zwar in § 39a Abs. 2 SGB V) die Förderung ambulanter Hospizdienste durch die gesetzlichen Krankenkassen. Es geht hier um Versicherte, die keiner Krankenhausbehandlung und keiner stationären oder teilstationären Versorgung in einem Hospiz bedürfen. Die Hospizdienste müssen qualifizierte ehrenamtliche Sterbebegleitung in dem Haushalt oder der Familie des Versicherten erbringen. Der Hospizdienst muss mit palliativ-medizinisch erfahrenen Pflegediensten und Ärzten zusammenarbeiten. Außerdem muss der Hospizdienst unter der fachlichen Verantwortung einer Krankenschwester, eines Krankenpflegers oder einer anderen fachlich qualifizierten Person stehen, die über mehrjährige Erfahrung in der palliativmedizinischen Pflege oder über eine entsprechende Weiterbildung verfügt. Zudem muss die Person eine Weiterbildung als verantwortliche Pflegefachkraft oder in Leitungsfunktionen nachweisen.

Rehabilitationsmaßnahmen

Die Krankenkassen können auch Leistungen zur medizinischen Rehabilitation erbringen. Rechtsgrundlage sind hier die §§ 40, 41 SGB V.

Rehabilitationsleistungen lassen sich folgendermaßen skizzieren:

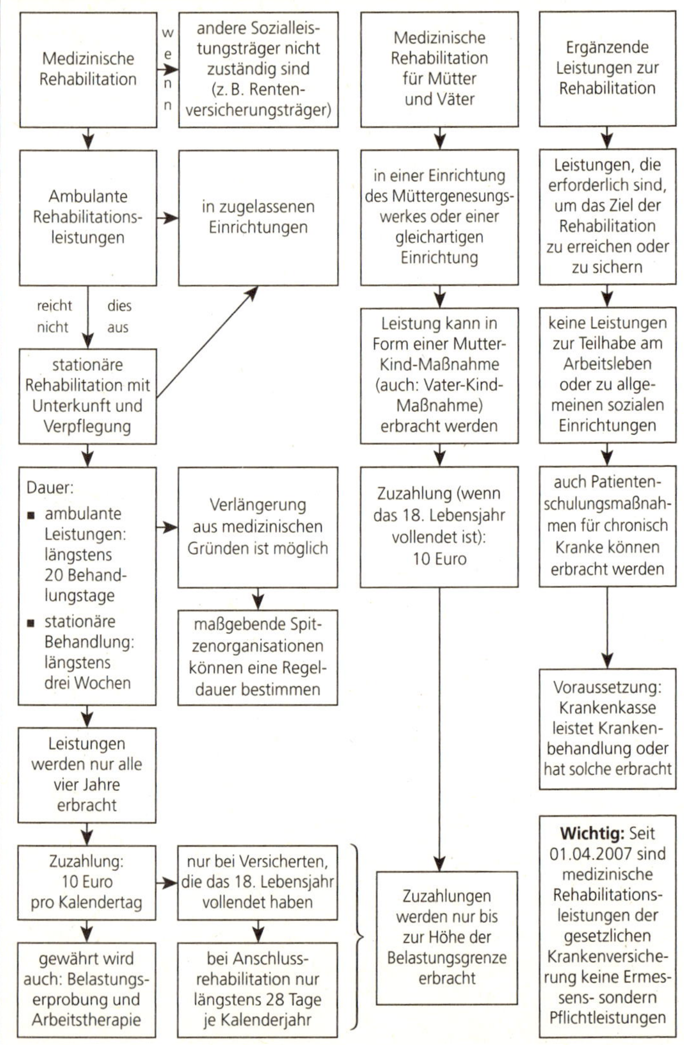

Zahnersatz

Die Leistung „Zahnersatz" wird in den §§ 55 bis 58 SGB V geregelt. So ist in § 55 SGB V ein Anspruch auf befundbezogene Festzuschüsse bei einer medizinisch notwendigen Versorgung mit Zahnersatz einschließlich Zahnkronen und Suprakonstruktionen vorgesehen. Dabei handelt es sich um zahnärztliche und zahntechnische Leistungen.

Der Leistungsanspruch besteht für die Fälle, in denen eine zahnprothetische Versorgung notwendig ist und die geplante Versorgung einer Methode entspricht, die durch den Gemeinsamen Bundesausschuss anerkannt ist. Die hiernach erlassenen Festzuschuss-Richtlinien enthalten in einer Tabelle die Befunde und die Regelversorgung.

In der Präambel zu den Richtlinien wird ausgeführt, dass sich die dem jeweiligen Befund zugeordnete zahnprothetische Versorgung an den zahnmedizinisch notwendigen Leistungen orientiert, die zu einer ausreichenden zweckmäßigen und wirtschaftlichen Versorgung mit Zahnersatz gehören.

Bei der Zuordnung der Regelversorgung sind auch die Funktionsdauer, die Stabilität und ferner die Gegenbezahnung berücksichtigt worden.

Als Regelversorgung ist festsitzender Zahnersatz grundsätzlich indiziert, wenn eine natürliche Gegenbezahnung vorhanden ist. Dabei wird funktionstüchtiger festsitzender Zahnersatz oder zeitgleich einzugliedernder festsitzender Zahnersatz der natürlichen Gegenbezahnung gleichgestellt.

Die Festzuschüsse betragen 50 Prozent der festgesetzten Beträge für die jeweilige Regelversorgung und erhöhen sich für eigene Bemühungen zur Gesunderhaltung der Zähne um 20 Prozent der Festzuschüsse. Die Erhöhung entfällt, wenn:

- der Gebisszustand des Versicherten regelmäßige Zahnpflege nicht erkennen lässt
- der Versicherte während der letzten fünf Jahre vor Behandlungsbeginn die Vorsorgeuntersuchungen nicht in jedem Kalenderjahr in Anspruch genommen hat beziehungsweise sich nach Vollendung des 18. Lebensjahres nicht wenigstens einmal in jedem Kalenderjahr hat zahnärztlich untersuchen lassen.

Wichtig: Die Festzuschüsse erhöhen sich um weitere zehn Prozent, wenn der Versicherte seine Zähne regelmäßig gepflegt und in den letzten zehn Kalenderjahren vor Behandlungsbeginn die oben geschilderten Untersuchungen ohne Unterbrechung in Anspruch genommen hat. Für Versicherte, die nach dem 31.12.1978 geboren sind, gilt der Nachweis für eigene Bemühungen zur Gesunderhaltung der Zähne für die Jahre 1997 und 1998 als erbracht, weil für diese Versicherten in den beiden genannten Jahren kein Anspruch auf Zahnersatz bestand.

Praxis-Tipp:

Lassen Sie sich alle Untersuchungen vom Zahnarzt im sog. Bonusheft bescheinigen. Sie erhalten dieses Heft kostenlos beim Zahnarzt. Mit dem Eintrag gilt auch die regelmäßige Gebisspflege als nachgewiesen.

Wichtig: Für sog. aufwendige Versorgungsformen erhält der Versicherte nicht immer den vollen Kassenanteil. So ist etwa der Anspruch bei großen Brücken zum Ersatz von mehr als vier fehlenden Zähnen je Kiefer auf den Kassenanteil für vier zu ersetzende Zähne, bei Brücken mit mehr als drei fehlenden Zähnen je Seitenzahngebiet auf den Anteil für drei zu ersetzende Zähne begrenzt.

Wichtig: Wählen Versicherte einen über die Regelversorgung hinausgehenden gleichartigen Zahnersatz, haben sie die Mehrkosten selbst zu tragen.

Von privaten Krankenversicherungsunternehmen werden hier Ergänzungstarife angeboten.

Heil- und Kostenplan

Vor Durchführung aller zahntechnischen Leistungen einschließlich Zahnersatz muss der Zahnarzt einen die gesamte Behandlung umfassenden Heil- und Kostenplan zur Vorlage bei der Krankenkasse ausstellen.

Wichtig: Für diese Behandlung darf von den Versicherten keine Gebühr verlangt werden. Ebenso dürfen keine Pauschalen, beispielsweise für Materialkosten, die beim Zahnarzt anfallen, in Rechnung gestellt werden. Diese Leistungen sind im Rahmen der vertragszahnärztlichen Versorgung für die Versicherten unentgeltlich zu erbringen.

Für Füllungen und Zahnersatzleistungen gilt eine Gewährleistungspflicht des Zahnarztes von mindestens zwei Jahren.

Besonderheiten gibt es bei sog. Härtefällen (siehe ab Seite 219).

Wahltarife

Seit 01.04.2007 müssen die gesetzlichen Krankenkassen ihren Versicherten, die an einem besonderen Versorgungsprogramm teilnehmen, einen speziellen Wahltarif anbieten. Die Mitglieder können sich freiwillig für einen solchen Tarif entscheiden. Hier gibt es keine zeitliche Mindestbindungsfrist.

Zu den besonderen Versorgungsformen zählen unter anderem die strukturierten Behandlungsprogramme für chronisch Kranke, Programme der Integrierten Versorgung oder besondere ambulante ärztliche Versorgung (Hausarztprogramm).

Zugehörigkeit zur gesetzlichen Krankenversicherung

In ihren Wahltarifen können die Krankenkassen festlegen, dass sie Versicherten, die sich für die Beteiligung bei diesen Programmen entscheiden, eine Prämie zahlen oder ihnen z. B. die Praxisgebühr oder die Zuzahlung für Arzneimittel erlassen.

Versicherte, für die die Krankenkassenbeiträge vollständig von Dritten getragen werden (beispielsweise Bezieher von Arbeitslosengeld I und II) können ausschließlich diese gesetzlich vorgesehenen Tarife wählen.

Zusätzlich zu den vorstehend aufgeführten verpflichtenden Tarifen können die gesetzlichen Krankenkassen freiwillige Wahltarife anbieten. Dazu zählen beispielsweise:

- Tarife für Selbstbehalt
- Tarife für Kostenerstattung
- Tarife für Nicht-Inanspruchnahme von Leistungen
- Tarife, die Leistungen einschließen, die die Regelversorgung nicht vorsieht

Tarife, die Leistungen einschließen, die die Regelvorsorgung nicht vorsieht, können z. B. Zusatztarife für Arzneimittel besonderer Therapierichtungen sein:

- Homöopathie
- Anthroposphie
- Phytotherapie

Die Mindestbindungsfrist für freiwillige Wahltarife beträgt drei Jahre.

Die erwähnten Prämienzahlungen an Versicherte sind in der Höhe gesetzlich begrenzt. Sie dürfen grundsätzlich 20 Prozent der vom Mitglied in einem Jahr geleisteten Beiträge, höchstens jedoch 600 Euro, nicht überschreiten.

Härtefälle beim Zahnarzt

Unzumutbare Belastung

liegt vor,

wenn der Versicherte bestimmte Leistungen der
- Sozialhilfe
- Kriegsopferfürsorge
- Ausbildungsförderung
- Bundesagentur für Arbeit

erhält

oder

die Kosten der Unterbringung in einem Heim oder einer ähnlichen Einrichtung von einem Sozialhilfeträger oder der Kriegsopferfürsorge getragen werden

oder

die monatlichen Bruttoeinnahmen zum Lebensunterhalt des Versicherten 40 % der monatlichen Bezugsgröße nicht übersteigen; 2009: 1 008 EUR

erhöhen sich
- für den ersten im gemeinsamen Haushalt lebenden Angehörigen um 15 % der monatlichen Bezugsgröße; 2009: 378 EUR
- für jeden weiteren solchen Angehörigen um 10 % der monatlichen Bezugsgröße; 2009: 252 EUR

Krankenkasse zahlt zu den Festzuschüssen einen Betrag in gleicher Höhe

aber

nicht mehr als die tatsächlichen Kosten

zusätzlich zu den Festzuschüssen von 50 % wird den Versicherten der Betrag gewährt, um den die Festzuschüsse das Dreifache der Differenz zwischen den monatlichen Bruttoeinnahmen und der maßgebenden Einnahmegrenze übersteigen

Höchstbeteiligung an den Kosten; zweifache Festzuschüsse

jedoch nicht mehr als die tatsächlich angefallenen Kosten

Krankengeld/Mutterschaftsgeld

Der Anspruch auf Krankengeld stellt auf die Arbeitsunfähigkeit ab. Das Krankengeld hat Lohnersatzfunktion. Personen, die als Rentenantragsteller oder Rentner versichert sind, haben deshalb keinen Anspruch auf diese Leistungen.

Hier ist allerdings zu beachten, dass in vielen Fällen während einer längerdauernden Arbeitsunfähigkeit ein Rentenantrag gestellt wird und der Rentenbeginn oftmals in die Zeit des Krankengeldbezuges fällt. Das Gesetz lässt es natürlich nicht zu, dass beide Leistungen nebeneinander bezogen werden.

Deshalb ist vorgeschrieben, dass der Krankengeldanspruch für Versicherte endet, die

- Rente wegen voller Erwerbsminderung oder Vollrente wegen Alters aus der gesetzlichen Rentenversicherung beziehen
- Ruhegehalt, das nach beamtenrechtlichen Vorschriften oder Grundsätzen gezahlt wird, erhalten
- Vorruhestandsgeld bekommen
- Leistungen erhalten, die ihrer Art nach den Renten wegen voller Erwerbsminderung oder der Vollrente wegen Alters oder dem Ruhegehalt vergleichbar sind, wenn sie von einem Träger der gesetzlichen Rentenversicherung oder einer staatlichen Stelle im Ausland gezahlt werden

Ist über den Leistungsbeginn hinaus Krankengeld gezahlt worden, hat die Krankenkasse einen Erstattungsanspruch gegen den Rentenversicherungsträger aus der Rente.

Wichtig: Renten wegen voller Erwerbsminderung werden meist rückwirkend gezahlt. Allerdings kommt es oft zu Nachzahlungen von Rentenbeträgen. In der Praxis behält der Rentenversicherungsträger die Nachzahlung ein und wartet ab, ob – beispielsweise – eine Krankenkasse Erstattungsansprüche geltend macht.

Bleibt nach Abzug der Erstattungsansprüche noch Rente übrig, wird diese selbstverständlich an den Versicherten ausgezahlt.

Rente und Krankengeld

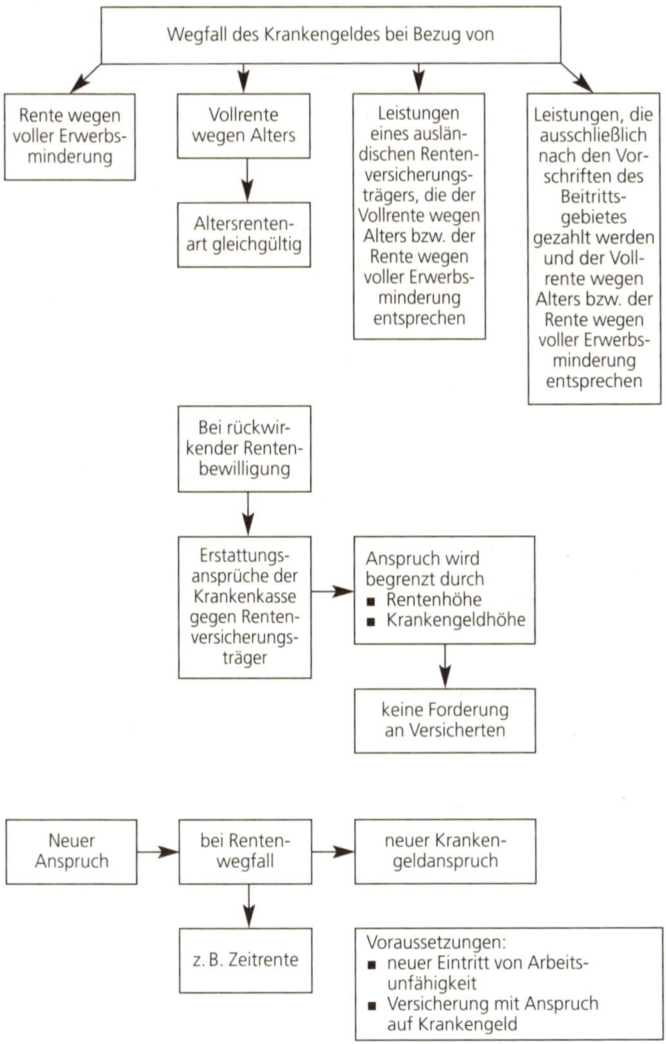

Wichtig: Übersteigt das Krankengeld für den betreffenden Zeitraum die Rente, kann der überschießende Betrag vom Versicherten nicht zurückgefordert werden.

Wird eine der oben genannten Leistungen nicht mehr gezahlt, entsteht ein (neuer) Anspruch auf Krankengeld. Voraussetzung ist, dass das Mitglied bei Eintritt einer erneuten Arbeitsunfähigkeit mit Anspruch auf Krankengeld versichert ist.

Das Krankengeld wird insbesondere um den Zahlbetrag der folgenden Leistungen gekürzt:

Kürzung des Krankengeldes

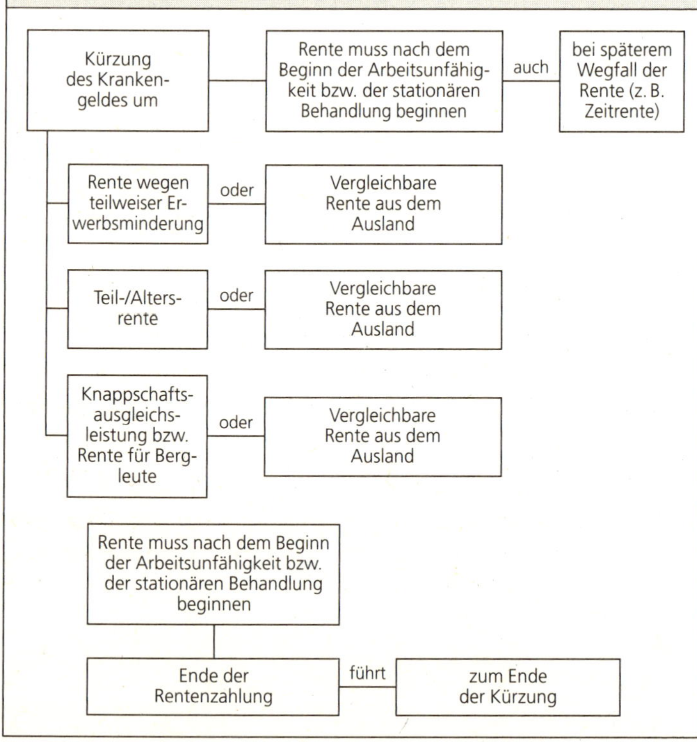

- Altersrente, der Rente wegen Erwerbsminderung oder der Landabgaberente aus der Alterssicherung der Landwirte
- Rente wegen teilweiser Erwerbsminderung, Berufsunfähigkeit oder der Teilrente wegen Alters aus der gesetzlichen Rentenversicherung
- vergleichbare Leistung, die von einer ausländischen Stelle erbracht wird

Wichtig: Die Kürzung erfolgt aber nur dann, wenn die Rentenleistung ab einem Zeitpunkt nach dem Beginn der Arbeitsunfähigkeit oder der stationären Behandlung zuerkannt wird.

Rehabilitationsantrag oder Rentenantrag

Die das Krankengeld gewährende Krankenkasse hat nach dem Gesetz nicht das Recht, den Versicherten aufzufordern, einen Antrag auf Rente wegen voller oder teilweiser Erwerbsminderung zu stellen. Sie kann ihn aber dahingehend beraten, dass er einen Rentenantrag mit Aussicht auf Erfolg stellen kann.

In der Praxis geschieht dies nach der Untersuchung durch den MDK, wenn dort eine entsprechende Feststellung getroffen wurde.

Besteht ein Anspruch auf Regelaltersrente (Vollendung des 65. Lebensjahres erforderlich), kann die Krankenkasse den Versicherten unter Fristsetzung (zehn Wochen) auffordern, einen Rentenantrag zu stellen. Tut er das nicht, entfällt der Anspruch auf Krankengeld.

Welche Möglichkeiten die Krankenkasse aber hat, die Dauer der Krankengeldzahlung zu beeinflussen, entnehmen Sie bitte den Schaubildern auf den nächsten Seiten.

Aufforderung zum Rehabilitationsantrag

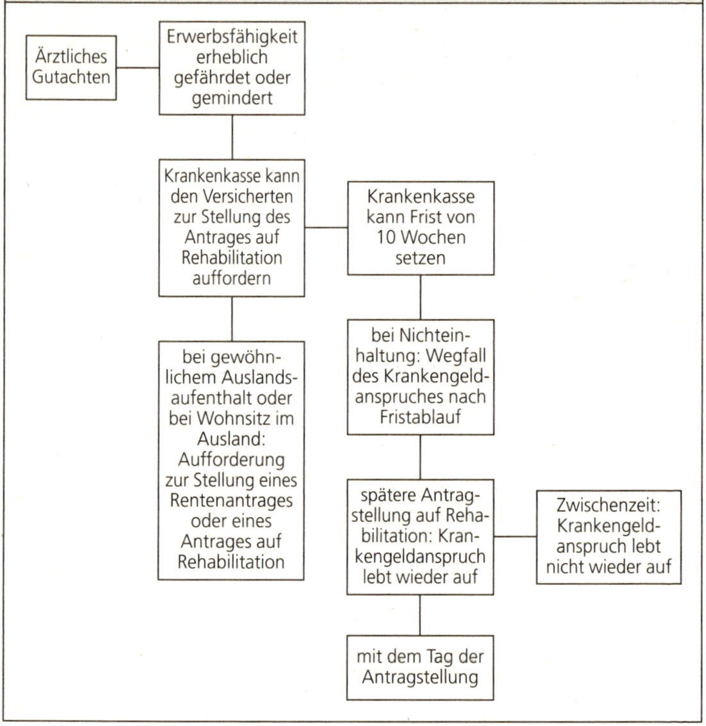

Höhe und Berechnung des Krankengeldes

Das Krankengeld beträgt 70 Prozent des sog. Regelentgelts. Beim Regelentgelt handelt es sich um das erzielte regelmäßige Arbeitsentgelt und Arbeitseinkommen, soweit es der Beitragsberechnung unterliegt.

Das aus dem Arbeitsentgelt berechnete Krankengeld darf 90 Prozent des Nettoarbeitsentgelts nicht übersteigen.

Das Krankengeld wird für Kalendertage gezahlt. Ist es für einen ganzen Kalendermonat zu gewähren, ist dieser mit 30 Tagen anzusetzen.

Ergebnis des Rehabilitationsantrages

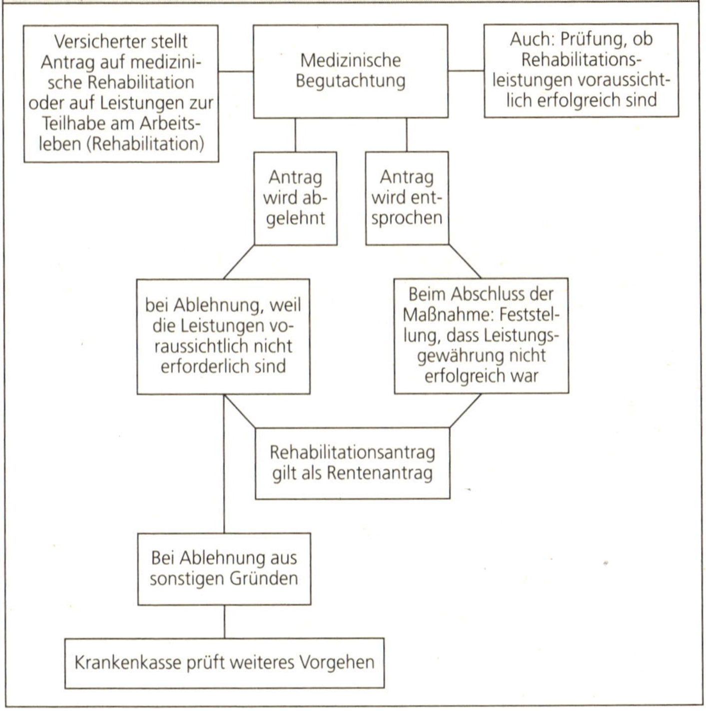

Formel:

Entgelt des letzten Abrechnungszeitraumes
./. einmalig gezahltes Entgelt

Ergebnis:

$$\frac{\text{Zu berücksichtigendes Entgelt}}{\text{Zahl der Stunden}} = \text{Stundenlohn}$$

Stundenlohn x wöchentliche Arbeitsstunden : 7 = Regelentgelt

Für die Berechnung des Regelentgelts ist der Teil des einmalig gezahlten Arbeitsentgelts, das in den letzten zwölf Kalendermonaten vor Beginn der Arbeitsunfähigkeit der Beitragsberechnung zugrunde gelegen hat, dem Arbeitsentgelt hinzuzurechnen.

Wird das Arbeitsentgelt nach Monaten berechnet oder ist eine Berechnung des Regelentgelts nach den obigen Grundsätzen nicht möglich, gilt der dreißigste Teil des im letzten vor Beginn der Arbeitsunfähigkeit abgerechneten Kalendermonat erzielten und um einmalig gezahltes Arbeitsentgelt verminderten Arbeitsentgelts als Regelentgelt.

Formel:

Arbeitsentgelt des letzten Bemessungszeitraumes
./. einmalig gezahltes Arbeitsentgelt

Ergebnis:

$$\frac{\text{Zu berücksichtigendes Arbeitsentgelt}}{30} = \text{Regelentgelt}$$

Das Regelentgelt wird bis zur Höhe des Betrages der kalendertäglichen Beitragsbemessungsgrenze berücksichtigt. 2009 beläuft sich dieser Betrag auf 122,50 Euro. Er gilt sowohl in den alten als auch in den neuen Bundesländern und ändert sich jeweils zu Jahresbeginn.

Sonderfall: Krankengeld bei Erkrankung eines Kindes

Das Krankengeld bei Erkrankung eines Kindes kommt nur bei Arbeitnehmern in Betracht. In Zusammenhang mit der Krankenversicherung der Rentner wird auf diese Leistung deshalb nicht näher eingegangen.

Mutterschaftsgeld

Auch diese Leistung spielt in Zusammenhang mit der Krankenversicherung der Rentner keine besondere Rolle. Der Anspruch besteht für weibliche Mitglieder einer Krankenkasse, die bei Arbeitsunfähigkeit Anspruch auf Krankengeld haben oder denen wegen Schutzfristen vor und nach Entbindung kein Arbeitsentgelt gezahlt wird.

Fahrkosten

Anspruch auf Fahrkosten

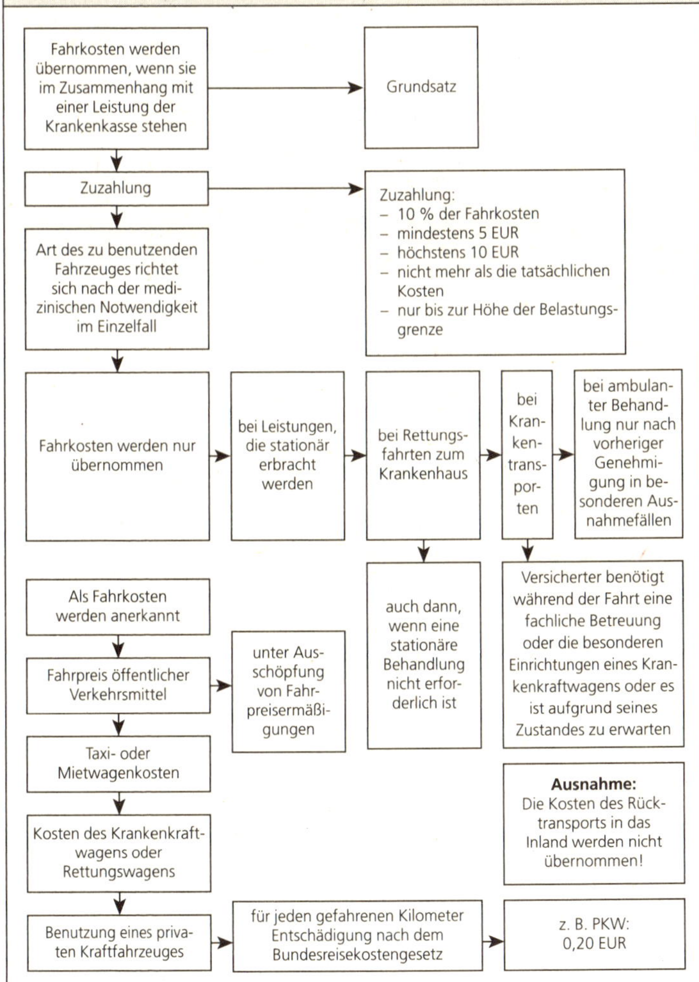

Zugehörigkeit zur gesetzlichen Krankenversicherung

Einzelheiten über die Gewährung von Fahrkosten durch die gesetzlichen Krankenkassen wird vom Gemeinsamen Bundesausschuss in Richtlinien festgelegt. Hier werden auch die Ausnahmefälle aufgeführt, die Voraussetzung dafür sind, dass die Krankenkasse die Genehmigung zu einer ambulanten Krankenfahrt gibt:

- Der Patient wird mit einem durch die Grunderkrankung vorgegebenen Therapieschema behandelt, das eine hohe Behandlungsfrequenz über einen längeren Zeitraum aufweist.
- Die Behandlung oder der zu dieser Behandlung führende Krankheitsverlauf beeinträchtigt den Patienten in einer Weise, dass eine Beförderung zur Vermeidung von Schaden an Leib und Leben unerlässlich ist.

In einer Anlage zur Richtlinie des Gemeinsamen Bundesausschusses werden die Ausnahmefälle im Einzelnen aufgeführt. Diese Liste ist allerdings nicht abschließend.

Auch ihr ergibt sich, das ein Ausnahmefall vorliegt bei:

- Dialysebehandlung
- onkologischer Strahlentherapie
- onkologischer Chemotherapie

Außer in den geschilderten Fällen kann die Fahrt zur ambulanten Behandlung für Versicherte verordnet und genehmigt werden, die einen Schwerbehindertenausweis mit dem Merkzeichen „aG", „Bl" oder „H" oder einen Einstufungsbescheid der Pflegeversicherung in der Pflegestufe II oder III bei der Verordnung vorlegen.

Beachten Sie zum Schwerbehindertenausweis das im Walhalla Fachverlag erschienene Buch „Wie bekomme ich einen Schwerbehindertenausweis?", ISBN 978-3-8029-3347-9.

Bezüglich der Einstufung in die Pflegeversicherung wird auf die Ausführungen ab Seite 237 verwiesen.

Im Übrigen genehmigen die Krankenkassen auf ärztliche Verordnung Fahrten zur ambulanten Behandlung von Versicherten, die keinen Nachweis nach Vorstehendem besitzen, wenn diese von einer der genannten Kriterien vergleichbaren Beeinträchtigung der Mobilität betroffen sind und einer ambulanten Behandlung über einen längeren Zeitraum bedürfen.

Wichtig: Die zwingende medizinische Notwendigkeit einer Verordnung der Fahrt und des Beförderungsmittels ist vom Arzt zu begründen.

Fahrten zum Abstimmen von Terminen, Erfragen von Befunden, Abholen von Rezepten usw. sind keine Krankenkassenleistung.

Die Richtlinien sehen vor, dass genehmigungspflichtige Verordnungen der Krankenkasse frühzeitig vorzulegen sind. Dauer und Umfang (beispielsweise Transportmittel, Hin- und Rückfahrt) werden von der Krankenkasse festgelegt.

Familienversicherung

Auch im Bereich der Krankenversicherung der Rentner gibt es die kostenfreie Familienversicherung. Es werden hier für die anspruchsberechtigten Familienangehörigen die gleichen Leistungen gewährt wie für Mitglieder. Kranken- und Mutterschaftsgeld gibt es allerdings nicht.

Praxis-Tipp:

Beachten Sie, dass Sie Ihre anspruchsberechtigten Familienangehörigen bei der Krankenkasse anmelden müssen.

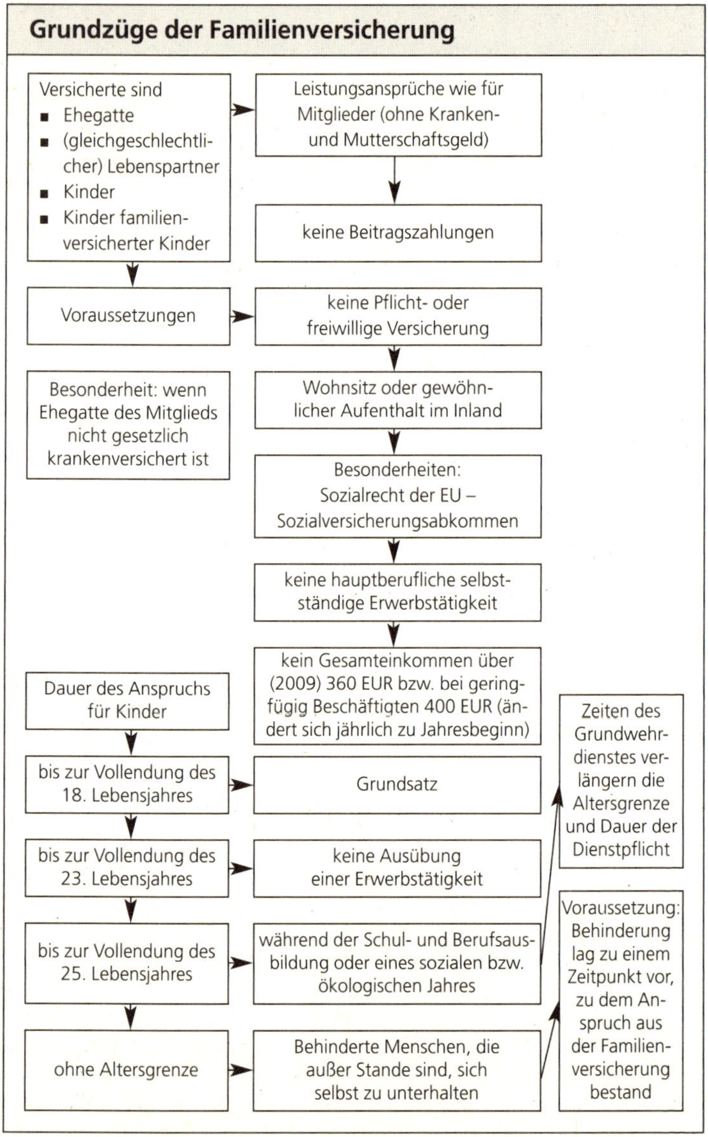
Grundzüge der Familienversicherung
Versicherte sind
▪ Ehegatte
▪ (gleichgeschlechtlicher) Lebenspartner
▪ Kinder
▪ Kinder familienversicherter Kinder
Leistungsansprüche wie für Mitglieder (ohne Kranken- und Mutterschaftsgeld)
keine Beitragszahlungen
Voraussetzungen
keine Pflicht- oder freiwillige Versicherung
Besonderheit: wenn Ehegatte des Mitglieds nicht gesetzlich krankenversichert ist
Wohnsitz oder gewöhnlicher Aufenthalt im Inland
Besonderheiten: Sozialrecht der EU – Sozialversicherungsabkommen
keine hauptberufliche selbstständige Erwerbstätigkeit
kein Gesamteinkommen über (2009) 360 EUR bzw. bei geringfügig Beschäftigten 400 EUR (ändert sich jährlich zu Jahresbeginn)
Dauer des Anspruchs für Kinder
bis zur Vollendung des 18. Lebensjahres
Grundsatz
bis zur Vollendung des 23. Lebensjahres
keine Ausübung einer Erwerbstätigkeit
bis zur Vollendung des 25. Lebensjahres
während der Schul- und Berufsausbildung oder eines sozialen bzw. ökologischen Jahres
ohne Altersgrenze
Behinderte Menschen, die außer Stande sind, sich selbst zu unterhalten
Zeiten des Grundwehrdienstes verlängern die Altersgrenze und Dauer der Dienstpflicht
Voraussetzung: Behinderung lag zu einem Zeitpunkt vor, zu dem Anspruch aus der Familienversicherung bestand

Belastungsgrenze

Bei den einzelnen Leistungen ist jeweils angegeben worden, welche Zuzahlungen durch die Versicherten zu leisten sind. Dabei wurde auch darauf hingewiesen, dass Zuzahlungen nur bis zur Belastungsgrenze zu erbringen sind. Die Belastungsgrenze hat insbesondere für Rentner eine besondere Bedeutung.

Zuzahlungsregelungen auf einen Blick

Kassenleistung	Zuzahlungen	Ausnahmen
Ärztliche Behandlung	Praxisgebühr von 10 Euro, pro Quartal beim Arzt und Zahnarzt	– Überweisungen – Kontrollbesuche – Vorsorge- und Früherkennungsuntersuchungen – 18. Lebensjahr noch nicht vollendet
Arznei- und Verbandmittel	10 % des Preises, jedoch mindestens 5 Euro und maximal 10 Euro pro Arzneimittel. In jedem Fall sind nicht mehr als die Kosten des Mittels zu zahlen.	18. Lebensjahr noch nicht vollendet
Häusliche Krankenpflege	10 % der Kosten des Mittels zuzüglich 10 Euro je Verordnung	18. Lebensjahr noch nicht vollendet
Heilmittel	10 % der Kosten des Mittels zuzüglich 10 Euro je Verordnung	18. Lebensjahr noch nicht vollendet
Hilfsmittel	10 % für jedes Hilfsmittel (z. B. Hörgerät), jedoch mindestens 5 Euro und maximal 10 Euro. In jedem Fall sind nicht mehr als die Kosten des Mittels zu zahlen.	– Hilfsmittel, die zum Verbrauch bestimmt sind (z. B. Windeln bei Inkontinenz): Zuzahlung von 10 % je Verbrauchseinheit, aber maximal 10 Euro pro Monat – 18. Lebensjahr noch nicht vollendet
Haushaltshilfe	10 % der kalendertäglichen Kosten, jedoch höchstens 10 Euro und mindestens 5 Euro	18. Lebensjahr noch nicht vollendet
Soziotherapie	10 % der kalendertäglichen Kosten, jdoch höchstens 10 Euro und mindestens 5 Euro	18. Lebensjahr noch nicht vollendet
Stationäre Vorsorge und Rehabilitation	10 Euro pro Tag	– bei Anschlussheilbehandlungen: Begrenzung auf 28 Tage im Kalenderjahr – 18. Lebensjahr noch nicht vollendet

noch: Zuzahlungsregelungen auf einen Blick

Mütter- bzw. Väterkuren	10 Euro pro Tag	18. Lebensjahr noch nicht vollendet
Krankenhaus-behandlung	10 Euro pro Tag	– begrenzt auf 28 Tage im Kalenderjahr – 18. Lebensjahr noch nicht vollendet
Fahrkosten bei ambulanten Fahrten werden nur in besonderen Ausnahme fällen übernommen, vorherige Genehmigung der Krankenkasse erforderlich	10 % des Fahrpreises, mindestens 5 Euro und höchstens 10 Euro; zu zahlen sind nicht mehr als die Kosten des Fahrpreises	keine (auch nicht für Kinder und Jugendliche)

Einzelheiten zur Belastungsgrenze werden in § 62 SGB V geregelt. Danach haben Versicherte während eines jeden Kalenderjahres nur Zuzahlungen bis zu dieser Grenze zu leisten.

Wichtig: Wird die Belastungsgrenze bereits innerhalb eines Kalenderjahres erreicht, hat die Krankenkasse eine Bescheinigung darüber zu erteilen, dass für den Rest des Kalenderjahres keine Zuzahlungen mehr zu erbringen sind.

Die Belastungsgrenze beträgt für Versicherte und ihre im gemeinsamen Haushalt lebenden Angehörigen zwei Prozent der jährlichen Bruttoeinnahmen zum Lebensunterhalt.

Zuzahlungsregelungen für chronisch Kranke

Für chronisch kranke Versicherte, die wegen derselben schwerwiegenden Krankheit in Dauerbehandlung sind, beträgt die Belastungsgrenze ein Prozent der jährlichen Bruttoeinnahmen zum Lebensunterhalt. Nach Ansicht der Spitzenverbände der Krankenkasse gilt diese Absenkung der Belastungsgrenze für den gesamten Familienhaushalt, wenn mindestens eine Person wegen derselben schwerwiegenden Erkrankung in Dauerbehandlung ist.

Seit 01.04.2007 ist zu beachten, dass chronisch Kranke bis zu zwei Prozent ihrer Einnahmen an Zuzahlungen zu erbringen haben, wenn sie bestimmte Vorsorgemaßnahmen nicht in Anspruch genommen haben.

Angesprochen sind zunächst chronisch kranke Versicherte, die nach dem 01.04.1972 geboren sind, also am 01.04.2007 das 35. Lebensjahr noch nicht vollendet hatten. Für diese chronisch kranken Menschen gilt der Satz von zwei Prozent, wenn sie ab dem 01.01.2008 die in § 25 Abs. 1 SGB V vorgeschriebenen Gesundheitsuntersuchungen vor der (chronischen) Erkrankung nicht regelmäßig in Anspruch genommen haben.

Die Zwei-Prozent-Regelung gilt im Übrigen für nach dem 01.04.1987 geborene weibliche und nach dem 01.04.1962 geborene männliche chronisch kranke Versicherte, die an einer Krebsart erkranken, für die eine Früherkennungsuntersuchung besteht. Weitere Voraussetzung ist, dass sie diese Untersuchung ab dem 01.01.2008 vor ihrer Erkrankung nicht regelmäßig in Anspruch genommen haben.

Erfasst werden von der Neuregelung für den Bereich des sog. „Gesundheits-Check-Ups" nach § 25 Abs. 1 SGB V Versicherte ab dem vollendeten 35. Lebensjahr. Für Krebsvorsorgeuntersuchungen gilt dies für Frauen ab dem vollendeten 20. und Männer ab dem vollendeten 45. Lebensjahr. Eine rückwirkende Sanktion für die Nichtinanspruchnahme der Vorsorgeuntersuchungen in der Vergangenheit wird es nicht geben.

Die Mitwirkung chronisch kranker Patienten an den strukturierten Behandlungsprogrammen nach § 137f SGB V gilt ebenfalls als Ausdruck der besonderen Eigenverantwortung. Für Versicherte, die die Teilnahme an Vorsorgeuntersuchungen versäumt haben, die aber nach Ausbruch der Erkrankung an einem solchen Programm teilnehmen, gilt deshalb die verminderte Belastungsgrenze.

Im Übrigen legte der Gemeinsame Bundesausschuss in seinen Richtlinien fest, in welchen Fällen Gesundheitsuntersuchungen ausnahmsweise nicht zwingend durchgeführt werden müssen.

Zugehörigkeit zur gesetzlichen Krankenversicherung

Die Krankenkassen sind verpflichtet, ihre Versicherten zu Beginn eines Kalenderjahres auf die für sie in diesem Kalenderjahr maßgeblichen Gesundheits- beziehungsweise Früherkennungsuntersuchungen hinzuweisen.

Der Gemeinsame Bundesausschuss schreibt in seinen Richtlinien vor, dass die Feststellung, wonach Versicherte an einer schwerwiegenden chronischen Krankheit leiden, durch die Krankenkasse getroffen wird.

Nach den Richtlinien ist eine Krankheit dann schwerwiegend chronisch, wenn sie wenigstens ein Jahr lang mindestens einmal pro Quartal (Vierteljahr) ärztlich behandelt wurde (Dauerbehandlung).

Außerdem muss eines der folgenden Merkmale vorhanden sein:

- Es liegt eine Pflegebedürftigkeit der Pflegestufe II oder III nach dem Sozialgesetzbuch – Elftes Buch (SGB XI) vor (siehe ab Seite 237).
- Es liegt ein Grad der Behinderung (GdB) von mindestens 60 oder eine Minderung der Erwerbsfähigkeit (MdE) von mindestens 60 Prozent vor, wobei der GdB beziehungsweise die MdE zumindest auch durch die obige Krankheit (Dauerbehandlung) begründet sein muss.
- Es ist eine kontinuierliche Behandlung erforderlich (ärztliche oder psychotherapeutische Behandlung, Arzneimitteltherapie, Versorgung mit Heil- und Hilfsmitteln), ohne die nach ärztlicher Einschätzung eine lebensbedrohliche Verschlimmerung, eine Verminderung der Lebenserwartung oder eine dauerhafte Beeinträchtigung der Lebensqualität durch die aufgrund der die Dauerbehandlung notwendig machenden Krankheit verursachten Gesundheitsstörung zu erwarten ist.

Wichtig: Die Dauerbehandlung wird durch eine ärztliche Bescheinigung nachgewiesen. In dieser ist die dauerbehandelte Krankheit anzugeben.

Auch das Bestehen einer kontinuierlichen Behandlungserfordernis wird durch eine ärztliche Bescheinigung nachgewiesen. Hier ist auf Bundesebene ein Vordruck entwickelt worden, zu dem auch Erläuterungen vorhanden sind. Die Ärzte erhalten die entsprechenden Formulare von den Krankenkassen.

Praxis-Tipp:

Zum Beweis für das Vorliegen der GdB, der MdE und der Pflegestufe müssen Sie die entsprechenden bestandskräftigen amtlichen Bescheide vorlegen. Benutzen Sie dazu Kopien. Außerdem: In dem Bescheid zur GdB oder zur MdE muss die Krankheit, wegen der sich der Versicherte in Dauerbehandlung befindet, als Begründung aufgeführt sein.

Jeweils spätestens nach Ablauf eines Kalenderjahres ist die weitere Dauer der chronischen Behandlung nachzuweisen. Soweit erforderlich, ist sie vom Medizinischen Dienst der Krankenkassen (MDK) zu überprüfen.

Der Arzt darf die jährliche Bescheinigung aber nur ausstellen, wenn er ein therapiegerechtes Verhalten des Versicherten feststellt. Dieses liegt beispielsweise bei Teilnahme an einem strukturierten Behandlungsprogramm nach § 137f SGB V vor. Dies gilt allerdings nicht für Versicherte, denen das Erfüllen der Voraussetzungen nicht zumutbar ist. Unzumutbarkeit liegt insbesondere bei Vorliegen von Pflegebedürftigkeit der Pflegestufen II und III nach dem SGB XI (beachten Sie dazu die Ausführungen ab Seite 237) oder bei einem Grad der Behinderung von mindestens 60 vor. Das Nähere regelt der Gemeinsame Bundesausschuss in seinen Richtlinien.

Um die Belastungsgrenze anwenden zu können, ist es notwendig, dass der Rentner, sein berücksichtigungsfähiger Ehegatte beziehungsweise der (gleichgeschlechtliche) Lebenspartner und die Kinder die von ihnen geleisteten Zuzahlungen dokumentieren.

Praxis-Tipp:

Die Krankenkassen geben hier besondere Hefte heraus (sog. Quittungshefte). In diesen sind die Zuzahlungen einzutragen und vom jeweiligen Leistungsträger (z. B. Apotheke) zu bestätigen.

Nach Auffassung der Spitzenverbände der Krankenkassen wird die Verringerung auf die ein-prozentige Belastungsgrenze mit Beginn des Kalenderjahres wirksam, in dem der Versicherte die einjährige Dauerbehandlung erreicht. Hierbei handelt es sich jedoch lediglich um eine Empfehlung der Spitzenverbände.

Beispiel:

Ein als Rentner Krankenversicherter hat im Kalenderjahr 2007 Belastungen mindestens in Höhe von einem Prozent der jährlichen Bruttoeinnahmen zum Lebensunterhalt getragen. Nach ärztlichem Nachweis ist er seit 11.08.2008 wegen derselben Krankheit in Dauerbehandlung. Er beantragt deshalb 2009 den Wegfall der Zuzahlungspflicht. Im Jahre 2009 sind bis zum Zeitpunkt seines Antrags 400 Euro Zuzahlungen für ihn und für seine Familienangehörigen 200 Euro Zuzahlungen nachgewiesen. Die Belastungsgrenze der gesamten Familie von zwei Prozent der jährlichen Bruttoeinnahmen zum Lebensunterhalt beträgt im Jahre 2009 500 Euro.

Mit Ablauf des 10.08.2009 befindet sich der Versicherte ein Jahr lang in Dauerbehandlung wegen derselben Krankheit. Seine Zuzahlungspflicht entfällt rückwirkend ab 01.01.2009. Die für das Jahr 2009 von ihm bereits geleisteten Zuzahlungen in Höhe von 400 Euro sind zu erstatten. Für die übrigen Familienangehörigen kann eine Erstattung erst dann vorgenommen werden, wenn und soweit die von ihnen nachgewiesenen Zuzahlungen im Jahre 2009 zwei Prozent der jährlichen Bruttoeinnahmen zum Lebensunterhalt der Familie (500 Euro) überschreiten.

Um die Belastungsgrenze zu ermitteln, sind alle gesetzlichen Zuzahlungen zu berücksichtigen.

Wichtig: Dagegen werden Kosten nicht berücksichtigt, die dadurch entstehen, dass beispielsweise:

- Arzneimittel oder Hilfsmittel abgegeben werden, die höhere als die vom Festbetrag abgedeckten Kosten verursachen
- aufwändigere Leistungen als eigentlich notwendig in Anspruch genommen werden
- Aufwendungen für Mittel entstehen, deren Verordnung zu Lasten der Krankenversicherung ausgeschlossen ist
- Leistungen ohne ärztliche Verordnung bezogen werden
- Abschläge im Rahmen der Kostenerstattung, etwa für Verwaltungskosten und fehlende Wirtschaftlichkeitsprüfungen, vorgenommen werden

Wird die Belastungsgrenze vor Ablauf des Kalenderjahres erreicht, so hat die Krankenkasse für den Rest des Jahres eine Befreiung auszusprechen. Eine Befreiung aufgrund einer Vorauszahlung des Versicherten in Höhe der voraussichtlichen Belastungsgrenze ohne den Nachweis tatsächlich entstandener Zuzahlungen ist im Einzelfall möglich. Das gilt insbesondere dann, wenn innerhalb kurzer Zeit die Belastungsgrenze erreicht würde.

Bei der Ermittlung der Belastungsgrenze werden die Zuzahlungen und die Bruttoeinnahmen zum Lebensunterhalt der mit dem Versicherten im gemeinsamen Haushalt lebenden Angehörigen des Versicherten und des (gleichgeschlechtlichen) Lebenspartners jeweils zusammengerechnet. Kinder in diesem Sinne sind solche, denen Anspruch aus der Familienversicherung zusteht (siehe Seite 217).

Vor der Ermittlung der Belastungsgrenze wird von den jährlichen Bruttoeinnahmen zum Lebensunterhalt abgezogen:

- für den ersten im gemeinsamen Haushalt lebenden Angehörigen ein Betrag in Höhe von 15 Prozent der jährlichen Bezugsgröße (2009: 4 536 Euro)
- für jeden weiteren im gemeinsamen Haushalt lebenden Angehörigen ein Betrag in Höhe von zehn Prozent der jährlichen Bezugsgröße (2009: 3 024 Euro)
- für jedes familienversicherte Kind ein Betrag von 1 932 Euro, der zudem verdoppelt werden muss, so dass zurzeit 3 864 Euro maßgebend sind (die Beträge stammen aus dem Steuerrecht)

Krankenversichertenkarte – Elektronische Gesundheitskarte

Die Krankenversichertenkarte ist eigentlich der Anspruchsnachweis des gesetzlich Krankenversicherten gegenüber dem behandelnden Arzt. Die Karte ist aber längst zur Versichertenkarte überhaupt geworden und wird von allen Leistungserbringern, beispielsweise auch im Krankenhaus, als Nachweis für das Vorliegen einer gesetzlichen Krankenversicherung angesehen.

Viele Krankenkassen stellten bereits bisher die Krankenversichertenkarte mit einem Lichtbild des Versicherten aus. § 291a SGB V sieht eine Elektronische Gesundheitskarte mit Lichtbild vor, die eigentlich bereits ab 01.01.2006 vorliegen sollte. Allerdings haben sich die Vorbereitungsarbeiten verzögert, sodass voraussichtlich frühestens erst im Laufe des Jahres 2010 mit ihrem flächendeckenden Einsatz zu rechnen ist. 2007, 2008 und 2009 wurden bzw. werden Testverfahren durchgeführt.

Die Elektronische Gesundheitskarte muss auch die Berechtigungsnachweise zur Inanspruchnahme von Leistungen innerhalb des Europäischen Wirtschaftsraums aufnehmen. Darüber hinaus muss die Gesundheitskarte geeignet sein, folgende Anwendungen zu unterstützen, nämlich insbesondere das Erheben, Verarbeiten und Nutzen von:

- medizinischen Daten, soweit sie für die Notfallversorgung erforderlich sind
- Befunden, Diagnosen, Therapieempfehlungen sowie Behandlungsberichten in elektronischer und maschinell verwertbarer Form für eine einrichtungsübergreifende, fallbezogene Kooperation (elektronischer Arztbrief)
- Daten einer Arzneimitteldokumentation
- Daten über Befunde, Diagnosen, Therapiemaßnahmen, Behandlungsberichte sowie Impfungen für eine Fall- und einrichtungsübergreifende Dokumentation über den Patienten (elektronische Patientenakte)
- durch von Versicherten selbst oder für sie zur Verfügung gestellten Daten
- Daten über in Anspruch genommene Leistungen und deren vorläufige Kosten für die Versicherten

In diesem Zusammenhang ist zu beachten, dass bereits 2004 die europäische Krankenversicherungskarte (European Health Insurance Card – EHIC) eingeführt wurde. Teilweise werden in Deutschland hier Ersatz-Versicherungskarten verwendet. Mit Einführung der elektronischen Gesundheitskarte wird die Europäische Versicherungskarte – wie bereits erwähnt – in sie integriert werden.

Ihre Leistungsansprüche in der Pflegeversicherung

8

„Pflegeversicherung der Rentner"

Rechtsgrundlage für die soziale Pflegeversicherung ist das SGB XI. Hier wird zunächst (in § 1) bestimmt, dass zur sozialen Absicherung des Risikos der Pflegeversicherung als eigenständiger Zweig der Sozialversicherung eine soziale Pflegeversicherung geschaffen wird.

Als wichtiger Grundsatz ist vorgesehen, dass in den Schutz der sozialen Pflegeversicherung kraft Gesetzes alle einbezogen sind, die in der gesetzlichen Krankenversicherung versichert sind. Darüber hinaus sind aber weitere Personengruppen in den Schutz der Pflegeversicherung eingegliedert worden (siehe ab Seite 232).

Außerdem muss derjenige, der gegen Krankheit bei einem privaten Krankenversicherungsunternehmen versichert ist, eine private Pflegeversicherung abschließen (siehe ab Seite 233).

Nach § 2 SGB XI sollen die Leistungen der Pflegeversicherung den Pflegebedürftigen helfen, trotz ihres Hilfebedarfs ein möglichst selbstständiges und selbstbestimmtes Leben zu führen, das der Würde des Menschen entspricht. Die Hilfen sind darauf auszurichten, die körperlichen, geistigen und seelischen Kräfte der Pflegebedürftigen wiederzugewinnen oder zu erhalten.

Auf die religiösen Bedürfnisse der Pflegebedürftigen ist Rücksicht zu nehmen. Auf ihren Wunsch hin sollen sie stationäre Leistungen in einer Einrichtung erhalten, in der sie durch Geistliche ihres Bekenntnisses betreut werden.

§ 3 SGB XI sieht den Vorrang der häuslichen Pflege vor. Die Pflegeversicherung soll nämlich mit ihren Leistungen vorrangig die häusliche Pflege und die Pflegebereitschaft der Angehörigen und Nachbarn unterstützen, damit die Pflegebedürftigen möglichst lange in ihrer häuslichen Umgebung bleiben können.

Die Pflegekassen haben bei den zuständigen Leistungsträgern darauf hinzuwirken, dass frühzeitig alle geeigneten Leistungen der

Prävention, der Krankenbehandlung und zur medizinischen Rehabilitation eingeleitet werden, um den Eintritt von Pflegebedürftigkeit zu vermeiden.

Organisation von Pflege und Pflegeleistung

Um sich als Pflegender oder Pflegebedürftiger mit den gesetzlichen Regelungen der Pflegeversicherung zurechtzufinden oder um Ansprüche durchzusetzen, ist es wichtig, die allgemeine Organisation der Pflege zu kennen:

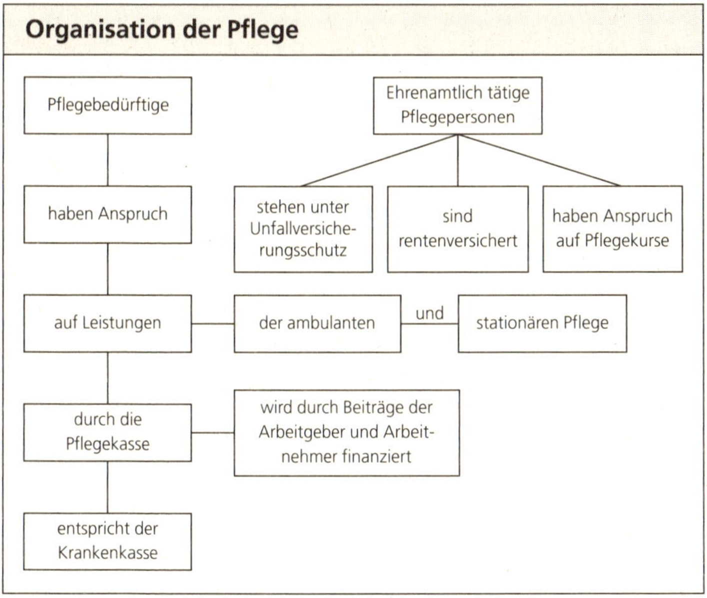

§ 7 SGB XI verpflichtet die Pflegekassen, die Eigenverantwortung der Versicherten durch Aufklärung und Beratung zu unterstützen.

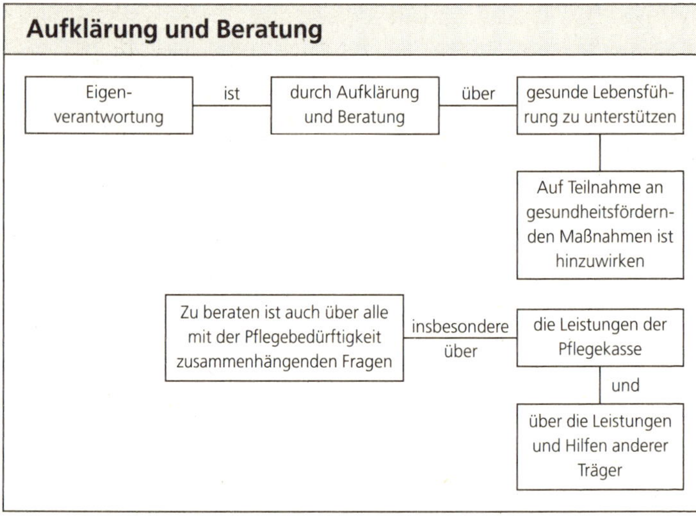

Versicherungspflicht und -freiheit, Befreiung von der Versicherungspflicht, freiwillige Versicherung

Wie bereits erwähnt, entspricht der versicherte Personenkreis der sozialen Pflegeversicherung dem der gesetzlichen Krankenversicherung.

Dies ergibt sich aus § 20 Abs. 1 SGB XI, welcher besagt, dass versicherungspflichtig in der sozialen Pflegeversicherung die versicherungspflichtigen Mitglieder der gesetzlichen Krankenversicherung sind. Klar ist, dass Rentenantragsteller und Rentner hier ebenfalls erfasst werden.

Wichtig: Freiwillige Mitglieder der gesetzlichen Krankenversicherung sind versicherungspflichtig in der sozialen Pflegeversicherung.

Bedeutsam ist auch § 20 Abs. 4 SGB XI, der sich damit beschäftigt, Missbrauch zu vermeiden. Nehmen danach Personen, die mindestens zehn Jahre nicht in der sozialen Pflegeversicherung oder der gesetzlichen Krankenversicherung versicherungspflichtig waren, eine dem äußeren Anschein nach versicherungspflichtige Beschäftigung oder selbstständige Tätigkeit von untergeordneter wirtschaftlicher Bedeutung auf, besteht die widerlegbare Vermutung, dass eine versicherungspflichtige Beschäftigung beziehungsweise Tätigkeit nicht ausgeübt wird. Dies gilt insbesondere für eine Beschäftigung bei Familienangehörigen oder Lebenspartnern.

§ 21 SGB XI sieht die Versicherungspflicht weiterer Personen vor, die nicht in der gesetzlichen Krankenversicherung versichert sind. Angesprochen sind hier beispielsweise Personen, die Leistungen nach dem Bundesversorgungsgesetz (BVG) erhalten oder Kriegsschadenrente beziehungsweise vergleichbare Leistungen nach dem Lastenausgleichsgesetz beziehen.

In § 24 SGB XI ist die Versicherungspflicht von Abgeordneten vorgesehen. § 23 SGB XI sieht dagegen die Versicherungspflicht für Versicherte der privaten Krankenversicherungsunternehmen vor.

Wer bei einem privaten Krankenversicherungsunternehmen versichert ist, ist hiernach verpflichtet, bei diesem Unternehmen zur Absicherung des Pflegerisikos einen Versicherungsvertrag abzuschließen. Unter bestimmten Voraussetzungen kann der Vertrag auch bei einem anderen privaten Versicherungsunternehmen abgeschlossen werden.

Auch Personen, die nach beamtenrechtlichen Vorschriften oder Grundsätzen bei Pflegebedürftigkeit einen Beihilfeanspruch haben, sind zum Abschluss einer entsprechenden anteiligen beihilfekonformen Versicherung verpflichtet. Das gilt allerdings nur, soweit sie nicht als freiwillig krankenversicherte Personen der Versicherungspflicht in der Pflegeversicherung unterliegen. Dies gilt auch für Heilfürsorgeberechtigte sowie beispielsweise für Mitglieder der Postbeamtenkrankenkasse und Mitglieder der Krankenversorgung der Bundesbahnbeamten.

Allerdings gelten die Vorschriften des § 23 SGB XI über den Abschluss privater Pflegeversicherungsverträge nicht für Personen, die sich auf nicht absehbare Dauer in stationärer Pflege befinden und bereits Pflegeleistungen nach anderen Gesetzen beziehen.

Wichtig: Das private Krankenversicherungsunternehmen, das die private Pflegeversicherung durchführt, ist verpflichtet:

- für die Feststellung der Pflegebedürftigkeit sowie für die Zustimmung zu einer Pflegestufe dieselben Maßstäbe wie in der sozialen Pflegeversicherung anzulegen
- die in der sozialen Pflegeversicherung zurückgelegte Versicherungszeit des Mitglieds und seiner familienversicherten Angehörigen oder Lebenspartner auf die Wartezeit anzurechnen (Versicherung von mindestens fünf Jahren in den letzten zehn Jahren vor Eintritt der Pflegebedürftigkeit)

Wer als freiwillig Krankenversicherter der Versicherungspflicht in der Pflegeversicherung unterliegt, kann nach § 22 SGB XI von dieser Versicherungspflicht befreit werden. Voraussetzung ist der Nachweis, dass er bei einem privaten Versicherungsunternehmen gegen Pflegebedürftigkeit versichert ist und für sich und seine Angehörigen oder Lebenspartner, die bei Versicherungspflicht familienversichert wären, Leistungen beanspruchen kann, die nach Art und Umfang den Leistungen der sozialen Pflegeversicherung entsprechen.

Der Antrag kann allerdings nur innerhalb von drei Monaten nach Beginn der Versicherungspflicht bei der Pflegekasse gestellt werden.

Die Möglichkeit der Weiterversicherung in der sozialen Pflegeversicherung enthält § 26 SGB XI. Wer als Versicherungspflichtiger nach den §§ 20, 21 SGB XI ausscheidet, kann sich auf Antrag in der sozialen Pflegeversicherung weiterversichern. Voraussetzung ist, dass der Betreffende in den letzten fünf Jahren vor dem Ausscheiden mindestens 24 Monate oder unmittelbar vor dem Ausscheiden mindestens zwölf Monate versichert war. Die Möglichkeit der Weiterversicherung besteht auch für Personen, die aus der Familienversicherung ausscheiden.

Auf Antrag weiterversichern können sich auch Personen, die wegen der Verlegung ihres Wohnsitzes oder gewöhnlichen Aufenthalts ins

Ausland aus der Versicherungspflicht ausscheiden. In diesen Fällen ist der Antrag bis spätestens einen Monat nach dem Ausscheiden bei der Pflegekasse zu stellen, bei der die Versicherung bestanden hat (siehe nachfolgende Ausführungen).

Personengruppen, die sonst keine Möglichkeit haben, der Versicherung oder Familienversicherung in der sozialen oder privaten Pflegeversicherung anzugehören, haben nach näherer Vorschrift des § 26a SGB XI ein Beitrittsrecht.

Die Möglichkeit, eine private Pflegeversicherung wegen Eintritts der Versicherungspflicht in der sozialen Versicherung zu kündigen, sieht § 27 SGB XI vor.

Zuständige Pflegekasse

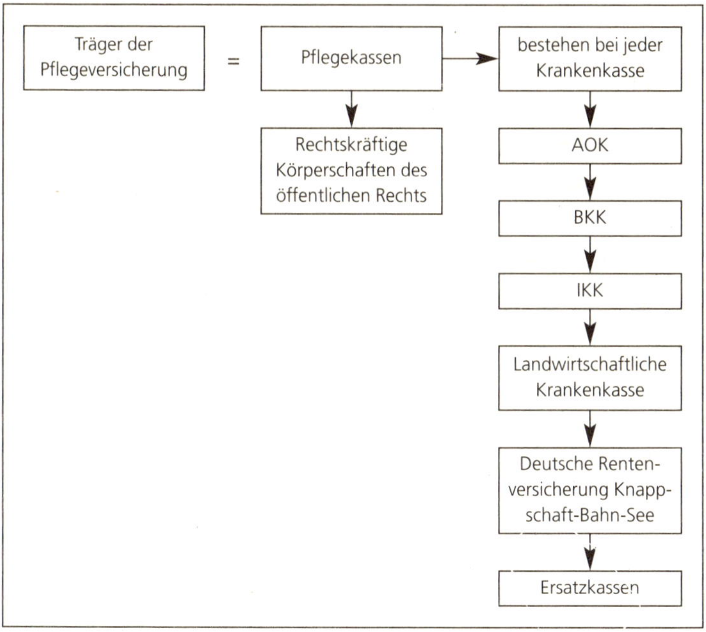

Für die Durchführung der Pflegeversicherung ist jeweils die Pflegekasse zuständig, die bei der Krankenkasse errichtet ist, bei der eine Pflichtmitgliedschaft oder freiwillige Mitgliedschaft besteht. Für Familienversicherte (siehe Seite 246) ist die Pflegekasse des Mitglieds zuständig.

Die Mitgliedschaft bei einer Pflegekasse beginnt mit dem Tag, an dem die versicherungsrechtlichen Voraussetzungen vorliegen. Sie endet mit dem Tod des Mitglieds oder nach Ablauf des Tages, an dem die Voraussetzungen für die Pflegeversicherung entfallen, sofern nicht das Recht zur Weiterversicherung (siehe ab Seite 234) ausgeübt wird.

Im Übrigen gelten für die Mitgliedschaft die Regelungen in der gesetzlichen Krankenversicherung entsprechend. Die Mitgliedschaft freiwillig Versicherter endet:

- mit dem Tod des Mitglieds
- mit Ablauf des übernächsten Kalendermonats, gerechnet von dem Monat, in dem das Mitglied den Austritt erklärt, wenn die Satzung der Pflegekasse nicht einen früheren Zeitpunkt bestimmt
- mit Ablauf des nächsten Zahltags, wenn für zwei Monate die fälligen Beiträge trotz Hinweises auf die Folgen nicht entrichtet wurden

Beitragspflicht

§ 54 Abs. 1 SGB XI enthält den Grundsatz, dass die Mittel für die Pflegeversicherung durch die Beiträge sowie sonstige Einnahmen gedeckt werden.

Der Beitragssatz ist bundeseinheitlich festgelegt. Er beläuft sich seit 01.07.2008 auf 1,95 Prozent der beitragspflichtigen Einnahmen.

Die beitragspflichtigen Einnahmen werden in gleicher Weise berechnet wie in der gesetzlichen Krankenversicherung (siehe Kapitel 2).

Insbesondere gilt dies auch für als Rentner versicherte Personen. Das bedeutet, dass Rentner Beiträge in voller Höhe zu zahlen haben, selbst wenn sie pflegebedürftig sind.

Rentner haben die Beträge alleine zu tragen. Eine Beteiligung des Rentenversicherungsträgers ist nicht vorgeschrieben. Auch gibt es keine Zuschüsse zum Versicherungsbeitrag.

Leistungsansprüche

Die Leistungen der Pflegeversicherung sind nach Sach- und Geldleistungen zu unterscheiden. Die meisten Leistungsarten sind ihrer Höhe nach davon abhängig, welcher Pflegestufe der Versicherte zugeordnet ist:

Pflegestufen

Pflegestufe I	Erheblich Pflegebedürftige	Hilfebedarf: für wenigstens zwei Verrichtungen mindestens einmal täglich zuzüglich mehrfach wöchentlich Hilfe in der hauswirtschaftlichen Versorgung
Pflegestufe II	Schwerpflegebedürftige	Hilfebedarf: mindestens dreimal täglich und mehrfach wöchentlich in der hauswirtschaftlichen Versorgung
Pflegestufe III	Schwerstpflegebedürftige	Hilfebedarf: täglich rund um die Uhr, auch nachts, zusätzlich mehrfach in der Woche Hilfen bei der hauswirtschaftlichen Versorgung

Als Voraussetzung für die Zuordnung zu einer bestimmten Pflegestufe wird jeweils ein bestimmter Hilfebedarf gefordert.

Hilfebedarf bei der Pflegestufe I

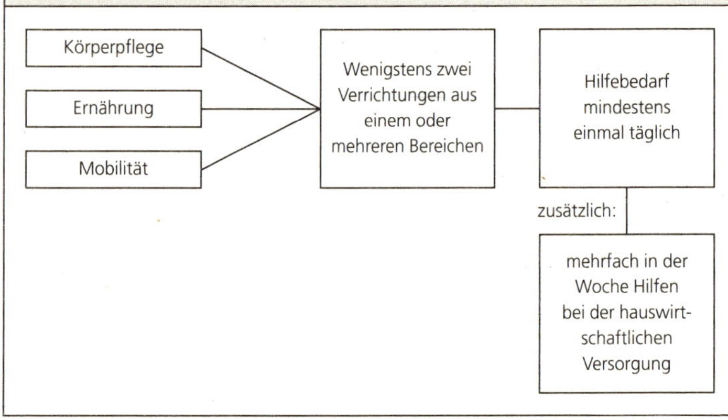

Hilfebedarf bei der Pflegestufe II

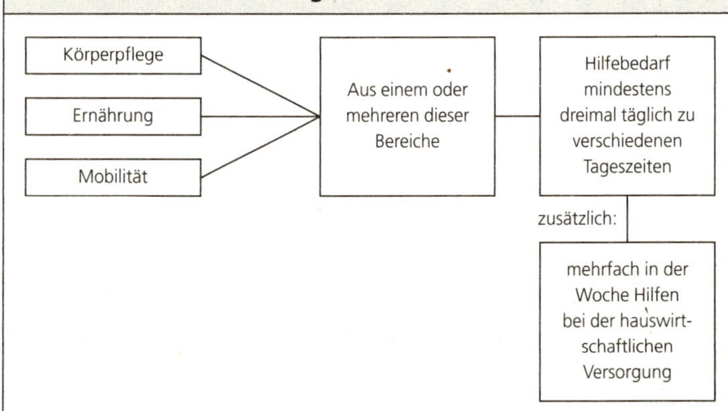

Hilfebedarf bei der Pflegestufe III

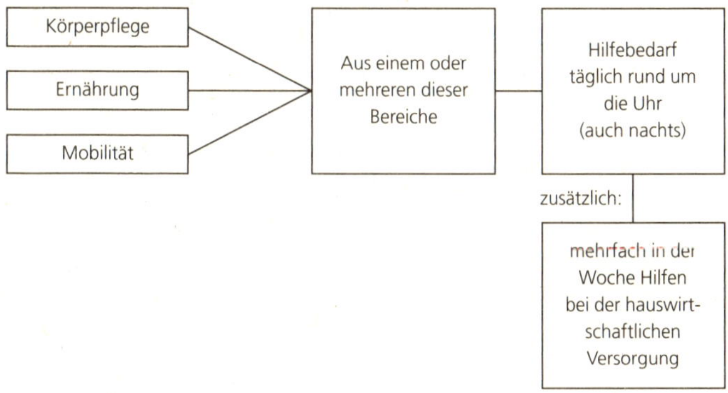

Nach § 36 SGB XI haben Pflegebedürftige bei häuslicher Pflege Anspruch auf

- Grundpflege
- hauswirtschaftliche Versorgung

Wichtig: Leistungen der häuslichen Pflege können auch gewährt werden, wenn Pflegebedürftige nicht in ihrem eigenen Haushalt gepflegt werden.

Aber: Sie sind nicht zulässig, wenn Pflegebedürftige in einer stationären Pflegeeinrichtung gepflegt werden (siehe ab Seite 243).

Häusliche Pflegehilfe wird durch geeignete Pflegekräfte erbracht, die entweder bei der Pflegekasse oder bei ambulanten Pflegeeinrichtungen, mit denen die Pflegekasse einen Versorgungsvertrag abgeschlossen hat, angestellt sind.

Die Pflegekasse kann auch mit Einzelpersonen einen Pflegevertrag schließen, die dann die häusliche Pflegehilfe als Sachleistung erbringen.

Pflegeversicherung

Der Anspruch auf häusliche Pflegehilfe umfasst zurzeit je Kalendermonat:

- für Pflegebedürftige der Pflegestufe I Pflegeeinsätze bis zu einem Gesamtwert von 420 Euro
- für Pflegebedürftige der Pflegestufe II Pflegeeinsätze bis zu einem Gesamtwert von 980 Euro
- für Pflegebedürftige der Pflegestufe III Pflegeeinsätze bis zu einem Gesamtwert von 1 470 Euro

In besonders gelagerten Einzelfällen können die Pflegekassen zur Vermeidung von Härten Pflegebedürftigen der Pflegestufe III weitere Pflegeeinsätze bis zu einem Gesamtwert von 1 918 Euro monatlich gewähren. Voraussetzung ist, dass ein außergewöhnlich hoher Pflegeaufwand vorliegt, der das übliche Maß der Pflegestufe III weit übersteigt. Dies liegt beispielsweise dann vor, wenn im Endstadium von Krebserkrankungen regelmäßig mehrfach auch in der Nacht Hilfe geleistet werden muss.

Anstelle der häuslichen Pflegehilfe können Pflegebedürftige ein Pflegegeld beantragen.

Das Pflegegeld beträgt zurzeit je Kalendermonat:

- für Pflegebedürftige der Pflegestufe I 215 Euro
- für Pflegebedürftige der Pflegestufe II 420 Euro
- für Pflegebedürftige der Pflegestufe III 675 Euro

Besteht der Anspruch nicht für den vollen Kalendermonat, ist der Geldbetrag entsprechend zu kürzen. Dabei ist der Kalendermonat mit 30 Tagen anzusetzen. Das Pflegegeld wird bis zum Ende des Kalendermonats geleistet, in dem der Pflegebedürftige gestorben ist.

Pflegebedürftige, die Pflegegeld beziehen, haben bei Pflegestufe I und II einmal halbjährlich, bei Pflegestufe III einmal vierteljährlich eine Beratung in der eigenen Häuslichkeit durch eine zugelassene Pflegeeinrichtung durchführen zu lassen. Kann dies nicht durch eine zugelassene Pflegeeinrichtung vor Ort gewährleistet werden, ist die Beratung durch eine von der Pflegekasse beauftragte, jedoch von ihr nicht angestellte Pflegefachkraft abzurufen.

Die Beratung dient der Sicherung der Qualität der häuslichen Pflege und der regelmäßigen Hilfestellung sowie der praktischen pflegefachlichen Unterstützung der häuslich Pflegenden. Die Vergütung für die Beratung ist von der zuständigen Pflegekasse, bei privat Pflegeversicherten von dem zuständigen privaten Krankenversicherungsunternehmen zu tragen. Im Fall der Beihilfeberechtigung sind die Beihilfefestsetzungsstellen anteilig für die Zahlung zuständig. Pflegebedürftige, bei denen ein erheblicher Bedarf an allgemeiner Beaufsichtigung und Betreuung festgestellt ist, sind berechtigt, den Beratungseinsatz halbjährlich in Anspruch zu nehmen.

Häusliche Pflege bei Verhinderung der Pflegeperson

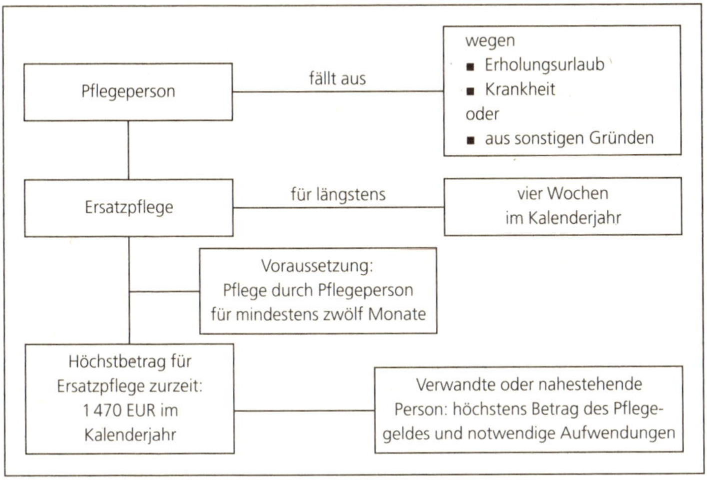

Nimmt der Pflegebedürftige die ihm zustehende Sachleistung lediglich teilweise in Anspruch, erhält er daneben ein anteiliges Pflegegeld. Das Pflegegeld wird um den Prozentsatz vermindert, in dem der Pflegebedüftige Sachleistungen in Anspruch genommen hat.

Wichtig: An die Entscheidung, in welchem Verhältnis er Geld- und Sachleistungen in Anspruch nehmen will, ist der Pflegebedürftige für die Dauer von sechs Monaten gebunden.

Pflegehilfsmittel und wohnumfeldverbessernde Maßnahmen

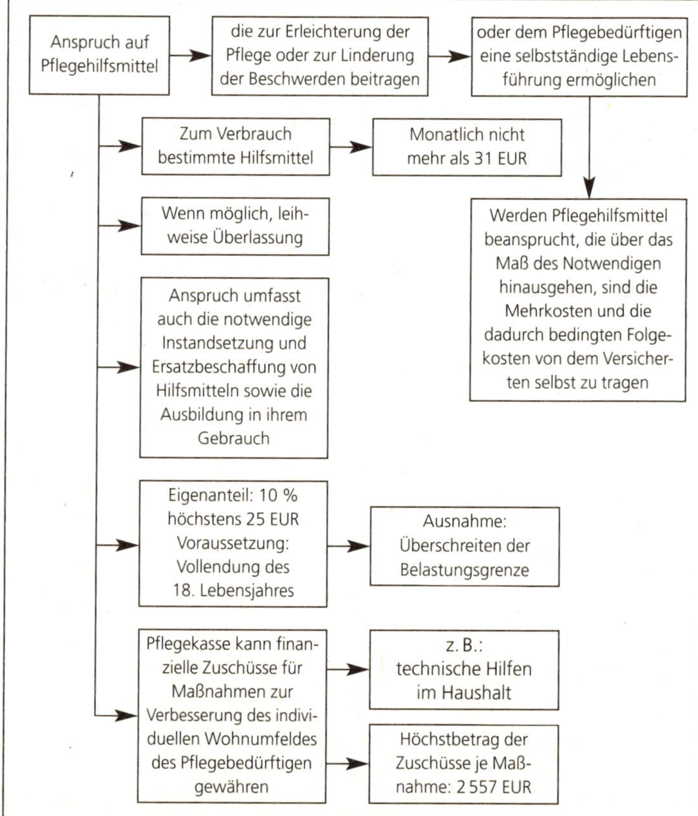

Leistungen für Pflegebedürftige mit erheblichem allgemeinem Betreuungsbedarf

Besondere Leistungen erhalten Personen, die sich in häuslicher Pflege befinden und bei denen neben dem Hilfebedarf im Bereich der Grundpflege und der hauswirtschaftlichen Versorgung ein erheblicher Bedarf an allgemeiner Beaufsichtigung und Betreuung gegeben ist.

Leistungsarten der stationären Pflege

Die Leistungsarten der stationären Pflege differenzieren sich wie folgt:

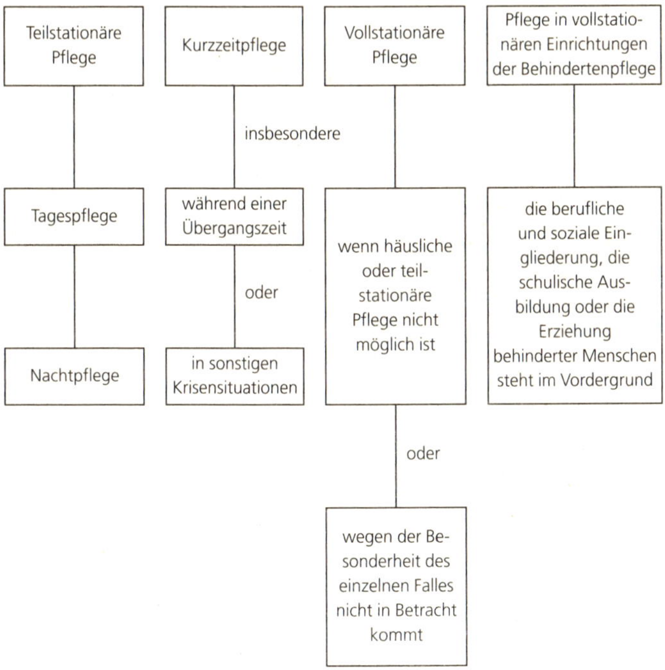

Teilstationäre Pflege

Die teilstationäre Pflege umfasst auch die notwendige Beförderung des Pflegebedürftigen von der Wohnung zur Einrichtung der Tages- oder der Nachtpflege und zurück.

§ 41 Abs. 2 SGB XI sieht eine pauschale Abgeltung der Leistungen der teilstationären Pflege vor. Die Kosten der teilstationären Pflege, die Aufwendungen der sozialen Betreuung sowie die Aufwendungen für die in der Einrichtung notwendigen Leistungen der medizinischen Behandlungspflege werden je Kalendermonat zurzeit wie folgt übernommen:

- für Pflegebedürftige der Pflegestufe I im Wert bis zu 420 Euro
- für Pflegebedürftige der Pflegestufe II im Wert bis zu 980 Euro
- für Pflegebedürftige der Pflegestufe III im Wert bis zu 1 470 Euro

Hier sind auch Kombinationen mit der Pflegesachleistung möglich.

Kann die häusliche Pflege zeitweise nicht, noch nicht oder nicht im erforderlichen Umfang erbracht werden und reicht auch teilstationäre Pflege nicht aus, besteht Anspruch auf Pflege in einer vollstationären Einrichtung. Dies gilt:

- für eine Übergangszeit im Anschluss an eine stationäre Behandlung der Pflegebedürftigkeit
- in sonstigen Krisensituationen, in denen vorübergehend häusliche oder teilstationäre Pflege nicht möglich oder nicht ausreichend sind

§ 42 SGB XI spricht hier von Kurzzeitpflege.

Der Anspruch auf Kurzzeitpflege ist auf vier Wochen pro Kalenderjahr beschränkt. Die Pflegekasse übernimmt die pflegebedürftigen Aufwendungen, die Aufwendungen der sozialen Betreuung sowie die Aufwendungen für Leistungen der medizinischen Behandlungspflege bis zu dem Gesamtbetrag von 1 470 Euro im Kalenderjahr.

Vollstationäre Pflege

Die Leistungen der vollstationären Pflege

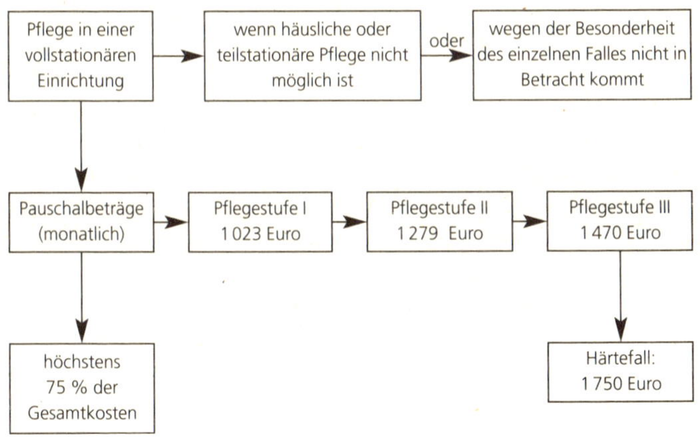

Den Begriff des Härtefalles regelt § 43 Abs. 3 SGB XI. Danach können die Pflegekassen bei Pflegebedürftigen der Pflegestufe III zur Vermeidung von Härten die pflegebedingten Aufwendungen, die Aufwendungen der sozialen Betreuung sowie die Aufwendungen für Leistungen der medizinischen Behandlungspflege bis zu dem Gesamtbetrag von 1 750 Euro monatlich übernehmen. Voraussetzung ist, dass ein außergewöhnlich hoher und intensiver Pflegeaufwand erforderlich ist. Dieser Pflegeaufwand muss das übliche Maß der Pflegestufe III weit übersteigen. Als Beispiele führt das Gesetz Apalliker, schwere Demenz oder das Endstadium von Krebserkrankungen auf.

Wählen Pflegebedürftige vollstationäre Pflege, obwohl diese nach Feststellungen der Pflegekasse nicht erforderlich ist, erhalten sie zu den pflegebedingten Aufwendungen einen Zuschuss. Dieser Zuschuss wird in Höhe des für die Pflegesachleistung der jeweiligen Pflegestufe zugeordneten Betrages gewährt.

§ 43a SGB XI regelt die Pflege in vollstationären Einrichtungen der Hilfe für behinderte Menschen.

In dieser vollstationären Einrichtung muss die Teilhabe am Arbeitsleben und am Leben in der Gemeinschaft, die schulische Ausbildung oder die Erziehung behinderter Menschen im Vordergrund stehen. Hier werden zehn Prozent des im Rahmen der Sozialhilfe vereinbarten Heimentgelts übernommen.

Die Aufwendungen der Pflegekasse dürfen im Einzelfall je Kalendermonat 256 Euro nicht überschreiten. Wird für die Tage, an denen die pflegebedürftigen Behinderten zu Hause gepflegt und betreut werden, anteiliges Pflegegeld beansprucht, gelten die Tage der An- und Abreise als volle Tage der häuslichen Pflege.

Familienversicherung

§ 25 SGB XI regelt die Familienversicherung der Pflegeversicherung. Danach sind versichert:

- der Ehegatte
- der (gleichgeschlechtliche) Lebenspartner
- die Kinder von Mitgliedern
- die Kinder von familienversicherten Kindern

Die Voraussetzungen entsprechen denen in der gesetzlichen Krankenversicherung (siehe Seite 217).

Auch die Dauer des Anspruchs für Kinder entspricht dem in der gesetzlichen Krankenversicherung. Wie dort ist die Familienversicherung kostenfrei.

Unfallversicherung

9

Versicherter Personenkreis

Rechtsgrundlage für die gesetzliche Unfallversicherung ist das Sozialgesetzbuch – Siebtes Buch (SGB VII). Rentenantragsteller und Rentner sind hier selbstverständlich nicht als Versicherte aufgeführt. Allerdings enthält § 2 SGB VII eine umfangreiche Aufzählung versicherter Personen, zu denen durchaus Rentner beziehungsweise Rentenantragsteller zählen können.

Die größte Personengruppe ist zweifellos die der Beschäftigten. Hier werden Rentner dann erfasst, wenn sie neben ihrer Rente eine Beschäftigung ausüben. Bezüglich der Frage, wieweit das rentenunschädlich möglich ist, beachten Sie bitte die Ausführungen ab Seite 266.

Um in den Schutz der gesetzlichen Unfallversicherung zu gelangen, ist es nicht erforderlich, dass die Beschäftigung versicherungspflichtig in der Kranken-, Pflege-, Renten- und Arbeitslosenversicherung ist. Es reicht auch beispielsweise aus, dass ein Rentner einen versicherungsfreien sog. 400-Euro-Job ausübt.

Auch die in letzter Zeit oft in der Öffentlichkeit erwähnten Ein-Euro-Jobs werden hier erfasst. Der gesetzlichen Unfallversicherung unterliegen nicht nur sämtliche Arbeitnehmer, sondern auch Personen, die wie Arbeitnehmer tätig werden (siehe Seite 252).

Unfallversichert sind auch behinderte Menschen, die in anerkannten Werkstätten für behinderte Menschen oder in nach dem Blindenwarenvertriebsgesetz anerkannten Blindenwerkstätten oder für diese Einrichtungen in Heimarbeit tätig sind.

Gerade bei Rentnern sind ehrenamtliche Tätigkeiten weit verbreitet. Dem Unfallversicherungsschutz sind hier insbesondere Personen unterstellt, die für Körperschaften, Anstalten oder Stiftungen des öffentlichen Rechts oder deren Verbände beziehungsweise Arbeitsgemeinschaften tätig sind.

Das gilt auch:

- für die ehrenamtliche Tätigkeit der privatrechtlichen Organisationen im Auftrag oder mit ausdrücklicher Einwilligung, in besonderen Fällen mit schriftlicher Genehmigung von Gebietskörperschaften, wenn sie an Ausbildungsveranstaltungen für diese Tätigkeit teilnehmen
- für Personen, die für öffentlich-rechtliche Religionsgemeinschaften und deren Einrichtungen oder für privatrechtliche Organisationen unter den vorstehend geschilderten Voraussetzungen tätig sind oder an Ausbildungsveranstaltungen für diese Tätigkeit teilnehmen

Wer bei Unglücksfällen oder gemeiner Gefahr oder Not Hilfe leistet, untersteht dem Versicherungsschutz. Voraussetzung ist allerdings, dass die Rettungshandlung wesentlich dem Zweck dient, eine drohende Gefahr von anderen Personen abzuwenden.

Eine Hilfeleistung bei gemeiner Gefahr setzt voraus, dass der Eingreifende nach den gegebenen Umständen annehmen darf, es bestehe die naheliegende Möglichkeit eines Schadens für diese Personen. Werden Rettungsmaßnahmen allerdings im Wesentlichen deshalb unternommen, um das eigene Leben zu retten, besteht kein Unfallversicherungsschutz.

Manchmal ist es schwierig, zu erkennen, ob jemand wirklich in Lebensgefahr schwebt. Für den Unfallversicherungsschutz des „Retters" kommt es nur darauf an, ob er nach den vorliegenden Umständen annehmen durfte, dass eine solche Gefahr vorlag. Hilft jemand einem anderen, der widerrechtlich angegriffen wurde, und wird der Helfer dabei verletzt, so steht er unter Unfallversicherungsschutz.

Das Gleiche gilt, wenn jemand eine Person verfolgt, die verdächtig ist, eine Straftat begangen zu haben. Verfolgt also beispielsweise ein Passant einen Bankräuber und wird er von diesem angeschossen, besteht ein Entschädigungsanspruch gegen die gesetzliche Unfallversicherung.

Sind Personen ehrenamtlich in einem Unternehmen tätig, das Hilfe bei Unglücksfällen leistet, z. B. Deutsches Rotes Kreuz, dann besteht Unfallversicherungsschutz. Das gilt auch bei einer Beschäftigung im Zivilschutz.

Ebenso unterliegen zur Beweiserhebung herangezogene Zeugen dem Versicherungsschutz.

Personen, die auf Kosten

- einer Krankenkasse,
- eines Trägers der gesetzlichen Rentenversicherung,
- einer landwirtschaftlichen Alterskasse

stationäre oder teilstationäre Behandlung erhalten, stehen unter Unfallversicherungsschutz. Das gilt auch für Personen, die stationäre, teilstationäre oder ambulante Leistungen zur medizinischen Rehabilitation erhalten. Es gilt ferner für Personen, die zur Vorbereitung von Leistungen zur Teilhabe am Arbeitsleben auf Aufforderung eines

- Trägers der gesetzlichen Rentenversicherung oder
- der Bundesagentur für Arbeit

diese Träger oder eine andere Stelle aufsuchen.

Unfallversichert ist auch, wer auf Kosten eines Unfallversicherungsträgers an vorbeugenden Maßnahmen nach der Berufskrankheiten-Verordnung teilnimmt.

Unfall bei Selbsthilfe

Verunglückt jemand, der bei Schaffung öffentlich geförderten Wohnraums im Rahmen der Selbsthilfe tätig ist, steht er unter Unfallversicherungsschutz. Zur Selbsthilfe gehören alle Arbeitsleistungen, die zur Durchführung des Bauvorhabens erbracht werden.

Wer deshalb beispielsweise einen Architekten aufsucht, um von diesem Anweisungen über Art und Weise des Bauvorhabens einzuholen, ist bei einem Unfall auf diesem Weg versichert.

Auch vorbereitende Maßnahmen, wie der Abriss bestehender Gebäude, stehen unter Unfallversicherungsschutz.

Hilft ein Nachbar unentgeltlich bei Schaffung öffentlich geförderten Wohnraums mit (Nachbarschaftshilfe) und verletzt er sich dabei, hat er Anspruch gegen die gesetzliche Unfallversicherung. Die Unentgeltlichkeit wird nicht dadurch beeinträchtigt, dass der Nachbar beköstigt wird.

Blutspender und Spender körpereigenen Gewebes

Personen, die Blut oder körpereigenes Gewebe spenden, stehen unter Unfallversicherungsschutz. Allerdings ist die sog. Eigenblutspende nicht unfallversichert. Es geht hier darum, dass Blut für eine spätere Operation des „Spenders" entnommen und gelagert wird.

Unter dem Begriff „körpereigenes Gewebe" fallen alle Teile oder Organe des Körpers. Angesprochen sind beispielsweise Haut, Augen, Nieren, Knochenteile und so weiter.

Pflegende

Die Pflegeversicherung (siehe ab Seite 229) sieht nicht nur Rechte für Pflegebedürftige, sondern auch für die Personen vor, die sie pflegen. So stehen Pflegepersonen bei Pflege eines Pflegebedürftigen unter Unfallversicherungsschutz.

Die versicherte Tätigkeit umfasst Pflegetätigkeiten in den Bereichen:

- Körperpflege
- Ernährung

- Mobilität
- hauswirtschaftliche Versorgung

Die Pflegetätigkeit darf allerdings nicht erwerbsmäßig betrieben werden. Bei nahen Verwandten und sonstigen Familienangehörigen ist allgemein davon auszugehen, dass keine Erwerbstätigkeit vorliegt.

Eine Pflegetätigkeit ist immer dann erwerbsmäßig, wenn sie im Rahmen eines Arbeitsverhältnisses ausgeübt wird. Ereignet sich hier ein Unfall, besteht Versicherungsschutz nicht als Pflegender, sondern als Arbeitnehmer.

Wer wie ein Arbeitnehmer tätig wird

Unter Unfallversicherungsschutz steht auch derjenige, der wie ein Arbeitnehmer tätig wird. Das gilt im Übrigen auch für Inhaftierte, die wie Beschäftigte tätig werden.

Gefälligkeitshandlungen, die ihr Gepräge aus einem familienähnlichen Gemeinschaftsverhältnis erhalten, sind keine arbeitnehmerähnlichen Tätigkeiten. Deshalb unterliegen sie nicht dem gesetzlichen Versicherungsschutz.

Beispiel:

- Ein Verwandter hilft bei Beseitigung hinderlicher Äste von einem Birnbaum. Dabei wird er verletzt. Es handelt sich hier nach einer Entscheidung des Bundessozialgerichts (BSG) um eine kurzerhand geleistete verwandtschaftliche Hilfeleistung. Sie steht nicht unter Unfallversicherungsschutz.
- Hilft jemand dem Fahrer eines Lastwagens, der Getränkeflaschen befördert, dabei, Scherben aus einer heruntergefallenen Kiste zu beseitigen, handelt er wie ein Arbeitnehmer. Verletzt er sich bei dieser Tätigkeit, so steht er unter Unfallversicherungsschutz.

Wichtig: Ist jemand bei einer Tätigkeit wie ein Arbeitnehmer verletzt worden, ist der Unfallversicherungsträger zuständig, der für das betreffende Unternehmen maßgebend ist. Im letzten Beispiel ist also die Berufsgenossenschaft maßgebend, die für den Arbeitgeber des Lastkraftwagenfahrers zuständig ist.

Zuständiger Unfallversicherungsträger

Es gibt zahlreiche gesetzliche Unfallversicherungsträger in der Bundesrepublik Deutschland. In letzter Zeit sind allerdings starke Konzentrationsbemühungen zu beobachten. So haben einige gewerbliche Berufsgenossenschaften fusioniert. Weitere Fusionen sind gesetzlich vorgeschrieben.

Die gewerblichen Berufsgenossenschaften sind für alle Versicherten zuständig, die in Betrieben der jeweiligen Branche beschäftigt sind. Das gilt auch für Personen, die wie Arbeitnehmer tätig werden (siehe Seite 252).

Das gilt übrigens auch für den landwirtschaftlichen Bereich. Hier entscheidet die regionale Zuständigkeit der landwirtschaftlichen Berufsgenossenschaften.

Der Bund als Unfallversicherungsträger ist für seine Unternehmen, aber beispielsweise auch für Personen, die im Zivilschutz tätig sind, zuständig.

Die Unfallversicherungsträger der Bundesländer sind ebenfalls für ihre Unternehmen, darüber hinaus aber für zahlreiche andere Versicherte zuständig. Dabei handelt es sich um Personen, die nicht Arbeitnehmer sind.

Beispielsweise sind hier versichert:

- Personen, die bei Unglücksfällen oder gemeiner Gefahr oder Not Hilfe leisten oder einen anderen aus erheblicher gegenwärtiger Gefahr für seine Gesundheit retten

- Personen, die sich bei der Verfolgung oder Festnahme einer Person, die einer Straftat verdächtig ist, oder zum Schutze eines widerrechtlich Angegriffenen persönlich einsetzen

Die Unfallversicherungsträger der Kommunen sind für die Unternehmen der Gemeinden und Gemeindeverbände zuständig. Außerdem sind Arbeitnehmer im Haushalt bei ihnen versichert. Zuständig sind sie auch für Personen, die bei den Arbeitsbeschaffungsmaßnahmen der Sozialhilfeträger (Sozialämter) tätig sind.

Verrichtet jemand Eigenarbeiten beim Eigenheimbau (Haus, Wohnung), ist er ebenfalls bei einem kommunalen Träger versichert. Angesprochen sind hier nicht gewerbsmäßig ausgeübte Bauarbeiten.

Pflegepersonen im Sinne der Pflegeversicherung sind ebenfalls hier versichert (siehe ab Seite 251).

Zu beachten ist in diesem Zusammenhang, dass die Satzung der Unfallversicherungsträger im Landesbereich den Versicherungsschutz auf ehrenamtlich Tätige und bürgerschaftlich Engagierte erstrecken kann, die in dieser Tätigkeit nicht bereits der Versicherungspflicht unterliegen.

Versicherungsfälle

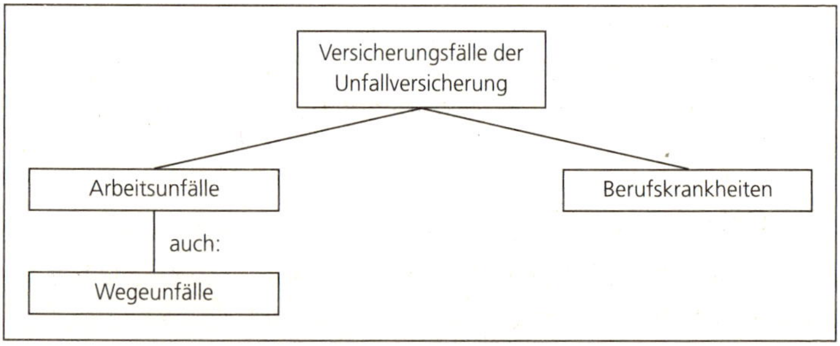

Definition: Arbeitsunfall

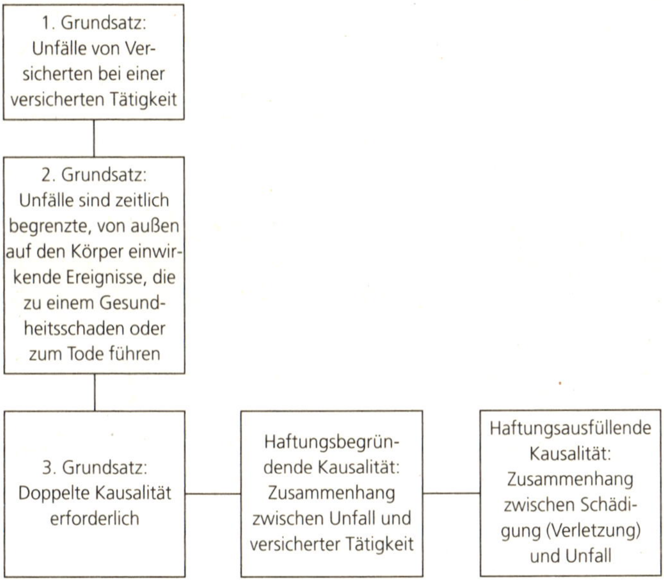

Bei Klärung der Frage, ob ein Arbeitsunfall vorliegt oder nicht, muss zunächst überprüft werden, ob sich der Unfall bei einer versicherten Tätigkeit ereignet hat (siehe ab Seite 248).

Verletzt sich ein Arbeitnehmer direkt bei der betrieblichen Tätigkeit, ist die Frage, ob ein Arbeitsunfall vorliegt, in der Regel einfach zu beweisen. Komplizierter ist es manchmal bei anderen Personenkreisen.

Beispiel:

Ein Blutspender wird beim Einsetzen der Kanüle verletzt. Hier liegt ein Arbeitsunfall vor. Gleiches gilt, wenn ein Gewebespender bei der Gewebeentnahme verletzt wird.

Auch Wegeunfälle sind Arbeitsunfälle

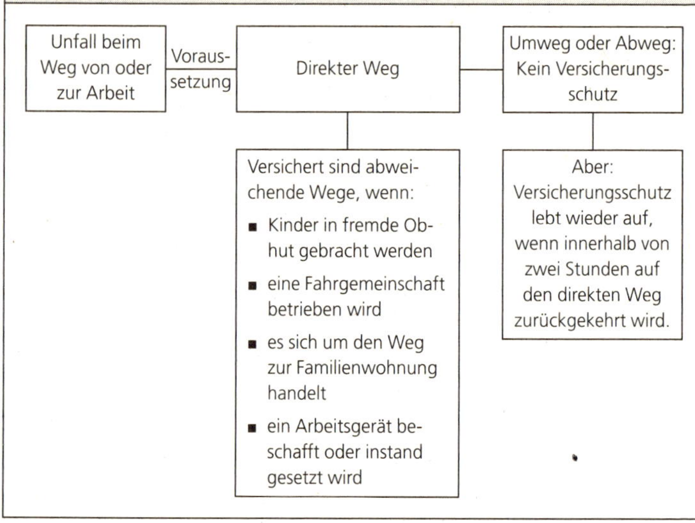

Wegeunfälle ereignen sich nicht nur auf dem Weg zur Fabrik, dem Verwaltungsgebäude, der Werkstätte, sondern beispielsweise auch dann, wenn sich ein Blutspender auf den Weg zu dem Ort macht, an dem die Blutentnahme erfolgen soll.

Das Gesetz fordert lediglich, dass sich der Unfall beim Zurücklegen des mit der versicherten Tätigkeit zusammenhängenden unmittelbaren Weges nach und von dem Ort der Tätigkeit ereignet.

Hat sich ein Arbeitsunfall ereignet, muss der Arbeitgeber (Unternehmer) dem zuständigen Unfallversicherungsträger eine Unfallanzeige erstatten. Dies funktioniert ziemlich reibungslos, wenn es sich um reine Betriebsunfälle handelt, ist aber schwieriger in der Durchführung, wenn es sich um einen Unfall beispielsweise bei einer (versicherten) ehrenamtlichen Tätigkeit handelt. Das Gleiche gilt z. B. bei Blut- und Gewebespendern.

Praxis-Tipp:

Die gesetzlichen Unfallversicherungsträger sind zwar verpflichtet, von Amts wegen tätig zu werden. Trotzdem sollten Sie sich, falls Sie der Auffassung sind, einen Arbeitsunfall außerhalb einer Arbeitnehmerbeschäftigung erlitten zu haben, an den zuständigen Unfallversicherungsträger wenden, um dort die Frage des Arbeitsunfalles klären zu lassen. Entsprechende Auskünfte geben auch die Gemeinden und Versicherungsämter.

Sie sollten auch einen vom Unfallversicherungsträger bestellten Arzt (Durchgangsarzt – D-Arzt) aufsuchen. Ihr behandelnder Hausarzt ist verpflichtet, Sie an einen solchen Arzt zu verweisen, wenn er Anhaltspunkte für das Bestehen eines Arbeitsunfalles hat.

Leistungsansprüche

Leistungen bei Arbeitsunfall und Berufskrankheit

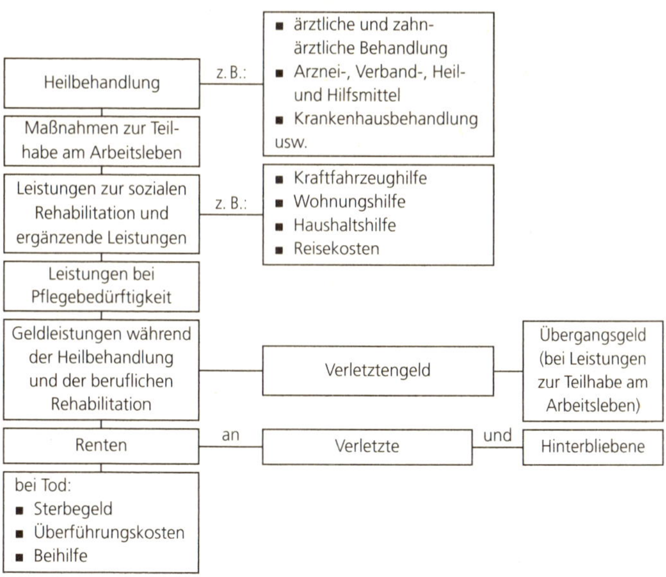

Unfallversicherung

Nach Eintritt eines Versicherungsfalles hat der Unfallversicherungsträger mit allen geeigneten Mitteln möglichst frühzeitig

- den durch den Versicherungsfall verursachten Gesundheitsschaden zu beseitigen oder zu bessern, seine Verschlimmerung zu verhüten und seine Folgen zu mildern,
- den Versicherten einen ihren Neigungen und Fähigkeiten entsprechenden Platz im Arbeitsleben zu sichern,
- Hilfen zur Bewältigung der Anforderungen des täglichen Lebens und zur Teilhabe am Leben in der Gemeinschaft sowie zur Führung eines möglichst selbstständigen Lebens unter Berücksichtigung von Art und Schwere des Gesundheitsschadens bereitzustellen,
- ergänzende Leistungen zur Heilbehandlung und zu Leistungen zur Teilhabe am Arbeitsleben und am Leben in der Gemeinschaft zu erbringen,
- Leistungen bei Pflegebedürftigkeit zu erbringen.

Die sicherlich wichtigste Leistung ist die Verletztenrente:

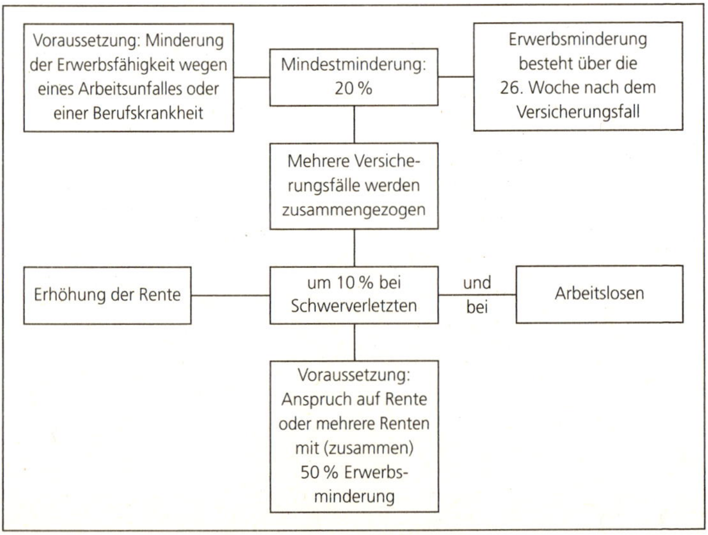

Die Renten werden aus dem Jahresarbeitsverdienst des Versicherten berechnet. Die Höchstgrenzen des Jahresarbeitsverdienstes ergeben sich aus der Satzung des jeweiligen Unfallversicherungsträgers. In § 85 SGB II wird der Mindestjahresarbeitsverdienst geregelt, der für solche Personen von Interesse ist, die wie Rentner nicht in einem Beschäftigungsverhältnis stehen.

Der Jahresarbeitsverdienst beträgt mindestens:

- 40 Prozent für Versicherte, die im Zeitpunkt des Versicherungsfalls das 15., aber noch nicht das 18. Lebensjahr vollendet haben
- 60 Prozent für Versicherte, die im Zeitpunkt des Versicherungsfalls das 18. Lebensjahr vollendet haben

der im Zeitpunkt des Versicherungsfalls maßgebenden Bezugsgröße.

- 40 Prozent der Bezugsgröße sind im Jahr 2009:

  in den alten Bundesländern 12 096 Euro

  in den neuen Bundesländern 10 248 Euro

- 60 Prozent der Bezugsgröße sind im Jahr 2009:

  in den alten Bundesländern 18 144 Euro

  in den neuen Bundesländern 15 372 Euro

Diese Werte ändern sich regelmäßig zu Jahresbeginn. Treffen Rentenansprüche der gesetzlichen Unfallversicherung mit solchen der gesetzlichen Rentenversicherung zusammen, gibt es Anrechnungsvorschriften.

Rentenversicherung: Versicherungspflicht, Beiträge, Leistungen, Hinzuverdienstgrenzen

10

Versicherungspflicht und -freiheit

Rechtsgrundlage für die gesetzliche Rentenversicherung ist das Sozialgesetzbuch – Sechstes Buch (SGB VI). Wie beispielsweise die Krankenversicherung, ist die gesetzliche Rentenversicherung in erster Linie eine Versicherung der Arbeitnehmer. Allerdings sind auch bestimmte selbstständig Tätige versicherungspflichtig (§ 2 SGB VI). Zu nennen sind hier beispielsweise Lehrer und Erzieher sowie Hebammen und Entbindungspfleger.

Versicherungspflichtig sind unter anderem auch Personen in der Zeit, für die ihnen Kindererziehungszeiten anzurechnen sind. Außerdem sind Personen in der Zeit versicherungspflichtig, für die sie von einem Leistungsträger Krankengeld, Verletztengeld, Versorgungskrankengeld, Übergangsgeld oder Arbeitslosengeld beziehen. Voraussetzung ist allerdings, dass sie im letzten Jahr vor Beginn der jeweiligen Leistungen zuletzt versicherungspflichtig waren.

§ 4 SGB VI regelt die Versicherungspflicht auf Antrag. Hiervon werden etwa Personen erfasst, die eine der vorstehend aufgeführten Sozialleistungen beziehen, jedoch nicht versicherungspflichtig sind. Auf Antrag versicherungspflichtig sind auch Personen, die nur deshalb keinen Anspruch auf Krankengeld haben, weil sie nicht in der gesetzlichen Krankenversicherung versichert sind. Gleiches gilt für solche Personen, die in der gesetzlichen Krankenversicherung ohne Anspruch auf Krankengeld versichert sind. Die Versicherungspflicht auf Antrag erstreckt sich auf die Zeit der Arbeitsunfähigkeit oder der Ausführung von Leistungen zur medizinischen Rehabilitation oder zur Teilhabe am Arbeitsleben.

Voraussetzung für die Versicherungspflicht auf Antrag ist in diesen Fällen, dass die betreffenden Personen im letzten Jahr vor Beginn der Arbeitsunfähigkeit oder der Rehabilitationsleistungen oder der Leistungen zur Teilhabe am Arbeitsleben zuletzt versicherungspflichtig waren. Die Versicherungspflicht besteht für längstens 18 Monate.

Versicherungspflichtig kraft Gesetzes sind im Übrigen auch Personen in der Zeit, in der sie einen Pflegebedürftigen im Sinne des SGB XI (siehe ab Seite 229) nicht erwerbsmäßig wenigstens 14 Stunden wöchentlich in seiner häuslichen Umgebung pflegen. Das Gesetz spricht von nicht erwerbsmäßig tätigen Pflegepersonen.

Rentenversicherungspflicht im Niedriglohnbereich

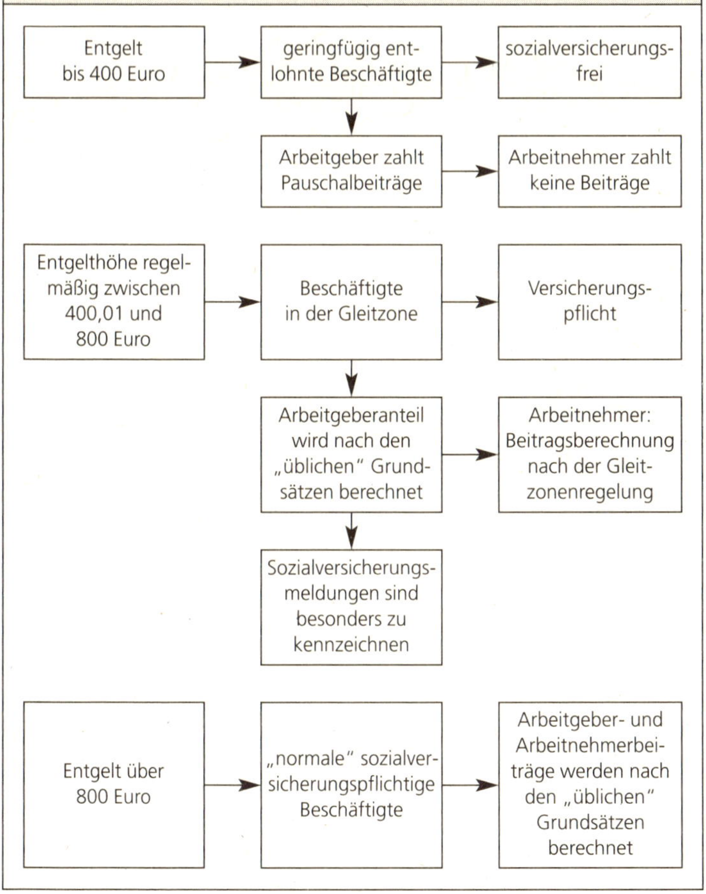

Voraussetzung ist, dass der Pflegebedürftige Anspruch auf Leistungen aus der sozialen oder einer privaten Pflegeversicherung hat.

Eine Versicherungspflicht für Rentner ist in der Rentenversicherung schon deshalb nicht vorgesehen, weil dieser Versicherungszweig bei einem Rentenbezug vom Ende der Versicherungszeit ausgeht. Das ist allerdings nicht immer so, das heißt, es gibt viele Rentner, die ein Beschäftigungsverhältnis neben ihrer Rente aufnehmen beziehungsweise weiterführen.

Dies gilt insbesondere für den Bereich der Teilzeitkräfte und Aushilfen. Es wird hier auch vom Niedriglohnbereich gesprochen, in dem sehr oft Rentner tätig sind.

Die Versicherungsfreiheit geringfügig Beschäftigter ergibt sich aus § 5 Abs. 2 SGB VI. In § 5 Abs. 4 SGB VI wird die Versicherungsfreiheit bestimmter älterer Personen geregelt. Danach ist nämlich versicherungsfrei:

- wer eine Vollrente wegen Alters bezieht
- wer nach beamtenrechtlichen Vorschriften, Grundsätzen, entsprechenden kirchenrechtlichen Regelungen oder nach den Regelungen einer berufsständischen Versorgungseinrichtung eine Versorgung nach Erreichen einer Altersgrenze bezieht (das Gleiche gilt für Personen, die etwa in einer religiösen Gemeinschaft die dort übliche Altersversorgung erhalten)
- wer bis zur Vollendung des 65. Lebensjahres nicht versichert war oder nach Vollendung des 65. Lebensjahres eine Beitragserstattung aus seiner Versicherung erhalten hat

Es ist gleichgültig, welche Vollrente wegen Alters bezogen wird. Hier sind zu unterscheiden:

- die Regelaltersrente
- die Altersrente für langjährige Versicherte
- die Altersrente für Frauen
- die Altersrente für schwerbehinderte Menschen
- die Altersrente wegen Arbeitslosigkeit oder nach einer Altersteilzeit

Die Regelaltersrente wird zur Zeit noch ab Vollendung des 65. Lebensjahres gewährt. Für Versicherte, die nach dem 31.12.1948 geboren sind, wird die Altersgrenze von 65 Jahren angehoben. Davon gibt es Ausnahmen für besonders langjährige Versicherte. Geplant ist, die hier maßgebende Altersgrenze auf 67 Jahre anzuheben. Dies soll ab dem Jahr 2012 schrittweise erfolgen.

Die gesetzliche Rentenversicherung kennt auch eine freiwillige Versicherung, die in § 7 SGB VI geregelt ist. Danach können sich Personen, die nicht versicherungspflichtig sind, für Zeiten von der Vollendung des 16. Lebensjahres an freiwillig versichern.

Wichtig: Nach bindender Bewilligung einer Vollrente wegen Alters oder für Zeiten des Bezugs einer solchen Rente ist eine freiwillige Versicherung nicht zulässig.

Beitragspflicht

In dem vorausgegangenen Schaubild (auf Seite 263) ist bereits darauf hingewiesen worden, dass für sog. geringfügig Beschäftigte (400-Euro-Jobs) die Arbeitgeber einen Pauschalbeitrag zu zahlen haben. Die Arbeitnehmer zahlen hier keine Beiträge, können aber beantragen, dass die Versicherungsfreiheit in der Rentenversicherung (und nur hier) wegfällt. In diesem Falle zahlen sie die Differenz zwischen dem Pauschalbeitrag des Arbeitgebers und dem wirklichen Beitrag selbst.

Allerdings gelten auch hier die auf Seite 264 aufgeführten Regelungen über die Versicherungsfreiheit von beispielsweise Beziehern einer Vollrente wegen Alters.

In diesem Zusammenhang ist auch zu erwähnen, dass Personen, die wegen der Gleitzonenregelung geringere Beiträge als üblich zahlen, auf die Anwendung dieser Regelung in der gesetzlichen Rentenversicherung verzichten können. Sie müssen dann die vollen Beiträge zahlen. Der Arbeitgeber hat dies auf jeden Fall zu tun. Die Gleitzonenregelung dient dazu, im Niedriglohnbereich die Versicherten geringer zu belasten.

§ 172 SGB VI sieht vor, dass Arbeitgeber trotz Versicherungsfreiheit ihrer Arbeitnehmer ihren Arbeitgeberanteil zu entrichten haben. Diese Vorschrift soll verhindern, dass Arbeitgeber bevorzugt Personen der angesprochenen Art einstellen. Es handelt sich hier um Beschäftigte, die versicherungsfrei sind:

- als Bezieher einer Vollrente wegen Alters
- als Versorgungsbezieher
- wegen Vollendung des 65. Lebensjahres
- wegen einer Beitragserstattung

Hier tragen die Arbeitgeber die Hälfte des Beitrags, der zu zahlen wäre, wenn die Beschäftigten versicherungspflichtig wären. Besonderheiten gelten hier in der Rentenversicherung für Bergleute (knappschaftliche Rentenversicherung).

Die Beiträge für nicht erwerbsmäßig tätige Pflegepersonen hat die Pflegekasse beziehungsweise bei in einem privaten Versicherungsunternehmen Versicherten dieses Unternehmen zu zahlen.

Die Beiträge für Kindererziehungszeiten werden vom Bund getragen. Wer Krankengeld oder Verletztengeld bezieht, hat die Beiträge aus diesen Leistungen zur Hälfte zu tragen. Die andere Hälfte trägt der Leistungsträger. Bei Beziehern von Versorgungskrankengeld, Übergangsgeld oder Arbeitslosengeld werden die Beiträge von den Leistungsträgern allein aufgebracht. Für die knappschaftliche Rentenversicherung gelten Sonderregelungen.

Hinzuverdienst bei Rentenbezug

Rentner, die eine Beschäftigung aufnehmen wollen, befürchten oft, damit ihre Rentenansprüche zu gefährden. Es ist deshalb für sie von besonderer Wichtigkeit, zu wissen, in welchen Fällen sie ihre Rente trotz Entgeltbezug erhalten können:

Was neben der Rente hinzuverdient werden darf

Regelaltersrente (vom vollendeten 65. Lebensjahr an)	**Altersrente** (bis zur Vollendung des 65. Lebensjahres)	**Erwerbsminderungsrente** (Rente wegen teilweiser oder voller Erwerbsminderung)	**Berufsunfähigkeitsrente***	**Erwerbsunfähigkeitsrente***	**Hinterbliebenenrente**
↓	↓	↓	↓	↓	↓
Keine Hinzuverdienstbeschränkung	Hinzuverdienstgrenzen gelten	Hinzuverdienstgrenzen gelten	Hinzuverdienstgrenzen gelten	Mehr als geringfügiger Hinzuverdienst ist rentengefährdend	Hinzuverdienstgrenzen gelten

* Berufs- oder Erwerbsunfähigkeitsrente können nur noch Rentner beziehen, die bereits am 31.12.2000 Anspruch darauf hatten. Seit dem 01.01.2001 gibt es Rente wegen voller oder teilweiser Erwerbsminderung.

Soweit Hinzuverdienstgrenzen gelten, sind im Wesentlichen folgende Grenzwerte zu beachten:

Altersrenten	**West EUR**	**Ost EUR**
Regelaltersrente ab dem 65. bzw. bis 67. Lebensjahr	Keine Beschränkung	
Regelaltersrente bis zur Vollendung des 65. bzw. bis 67. Lebensjahres		
Vollrente	400,00	400,00
Teilrente von 2/3	491,40	435,94
Teilrente von 1/2	718,20	637,14
Teilrente von 1/3	945,00	838,34

Renten wegen verminderter Erwerbsfähigkeit (bei Rentenbeginn seit 2001)		
Rente wegen voller Erwerbsminderung		
in voller Höhe	400,00	400,00
in Höhe von 3/4	642,60	570,07
in Höhe von 1/2	869,40	771,28
in Höhe von 1/4	1 058,40	938,96
Rente wegen teilweiser Erwerbsminderung		
in voller Höhe	869,40	771,28
in Höhe von 1/2	1 058,40	938,94
(bei Rentenbeginn vor 2001)		
Erwerbsunfähigkeitsrente	400,00	400,00
Berufsunfähigkeitsrente		
in voller Höhe	718,20	637,14
in Höhe von 2/3	957,60	849,42
in Höhe von 1/3	1 184,40	1 050,72

Bei Witwenrenten, Witwerrenten und Erziehungsrenten gelten folgende Werte:

	West	**Ost**
Witwen- und Witwerrenten, Erziehungsrenten	718,08	637,03
für Waisenrenten sind maßgeblich	478,72	424,68
zuzüglich für jedes Kind	152,32	135,13

Die Hinzuverdienstgrenzen ändern sich teilweise zum 01.01. und 01.07. eines Jahres.

Beachten Sie die im Walhalla Fachverlag erschienenen Fachratgeber:

„SGB VI – Gesetzliche Rentenversicherung",
ISBN 978-3-8029-7492-2

„Die neue Renten- und Pensionsbesteuerung",
ISBN 978-3-8029-3791-0

Was Sie grundsätzlich über Leistungsansprüche wissen müssen

Die gesetzliche Rentenversicherung ist Bestandteil der Sozialversicherung. Das Sozialgesetzbuch – Erstes Buch (SGB I), das im Allgemeinen als Grundgesetz des Sozialrechts der Bundesrepublik Deutschland bezeichnet wird, bestimmt in seinem § 4 über den Zugang zur Sozialversicherung. Danach hat derjenige, der in der Rentenversicherung versichert ist (einschließlich Alterssicherung der Landwirte), Anspruch auf:

- notwendige Maßnahmen zum Schutz, zur Erhaltung, Besserung und Wiederherstellung der Gesundheit und Leistungsfähigkeit
- wirtschaftliche Sicherung bei Krankheit, Mutterschaft, Minderung der Erwerbsfähigkeit und Alter

Ein Recht auf wirtschaftliche Sicherung haben auch die Hinterbliebenen eines Versicherten.

Eingehender mit den Leistungen der gesetzlichen Rentenversicherung beschäftigt sich § 23 SGB I. Dort werden die Leistungsarten der gesetzlichen Rentenversicherung aufgezählt.

Leistungen der gesetzlichen Rentenversicherung

- Rehabilitationsleistungen (offizielle neue Bezeichnung: Leistungen zur Teilhabe)
- Renten wegen Alters
- Renten wegen Erwerbsminderung
- Knappschaftsausgleichsleistungen
- Renten von Todes wegen
- Witwen- und Witwerrentenabfindungen
- Beitragserstattungen
- Zuschüsse für die Krankenversicherung
- Leistungen für Kindererziehung

Rentenversicherung

In der Alterssicherung der Landwirte sind vorgesehen:

- Rehabilitationsleistungen (Leistungen zur Teilhabe)
- Renten wegen Erwerbsminderung
- Altersrenten
- Renten von Todes wegen
- Betriebs- und Haushaltshilfe oder sonstige Leistungen zur Aufrechterhaltung des Betriebes im Falle des Todes des landwirtschaftlichen Unternehmers

Wichtig: Bei der gesetzlichen Rentenversicherung handelt es sich um eine Solidargemeinschaft. Die Gesamtheit der Versicherten (einschließlich der Arbeitgeber der versicherten Arbeitnehmer) bringt die Mittel für die Durchführung der Versicherung auf. Außerdem gibt es einen Bundeszuschuss.

Zuständig für die Durchführung der Rentenversicherung

- in der allgemeinen Rentenversicherung:
  - Regionalträger (früher: LVAen)
  - Deutsche Rentenversicherung Bund (früher: BfA)
  - Deutsche Rentenversicherung Knappschaft-Bahn-See (früher: Bundesknappschaft, Bahnversicherungsanstalt und Seekasse)
- in der knappschaftlichen Rentenversicherung:
  - Deutsche Rentenversicherung Knappschaft-Bahn-See
- in der Alterssicherung der Landwirte:
  - landwirtschaftliche Alterskasse
- in der Rentenversicherung der selbstständigen Künstler und Publizisten:
  - die Künstlersozialkasse
- in der Rentenversicherung der selbstständigen Handwerker:
  - Regionalträger

Es wurde bereits erwähnt, dass die gesetzliche Rentenversicherung eine Solidargemeinschaft ist. Dies bedeutet, dass die „Gesunden für die Kranken und die Jungen für die Alten" einzutreten haben.

Ganz anders ist dies im privaten Lebensversicherungsbereich. Hier wird eine Versicherung des Risikos vorgenommen. Die Beiträge (Prämien) richten sich nach diesem Risiko.

Während die gesetzliche Rentenversicherung den vom Arbeitnehmer erworbenen und genossenen Lebensstandard auch im Alter – sowie bei verminderter Erwerbsfähigkeit – weitgehend erhalten will, zahlt die Privatversicherung Leistungen entsprechend dem versicherten Risiko.

Wichtig: Die Renten werden jährlich entsprechend der Rahmenentwicklung angepasst. Seit 2009 gibt es eine Rentengarantie, d. h., dass es auch dann keine Rentenkürzung gibt, wenn die Lohnentwicklung rückläufig ist.

Adressen der wichtigsten Rentenversicherungsträger siehe ab Seite 294.

Die Leistungen der Rentenversicherungsträger

Die Rentenversicherungsträger als Sozialversicherungsträger sind Körperschaften des öffentlichen Rechts mit Selbstverwaltung. Die ehrenamtlich tätigen Sozialpartner und die hauptamtliche Geschäftsführung sind an der Gestaltung maßgeblich beteiligt.

Die Hauptaufgabe eines Rentenversicherungsträgers ist es, die sog. Rentenversicherungsbeiträge bzw. Sozialversicherungsbeiträge der Mitglieder zu verwalten, und wenn der Rentenfall eintritt, die Altersrenten daraus auszuzahlen und zwar

- der Lebensarbeitsleistung entsprechend,
- sozial gerecht und
- lebenslang ausreichend.

Die Mitglieder sind entweder gesetzliche Pflichtmitglieder oder freiwillige Mitglieder. Das freiwillige Mitglied sorgt freiwillig aus seiner vernünftigen Einsicht heraus für seine Existenz im Rentenalter.

Der Staat will das Pflichtmitglied durch gesetzliche Regelung zwingen, durch Zahlung eines Teils seines Arbeitsentgelts Vorsorge für Invalidität und Alter zu treffen.

Rentenversicherung

Die Deutsche Rentenversicherung Bund (früher: BfA), größter Rentenversicherungsträger in der Bundesrepublik, betreute z. B. im gesamten Bundesgebiet

1992	23 016 000 Versicherte
1993	23 253 000 Versicherte
1994	23 477 000 Versicherte
1995	23 642 000 Versicherte
1996	23 849 000 Versicherte
1997	24 065 000 Versicherte
1998	24 114 000 Versicherte
2000	24 992 000 Versicherte
Sept. 2004	25 018 000 Versicherte

Diese Zahlen setzen sich zusammen aus abhängig Beschäftigten, Leistungsbeziehern aus der Arbeitslosenversicherung, Vorruhestandsgeldbeziehern, selbstständigen Künstlern, sonstigen Selbstständigen, Anrechnungszeitversicherten, Kindererziehenden, Wehr-/Zivildienstleistenden, Pflegepersonen, freiwillig Versicherten, Latentversicherten (Personen, für die vor dem jeweiligen Jahr im Versicherungskonto mindestens eine rechtserhebliche Zeit vorhanden ist), Versicherten, deren Versicherungszeiten noch nicht im Konto gespeichert sind.

Von 1993 bis September 2004 kamen beispielsweise zur Auszahlung:

- 1993 7,07 Mio. Rentenzahlfälle
- 1995 7,64 Mio. Rentenzahlfälle
- 1998 8,26 Mio. Rentenzahlfälle, davon BU-/EU-Rente: 7,63 Prozent
- 2000 8,74 Mio. Rentenzahlfälle, davon Rente wegen verminderter Erwerbsfähigkeit: 7,27 Prozent
- 2004 (bis September) 9,57 Mio. Rentenzahlfälle, davon Rente wegen verminderter Erwerbsfähigkeit: 6,33 Prozent

Die Rentenausgaben beliefen sich in den Jahren 1993 bis September 2004 auf folgende Summen:

- 1993 DM 117,10 Mrd.
- 1995 DM 138,29 Mrd.

- 1998 DM 157,07 Mrd., davon BU-/EU-Rente 12,46 Mrd.
- 2000 DM 170,63 Mrd., davon Rente wegen verminderter Erwerbsfähigkeit 12,86 Mrd.
- 2004 (bis September) Euro 111,34 Mrd., davon Rente wegen verminderter Erwerbsfähigkeit 6,63 Mrd. Euro

In 2004 wurden 220 000 BfA-Renten an Rentenberechtigte in 160 Staaten im Ausland überwiesen.

Quelle der statistischen Zahlen: Mitteilungen der Rentenversicherungsträger

Leistungsarten

- Regelaltersrenten
- Altersrenten für langjährig Versicherte
- Altersrenten für schwerbehinderte Menschen
- Altersrenten wegen Arbeitslosigkeit
- Renten für Erwerbsgeminderte = sog. Frührenten
- Renten von Todes wegen (Witwer-, Witwenrenten, Waisenrenten, Erziehungsrenten)
- Leistungen für Kindererziehung
- Leistungen aus Höherversicherungsbeiträgen
- Zusatzleistungen nach dem Rentenüberleitungsgesetz
- Leistungen aus überführten Zusatz- und Sonderversorgungssystemen
- Erstattungen an die Träger der Unfallversicherung
- Leistungen zur medizinischen Rehabilitation, Leistungen zur Teilhabe am Arbeitsleben sowie ergänzende Leistungen
- Krankenversicherung der Rentner
- Finanzausgleichszahlungen
- Kosten des Sozialmedizinischen Dienstes
- Personal- und Verwaltungskosten

Wie die Rentenversicherungsträger arbeiten

Die Rentenversicherungsträger arbeiten nach dem Prinzip der Selbstverwaltung. Das bedeutet, dass wichtige Angelegenheiten von den Versicherten und den Arbeitgebern entschieden werden.

Vertreterversammlung

An der Spitze des Versicherungsträgers steht die Vertreterversammlung, bei der es sich um das Legislativorgan handelt. Es bestimmt insbesondere über die Satzung des Versicherungsträgers. Die Satzung enthält Bestimmungen, die wie ein Gesetz wirken.

Vorstand

„Regiert" wird der Versicherungsträger vom Vorstand. Dieser stellt genau wie die Vertreterversammlung ein Selbstverwaltungsorgan dar, in dem die Betreffenden nur ehrenamtlich tätig sind.

Geschäftsführung

Die Amtshandlungen selbst werden von der Geschäftsführung des Versicherungsträgers getätigt. Dabei handelt es sich nicht um ein ehrenamtliches Gremium. Die Mitglieder der Geschäftsführung verrichten ihre Arbeit im Hauptamt. Sie leiten die Verwaltung.

Die praktische Arbeit der Verwaltung

- Führung der Versicherungskonten der einzelnen Versicherten
- Bearbeitung der Anträge für Altersrenten, Frührenten, Reha-Maßnahmen usw.
- Betreuung der Versicherten über Auskunfts- und Beratungsstellen
- Berechnung und Zahlung von Renten und Frührenten
- Durchführung medizinischer Maßnahmen von Leistungen zur Teilhabe am Arbeitsleben sowie ergänzende Leistungen
- Weiterentwicklung der Rehabilitation
- Verwaltung der Vermögenserträge

Die Leistungsangebote eines jeden Rentenversicherers beinhalten die Frühberentung als soziale Leistung.

Achtung: Das Gesetz selbst kennt den Ausdruck „Frührente" allerdings nicht. Vielmehr wird von Renten wegen verminderter Erwerbsfähigkeit gesprochen. Welche Renten hier zusammengefasst sind und welche Anspruchsvoraussetzungen gelten, ergibt sich aus nachfolgender Übersicht:

Anspruchsvoraussetzungen für Renten wegen verminderter Erwerbsfähigkeit

Rentenart	Rente wegen teilweiser Erwerbsminderung	Rente wegen voller Erwerbsminderung	Rente für Bergleute
Leistungseinschränkung	teilweise Erwerbsminderung	volle Erwerbsminderung	verminderte bergmännische Berufsfähigkeit
Wartezeit	5 Jahre	5 oder 20 Jahre	5 Jahre vor Eintritt der verminderten Berufsfähigkeit
Sonstige versicherungsrechtliche Voraussetzungen	3 Jahre Pflichtbeitragszeiten in den letzten 5 Jahren vor Eintritt der teilweisen Erwerbsminderung oder Wartezeit am 1. Januar 1984 von 60 Kalendermonaten erfüllt und lückenlos freiwillige bzw. Pflichtbeiträge bis zum Ende des Kalenderjahres vor der Berufsunfähigkeit geleistet	3 Jahre Pflichtbeitragszeiten in den letzten 5 Jahren vor Eintritt der vollen Erwerbsminderung oder Wartezeit am 1. Januar 1984 von 60 Kalendermonaten erfüllt und lückenlos freiwillige bzw. Pflichtbeiträge bis zum Ende des Kalenderjahres vor der Erwerbsunfähigkeit geleistet	3 Jahre Pflichtbeitragszeiten in den letzten 5 Jahren vor Eintritt der verminderten bergmännischen Berufsfähigkeit und keine Ausübung einer wirtschaftlich gleichwertigen Tätigkeit

Die Erwerbsminderung spielt aber auch eine Rolle im Zusammenhang mit der Gewährung von Witwen- oder Witwerrenten.

Es wird hier zwischen der großen und der kleinen Witwen- bzw. Witwerrente unterschieden. Die große Witwen- bzw. Witwerrente wird beispielsweise dann gewährt, wenn die Rentenbezieherin bzw. der Rentenbezieher erwerbsgemindert ist.

Wird eine Rente wegen teilweiser oder voller Erwerbsminderung gewährt, wechselt ein Beitragszahler zum frühzeitigen Rentenempfänger. Ein solcher Wechsel in der gesetzlichen Rentenversicherung ist nach den gesetzlichen Bestimmungen – wenn bestimmte Voraussetzungen erfüllt sind – möglich.

Wichtig: Der Ausnahmefall „Frührentner" bedeutet für den jeweiligen Rentenversicherungsträger, d. h. für die soziale Mitgliedergemeinschaft, eine unvorhergesehene finanzielle Belastung.

Rehabilitative Heilbehandlungen sind zwingend

Die finanzielle Mehrbelastung hat dazu geführt, dass jeder Rentenversicherungsträger die Frührentenanträge sorgfältigst prüft und unter Umständen von dem im Gesetz verankerten Grundsatz „Rehabilitation hat Vorrang vor Rente" Gebrauch macht (§ 116 SGB VI).

Medizinische Rehabilitation, d. h. die Gesundheit wiederherstellende Leistungen der Rentenversicherungsträger, hat den Zweck, kranke oder behinderte Versicherte, deren Erwerbsfähigkeit gemindert oder erheblich gefährdet ist, so weit zu fördern, dass sie weiter oder wieder am Erwerbsleben teilnehmen können, um dadurch eine vorzeitige Erwerbsminderung zu verhüten. Rechtsgrundlagen sind die §§ 15, 31 SGB VI, aber auch das seit 01.07.2001 geltende Sozialgesetzbuch – Neuntes Buch (SGB IX).

Entsprechend den erwähnten Gesetzen werden rehabilitative Heilbehandlungen, wie stationäre Heilbehandlungen wegen allgemeiner Erkrankungen, sog. Anschlussheilbehandlungen, stationäre Entwöhnungsbehandlungen von Suchtkrankheiten, weitere oder sonstige Leistungen (z. B. Leistungen für ambulante Heilbehandlungen), stationäre Nach- und Festigungskuren bei Geschwulsterkrankungen und Systemkrankheiten, Kinderheilbehandlungen wegen allgemeiner Erkrankungen, stationäre medizinische Leistungen bei gesundheitsgefährdender Beschäftigung, in den Rehabilitations- und Vertragskliniken sowie sonstigen Vertragseinrichtungen der Rentenversicherungsträger durchgeführt.

Aufgaben der Leistungen zur Teilhabe (Rehabilitation)

Die Aufgabe der Leistungen zur Teilhabe (Rehabilitation) wird in § 9 SGB VI zusammenfassend dargestellt. Danach werden Leistungen zur Teilhabe (früher: Rehabilitationsleistungen) erbracht, wenn die Erwerbsfähigkeit wegen Krankheit oder körperlicher, geistiger oder seelischer Behinderung erheblich gefährdet oder gemindert ist. Durch rehabilitative Maßnahmen oder durch Leistungen zur Teilhabe am Arbeitsleben soll eine Besserung oder Wiederherstellung der allgemeinen körperlichen Leistungsfähigkeit bzw. beruflichen Einsatzfähigkeit mit überwiegender Wahrscheinlichkeit erreicht bzw. zumindest eine wesentliche Verschlechterung verhindert werden.

Das Rentenreformgesetz fügt hinzu: Bei teilweiser Erwerbsminderung ohne Aussicht auf eine wesentliche Besserung der Erwerbsfähigkeit sollte durch Leistungen zur Teilhabe am Arbeitsleben der Arbeitsplatz erhalten werden können.

Aus medizinischer Sicht müssen bei dem Versicherten, außer einer positiven Reha-Prognose, Rehabilitationsbedürftigkeit und Rehabilitationsfähigkeit gegeben sein.

Krankheiten, bei denen Reha-Leistungen gewährt werden

Die Hauptindikationsgebiete für die Reha-Leistungen sind – entsprechend der neuerlich erarbeiteten sog. „Indikationsspezifischen Rehabilitationskonzepte" – die folgenden sechs Krankheitsgruppen:

- degenerative Erkrankungen des Bewegungsapparates
- psychische und psychosomatische Erkrankungen
- Diabetes mellitus
- Herz-Kreislauf-Erkrankungen
- Erkrankungen der Atmungsorgane
- Erkrankungen der Verdauungsorgane
- bösartige Tumorerkrankungen

Stationäre Rehabilitation

Die stationären Rehabilitationsleistungen werden oftmals als Heilverfahren bezeichnet. Die stationäre Heilbehandlung (Kur) gilt, wenn sie beantragt, geprüft und genehmigt ist, als zwingend für die gesetzlich Versicherten. Ein Rücktritt ist nur bei zwingenden Gründen möglich.

Der Arbeitgeber wird über die bevorstehende stationäre Heilbehandlung von der Krankenkasse benachrichtigt. Der Versicherte muss sich an den Kosten der Kur mit kalendertäglich 9,– Euro beteiligen. Bei einer Anschlussrehabilitation ist die Dauer der Zuzahlung auf 14 Tage im Kalenderjahr begrenzt.

Die Kurdauer beträgt drei Wochen. Sie kann, falls erforderlich, verlängert, jedoch nicht vor Ablauf von vier Jahren erneut beansprucht werden, abgesehen von vorzeitigen Leistungen aus dringenden gesundheitlichen Gründen.

Wie ein Versicherter zu einer solchen Kurbehandlung kommt, zeigt die nachfolgende Grafik:

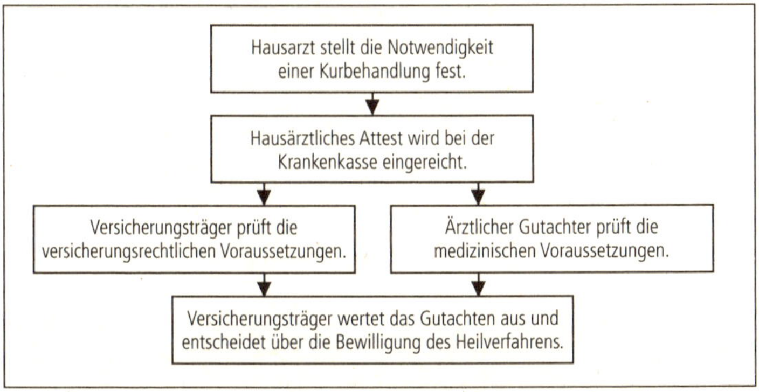

Um Umfang und Aufwand der medizinischen Maßnahmen richtig überblicken zu können, soll der Ablauf der Akutversorgung und Rehabilitation nach einem Herzinfarktereignis aufgezeigt werden.

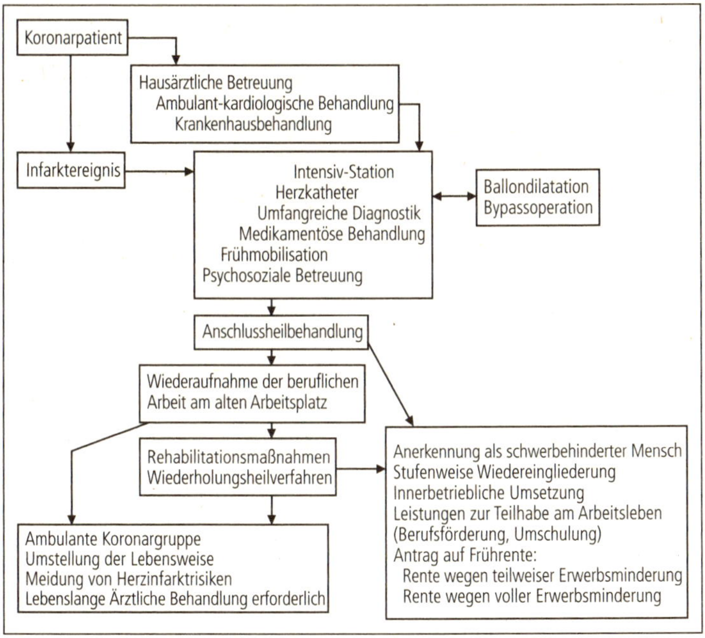

Die Rentenberatungsstellen

Die unmittelbare Betreuung der Versicherten und Rentner erfolgt durch sog. Auskunfts- und Beratungsstellen. Außerdem sorgen Informationszentren und Informationsveranstaltungen sowie zwischenstaatliche Sprechtage für Bürgernähe.

Der Gesetzgeber hat sich bemüht, das Sozialrecht möglichst übersichtlich und lückenlos im Sozialgesetzbuch zusammenzufassen. Dennoch besteht die Gefahr, dass der Rat suchende Bürger im Dickicht schwer verständlicher Regelungen keine Hilfe findet.

Die Rentenberatung dient dazu, dem Antragsteller behilflich zu sein, die notwendigen Formalitäten gemäß den einschlägigen Gesetzen, Vorschriften und verschiedenen Versicherungsklauseln zu erledigen.

Praxis-Tipp:

Wenn ein Kranker dem Berentungsvorschlag seines Arztes Folge leistet, sollte er zur Klarstellung bzw. Abwägung aller daraus resultierenden Konsequenzen eine Rentenberatungsstelle aufsuchen.

Die Beratungsstellen sind

- von den Rentenversicherungsträgern direkt eingerichtete Stellen, deren Sprechstunden dem Bürger kostenlos zur Verfügung stehen
- Sprechstunden ehrenamtlicher Versichertenältesten
- private Rentenberatungsbüros
- Fachanwalt-Kanzleien für das Sozialrecht

Den Versicherten der Deutschen Rentenversicherung Bund stehen z. B. in mehr als 60 Städten der Bundesrepublik sog. Auskunfts- und Beratungsstellen zur Verfügung. In kleineren Orten gibt es die örtlichen Beratungsstellen und Geschäftsstellen der Deutschen Rentenversicherung Bund (oftmals in den Geschäftsstellen der Krankenkassen).

Durch Beauftragte im Außendienst der Deutschen Rentenversicherung Bund werden Sprechtage bzw. Sprechzeiten durchgeführt.

Die Versichertenältesten

Die Versichertenältesten sind ehrenamtlich tätige Bürger. Sie sind Teil der demokratisch organisierten Selbstverwaltung der gesetzlichen Rentenversicherung. Sie üben ihr Ehrenamt in ihrer Freizeit aus und haben die Aufgabe, die Versicherten bzw. Leistungsberechtigten unentgeltlich zu beraten, Rentenanträge entgegenzunehmen usw. Ihre Sprechstunden werden in der eigenen Wohnung, in Rathäusern, Geschäftsstellen der Krankenkassen, Betrieben und in sozialen Einrichtungen abgehalten.

Versichertenälteste gibt es auch bei verschiedenen Arbeiterrentenversicherungsträgern.

Achtung: Die Versichertenältesten dürfen nicht mit privaten Rentenberatern verwechselt werden.

Die privaten Rentenberater

Bei diesen Rentenberatern handelt es sich um freiberuflich tätige, staatlich geprüfte Sozial- und Rentenexperten, die bei den jeweiligen Landgerichten zugelassen sind. Sie verlangen für ihre Tätigkeit (z. B. Rechtsauskünfte oder Vertretung vor dem Sozialgericht im Streitfall) Honorar. Sie liquidieren nach einer amtlichen Gebührenordnung für ihre Dienstleistung. Adressen und Telefonnummern finden Sie im Branchentelefonbuch.

Praxis-Tipp:

- Die Anschriften der Beauftragten im Renten-Außendienst sowie der Versichertenältesten erfahren Sie beispielsweise bei den örtlichen Stadt- und Gemeindeverwaltungen, außerdem natürlich beim Rentenversicherungsträger selbst.
- Die Anschriften der Versichertenältesten sind im Übrigen auch den Versicherungsämtern und den Gewerkschaften bekannt.

Die Versicherungsämter

Die Versicherungsämter der Stadtverwaltungen oder Landkreise geben ebenfalls Auskünfte in Rentenversicherungsangelegenheiten.

Die Krankenkassen

Auch bei vielen Krankenkassen haben die Rentenversicherungsträger Beratungsstellen eingerichtet bzw. führen dort Sprechtage durch.

Wichtig: Um zu vermeiden, unnötig mehrmals die maßgebenden Stellen aufsuchen zu müssen, empfiehlt es sich, die Rentenversicherungsnummer sowie den Personalausweis zur Beratung mitzunehmen.

Die Inhalte einer Rentenberatung

Besonders wichtig ist eine sachliche und eingehende Rentenberatung, wenn eine Frühberentung erfolgen soll.

Als erster Schritt soll durch den Versicherten Auskunft eingeholt werden über die:

- persönliche finanzielle Situation nach einer Früh- oder Regelberentung
- Rechtsvorschriften zur Berechnung von Dienstjahren, Versicherungszeiten usw.

- Nachweisführung zur evtl. nachträglichen Anerkennung von Beitragsmonaten
- Dienstjahre, Ausbildungszeiten usw.
- Nebenverdiensteinschränkungen für Rentner oder Frührentner
- Verfahrensverläufe zur Berentung, aber insbesondere für die Frühberentung usw.

Praxis-Tipp:

Auf die Bedeutung einer begleitenden Sachberatung zum Renten- bzw. Frührentenantrag weisen der Bund der Versicherten sowie die Verbraucherzentralen der Bundesländer mit Nachdruck hin, da ein nachträglich notwendiger Rechtsweg, um unbefriedigende Entscheidungen des gesetzlichen Rententrägers vor dem Sozialgericht anzufechten, sehr langwierig ist.

Achtung: Die sog. Schadensregulierungen, insbesondere durch private Berufsunfähigkeitsversicherer (meist als Zusatzpolice zur Lebensversicherung mit Extraprämie), sind häufig umstritten.

Die Sprechzeiten der Rentenberatung

Die Auskunfts- und Beratungsstellen der Deutschen Rentenversicherung Bund haben in der Regel folgende Sprechzeiten:

- montags – mittwochs 8.00–15.00 Uhr
- donnerstags 8.00–18.00 Uhr
- freitags 8.00–13.00 Uhr

Es empfiehlt sich unbedingt, einen Beratungstermin zu vereinbaren. Sie ersparen sich dadurch unter Umständen erhebliche Wartezeiten.

Die Auskunfts- und Beratungsstellen der Deutschen Rentenversicherung Bund (auch als A- und B-Stellen bezeichnet) einschließlich ihrer Anschriften und Telefonnummern wie die der Regionalträger finden Sie ab Seite 293.

Zudem wird eine kostenlose Service-Telefonnummer der Deutschen Rentenversicherung Bund für Renten- und Rehabilitationsfragen angeboten: 08 00/1 00 04 80 70.

Die Rentenauskünfte der Versicherungsträger

Seit 01.01.2004 erhalten alle Versicherten jährlich von ihrem Rentenversicherungsträger eine schriftliche Renteninformation. Aus dieser ergibt sich unter anderem auch die Höhe der Rente wegen voller Erwerbsminderung. Nach Vollendung des 54. Lebensjahres wird die Renteninformation durch eine Rentenauskunft ersetzt, die den Versicherten alle zwei Jahre zugeht.

Aus einer solchen Rentenauskunft wird auch ersichtlich, ob überhaupt, laut Unterlagen des Rentenversicherers, ein Anspruch auf Rente wegen voller oder teilweiser Erwerbsminderung besteht.

Außerdem enthalten Renteninformation bzw. Rentenauskunft eine Berechnung der zu erwartenden Altersrente.

Praxis-Tipp:

Für Krankengeldbezieher empfiehlt es sich besonders, vor der Frührentenantragstellung die letzte Renteninformation bzw. Rentenauskunft zur Hand zu nehmen, um vergleichen zu können, wie groß die Differenz zwischen Krankengeld und Rente sein wird.

Wenn der Rentenantrag gestellt und eine Rente wegen voller Erwerbsminderung bewilligt wurde, fällt das Krankengeld sofort weg. Da das Krankengeld häufig höher ist als die Rente, liegt es im Interesse des Antragstellers, zunächst den Krankengeldanspruch so lange wie möglich auszuschöpfen.

Es können außerdem Anfragen bzw. Anträge an die Rentenversicherung gestellt werden über:

- freiwillige Versicherung und Höherversicherung
- bargeldlose Beitragsentrichtung
- Erstattung von Beiträgen
- Her-/Wiederherstellung von Versicherungsunterlagen über Beitrags- und Beschäftigungszeiten
- Eintragung von Ersatz- und Anrechnungszeiten
- Erhebung von Kindererziehungszeiten
- Feststellung der Rentenanwartschaften im Versorgungsausgleich

Arbeitslosenversicherung

11

Versicherungspflicht und -freiheit

Auch die Arbeitsförderung, die allgemein als Arbeitslosenversicherung bezeichnet wird, ist in erster Linie eine Versicherung der Arbeitnehmer. Rentner erhalten an sich ihre soziale Finalleistung, bedürfen also keiner Leistungen der Arbeitslosenversicherung, wie Arbeitslosengeld usw. Allerdings gibt es durchaus Fälle, in denen Rentenbezieher der Versicherungspflicht in der Arbeitslosenversicherung unterliegen.

Zunächst ist hier § 26 Abs. 2 Sozialgesetzbuch – Drittes Buch (SGB III) zu beachten. Danach sind Personen in der Zeit versicherungspflichtig, für die sie:

- von einem Leistungsträger bestimmte Sozialleistungen, nämlich Mutterschaftsgeld, Krankengeld, Versorgungskrankengeld, Verletztengeld oder von einem Träger der medizinischen Rehabilitation Übergangsgeld beziehen
- von einem privaten Krankenversicherungsunternehmen Krankentagegeld beziehen
- von einem Träger der gesetzlichen Rentenversicherung eine Rente wegen voller Erwerbsminderung beziehen

Voraussetzung ist, dass die betreffenden Personen unmittelbar vor Beginn der Leistung versicherungspflichtig waren, eine laufende Entgeltersatzleistung nach dem SGB III bezogen oder eine als Arbeitsbeschaffungsmaßnahme geförderte Beschäftigung ausgeübt haben, die ein Versicherungspflichtverhältnis oder den Bezug einer laufenden Entgeltersatzleistung nach dem SGB III unterbrochen hat. Unter bestimmten Voraussetzungen besteht auch neben der Zeit einer Kindererziehung Versicherungspflicht.

In einer geringfügigen Beschäftigung besteht Versicherungsfreiheit.

Im Übrigen sind folgende Personen versicherungsfrei:

- Personen, die das 65. Lebensjahr vollendet haben, und zwar mit Ablauf des Monats, in dem sie dieses Lebensjahr vollenden

- Personen, die wegen einer Minderung ihrer Leistungsfähigkeit dauernd nicht mehr verfügbar sind, und zwar von dem Zeitpunkt an, an dem die Agentur für Arbeit diese Minderung der Leistungsfähigkeit und der zuständige Träger der gesetzlichen Rentenversicherung volle Erwerbsminderung im Sinne der gesetzlichen Rentenversicherung festgestellt haben
- Personen, die eine dem Anspruch auf Rente wegen voller Erwerbsminderung vergleichbare Leistung eines ausländischen Leistungsträgers beziehen

Außerdem sind Personen in einer Beschäftigung versicherungsfrei, soweit ihnen während dieser Zeit ein Rentenanspruch wegen voller Erwerbsminderung aus der gesetzlichen Rentenversicherung zuerkannt ist.

Seit 01.02.2006 gibt es auch das Versicherungspflichtverhältnis auf Antrag. Insbesondere besteht dies für Pflegepersonen, die einen pflegebedürftigen Angehörigen im Sinne des SGB XI (siehe ab Seite 229), wenigstens 14 Stunden wöchentlich pflegen. § 28a SGB III sieht hier allerdings besondere Voraussetzungen vor.

Die oben beschriebene Versicherungsfreiheit wegen Vollendung des 65. Lebensjahres ist nicht davon abhängig, dass eine Rente (Altersrente) bezogen wird. Meist handelt es sich hier aber um die gleichen Personen, die in der gesetzlichen Rentenversicherung wegen Bezuges einer Vollrente wegen Alters in einer Beschäftigung versicherungsfrei sind (siehe Seite 264).

Beitragspflicht

Wie in den sonstigen Sozialversicherungszweigen tragen Arbeitgeber und Arbeitnehmer die Beiträge im Allgemeinen je zur Hälfte. Bei Personen, die wegen einer geringfügigen Beschäftigung versicherungsfrei sind, besteht keine Beitragspflicht des Arbeitgebers, wie sie in der Kranken- und Rentenversicherung vorgeschrieben ist (Pauschalbeiträge).

Für Personen, die Krankengeld oder Verletztengeld erhalten, sind die Beiträge von den Versicherten und den Leistungsträgern je zur Hälfte zu tragen. Die Leistungsträger tragen die Beiträge beispielsweise beim Bezug von Versorgungskrankengeld oder Übergangsgeld allein. Bei Personen, die Krankentagegeld beziehen, sind die Beiträge vom privaten Krankenversicherungsunternehmen zu tragen.

Der Leistungsträger ist für die Beitragszahlung für Personen zuständig, die als Bezieher einer Rente wegen voller Erwerbsminderung versicherungspflichtig sind. Für Personen, die als Erziehende versicherungspflichtig sind, ist der Bund für die Zahlung der Beiträge zuständig.

Personen, die ein Versicherungspflichtverhältnis auf Antrag begründen, tragen die Beiträge allein.

Für Beschäftigte, die wegen Erreichens der Regelaltersgrenze versicherungsfrei sind, tragen die Arbeitgeber die Hälfte des Beitrages, der zu zahlen wäre, wenn die Beschäftigung der Versicherungspflicht unterläge.

Leistungsansprüche

Die Arbeitslosenversicherung gewährt verschiedene Leistungsarten. Bei Rentnern ist davon auszugehen, dass Ansprüche auf solche Leistungen, wie beispielsweise Arbeitslosengeld, nicht mehr benötigt werden. Deshalb sieht § 142 SGB III das Ruhen des Anspruchs auf Arbeitslosengeld während der Zeit vor, für die dem Arbeitslosen ein Anspruch auf (zum Beispiel) folgende Leistungen zuerkannt ist:

- Krankengeld, Versorgungskrankengeld, Verletztengeld, Mutterschaftsgeld oder Übergangsgeld nach dem SGB III oder einem anderen Gesetz, dem eine Leistung zur Teilhabe zugrunde liegt, wegen der der Arbeitslose keine ganztägige Erwerbstätigkeit ausüben kann

- Rente wegen voller Erwerbsminderung aus der gesetzlichen Rentenversicherung (vom Beginn der laufenden Rentenzahlung an)
- Altersrente aus der gesetzlichen Rentenversicherung oder Knappschaftsausgleichsleistung oder ähnliche Leistungen öffentlich-rechtlicher Art

Ist dem Arbeitslosen eine Rente wegen teilweiser Erwerbsminderung zuerkannt, kann er sein Restleistungsvermögen jedoch unter den üblichen Bedingungen des allgemeinen Arbeitsmarktes nicht mehr verwerten, hat die Agentur für Arbeit den Arbeitslosen unverzüglich aufzufordern, innerhalb eines Monats einen Antrag auf Rente wegen voller Erwerbsminderung zu stellen.

Stellt der Arbeitslose den Antrag nicht, ruht der Anspruch auf Arbeitslosengeld vom Tage nach Ablauf der Frist an bis zu dem Tage, an dem der Arbeitslose den Antrag stellt.

Im Falle der Gewährung von Altersrente ruht der Anspruch mit Ablauf des dritten Kalendermonats nach Erfüllung der Voraussetzungen für den Anspruch auf Arbeitslosengeld. Voraussetzung ist, dass dem Arbeitslosen für die letzten sechs Monate einer versicherungspflichtigen Beschäftigung eine Teilrente oder eine ähnliche Leistung öffentlich-rechtlicher Art zuerkannt ist.

Das Arbeitslosengeld ruht nur bis zur Höhe der zuerkannten Altersrente, wenn die Leistung auch während einer Beschäftigung und ohne Rücksicht auf die Höhe des Arbeitsentgelts gewährt wird. Hier sind Personen angesprochen, die das 65. Lebensjahr vollendet haben.

Die vorstehenden Ruhenvorschriften gelten auch für einen vergleichbaren Anspruch auf eine andere Sozialleistung, den ein ausländischer Träger anerkannt hat.

Hilfreiche Adressen

Die Auskunfts- und Beratungsstellen der Deutschen Rentenversicherung Bund (vormals BfA)

(Stand: Juni 2007)

Es sollte vorher unbedingt ein Beratungstermin vereinbart werden. Besucher mit abgesprochenem Termin ersparen sich Wartezeiten.

Anschrift: Ruhrstraße 2, 10709 Berlin
Tel. (0 30) 86 51, Service-Tel. (08 00) 1 00 04 80 70
www.deutsche-rentenversicherung-bund.de

Übliche Öffnungszeiten:

- Montag bis Mittwoch 8.00 Uhr–15.00 Uhr
- Donnerstag 8.00 Uhr–18.00 Uhr
- Freitag 8.00 Uhr–13.00 Uhr

Soweit Abweichungen von den üblichen Öffnungszeiten bestehen, sind die tatsächlichen Öffnungszeiten direkt bei der A- und B-Stelle zu entnehmen.

Service-Telefon zum Nulltarif: (08 00) 1 00 04 80 70
Mo–Do 7.30–19.30 Uhr Fr. 7.30–15.30 Uhr

Bahnhofstraße 7, **86150 Augsburg**
Tel.: (08 21) 50 35-0, Fax: (08 21) 50 35-1 90
E-Mail: service.in.augsburg@drv-bund.de

(Am Spittelmarkt), Wallstraße 9–13, **10179 Berlin-Mitte**
Tel.: (0 30) 2 02 47-5, Fax: (0 30) 2 02 47-6 99
E-Mail: service.in.berlin-mitte@drv-bund.de, service.in.berlin-mitte@drv-berlin-brandenburg.de

Fehrbelliner Platz 5, **10707 Berlin-Wilmersdorf**
Tel.: (0 30) 8 68 88-0, Fax: (0 30) 8 68 88-2 74 96
E-Mail: service.in.berlin-wilmersdorf@drv-bund.de

Bahnhofstraße 28, **33602 Bielefeld**
Tel.: (05 21) 52 54-0, Fax: (05 21) 52 54-1 90
E-Mail: service.in.bielefeld@drv-bund.de

Walther-Rathenau-Straße 38, **06749 Bitterfeld**
Tel.: (0 34 93) 60 20-52, Fax: (0 34 93) 60 20-40
E-Mail: bitterfeld@kbs.de, service.in.bitterfeld@drv-bund.de, service@drv-md.de

Rabinstraße 6, **53111 Bonn**
Tel.: (02 28) 28 08-01, Fax: (02 28) 28 08-19 61
E-Mail: service.in.bonn@drv-bund.de, service-zentrum.bonn@drv-rheinland.de

Potsdamer Straße 18, **14776 Brandenburg an der Havel**
Tel.: (0 33 81) 32 09-0, Fax: (0 33 81) 32 09-11
E-Mail: service.in.brandenburg@drv-bund.de,
service.in.brandenburg@drv-berlin-brandenburg.de

Friedrich-Wilhelm-Straße 3, **38100 Braunschweig**
Tel.: (05 31) 12 30-0, Fax: (05 31) 12 30-1 90

Domshof 18–20, **28195 Bremen**
Tel.: (04 21) 36 52-0, Fax: (04 21) 36 52-1 90
E-Mail: service.in.bremen@drv-bund.de

An der Markthalle 3–5, **09111 Chemnitz**
Tel.: (03 71) 69 71-0, Fax: (03 71) 69 71-1 90
E-Mail: service.in.chemnitz@drv-bund.de, service@drv-md.de

Deutsche Rentenversicherung, Spremberger Straße 13/15, **03046 Cottbus**
Tel.: (03 55) 4 94-0, Fax: (03 55) 4 94-1 90
E-Mail: service.in.cottbus@drv-bund.de

Ludwigsplatz 6a, **64283 Darmstadt**
Tel.: (0 61 51) 15 37 69-0, Fax: (0 61 51) 15 37 69-1 90
E-Mail: service.in.darmstadt@drv-bund.de

Antoinettenstraße 37, **06844 Dessau**
Tel.: (03 40) 2 66 10-0, Fax: (03 40) 2 66 10-99
E-Mail: service@drv-md.de, service.in.dessau@drv-bund.de

(Eingang Kuhstraße), Hansastraße 95, **44137 Dortmund**
Tel.: (02 31) 90 63-5 00, Fax: (02 31) 90 63-5 90
E-Mail: service.in.dortmund@drv-bund.de, rentenversicherung@kbs.de

Fetscherstraße 34, **01307 Dresden**
Tel.: (03 51) 4 40 60-0, Fax: (03 51) 4 40 60-1 90
E-Mail: service.in.dresden@drv-bund.de

Graf-Adolf-Straße 35–37, **40210 Düsseldorf**
Tel.: (02 11) 38 06-0, Fax: (02 11) 38 06-1 90
E-Mail: service.in.duesseldorf@drv-bund.de

Kranichfelder Straße 3, **99097 Erfurt**
Tel.: (03 61) 4 82-85 00, Fax: (03 61) 4 82-85 01
E-Mail: service@drv-md.de, service.in.erfurt@drv-bund.de

Lindenallee 6–8, **45127 Essen**
Tel.: (02 01) 2 40 33-0, Fax: (02 01) 2 40 33-1 90
E-Mail: service.in.essen@drv-bund.de

Stiftstraße 9–17, **60313 Frankfurt am Main**
Tel.: (0 69) 2 99 98-0, Fax: (0 69) 2 99 98-1 90
E-Mail: service.in.frankfurt-main@drv-bund.de

(Oderturm), Karl-Marx-Straße 2, **15230 Frankfurt/Oder**
Tel.: (03 35) 56 18-0, Fax: (03 35) 56 18-1 90
E-Mail: service.in.frankfurt-oder@drv-bund.de,
service.in.frankfurt-oder@drv-berlin-brandenburg.de

Friedrichring 1, **79098 Freiburg i. Br.**
Tel.: (07 61) 38 71-0, Fax: (07 61) 38 71-1 90
E-Mail: service.in.freiburg@drv-bund.de

(Centhof), Bahnhofstraße 26, **36037 Fulda**
Tel.: (06 61) 25 02 68-0, Fax: (06 61) 25 02 68-1 90
E-Mail: service.in.fulda@drv-bund.de

Reichsstraße 5, **07545 Gera**
Tel.: (03 65) 9 18 00-0, Fax: (03 65) 9 18 01-7 61 90
E-Mail: service.in.gera@drv-bund.de, service@drv-md.de, kassel@kbs.de

Südanlage 21, **35390 Gießen**
Tel.: (06 41) 97 29-0, Fax: (06 41) 97 29-1 90
E-Mail: service.in.giessen@drv-bund.de

Wilhelmsplatz 1, **02826 Görlitz**
Tel.: (0 35 81) 8 78 50-0, Fax: (0 35 81) 8 78 50-1 90
E-Mail: service.in.goerlitz@drv-bund.de, service@drv-md.de

Straße des Friedens 18, **04668 Grimma**
Tel.: (0 34 37) 92 41-0, Fax: (0 34 37) 92 41-19
E-Mail: service.in.grimma@drv-bund.de

Paracelsusstraße 21, **06114 Halle**
Tel.: (03 45) 2 13-25 00, Fax: (03 45) 2 13-2 510
E-Mail: service@drv-md.de, service.in.halle@drv-bund.de

Poststraße 6a, **20354 Hamburg**
Tel.: (0 40) 3 48 91-0, Fax: (0 40) 3 48 91-1 90
E-Mail: service.in.hamburg@drv-bund.de

Bürgerweide 4, **20535 Hamburg**
Tel.: (0 40) 2 41 90-0, Fax: (0 40) 2 41 90-1 36
E-Mail: info@drv-nord.de, service.in.hamburg@drv-bund.de

Bahnhofstraße 8, **30159 Hannover**
Tel.: (05 11) 3 57 99-0, Fax: (05 11) 3 57 99-1 90

(Regionalzentrum), Friedensplatz 4, **74072 Heilbronn**
Tel.: (0 71 31) 60 88-0, Fax: (0 71 31) 60 88-1 90
E-Mail: regio.hn@drv-bw.de, service.in.heilbronn@drv-bund.de

Marktstraße 12 b, **98693 Ilmenau**
Tel.: (0 36 77) 8 45 19-0, Fax: (0 36 77) 8 45 19-1 90
E-Mail: service.in.ilmenau@drv-bund.de

Goethestraße 1, **07743 Jena**
Tel.: (0 36 41) 47 08-0, Fax: (0 36 41) 47 08-1 90
E-Mail: service.in.jena@drv-bund.de

Stiftsplatz 5, **67655 Kaiserslautern**
Tel.: (06 31) 3 20 40-0, Fax: (06 31) 3 20 40-1 90
E-Mail: service.in.kaiserslautern@drv-bund.de

(Europaplatz), Kaiserstraße 215, **76133 Karlsruhe**
Tel.: (07 21) 18 04-0, Fax: (07 21) 18 04-1 90
E-Mail: service.in.karlsruhe@drv-bund.de

(Eingang Jordanstraße 6), Friedrich-Ebert-Straße 5, **34117 Kassel**
Tel.: (05 61) 78 90-0, Fax: (05 61) 78 90-1 90
E-Mail: service.in.kassel@drv-bund.de

Königstraße 2, **87435 Kempten**
Tel.: (08 31) 5 12 88-0, Fax: (08 31) 5 12 88-1 90
E-Mail: service.in.kempten@drv-bund.de

Herzog-Friedrich-Straße 44, **24103 Kiel**
Tel.: (04 31) 98 78-0, Fax: (04 31) 98 78-1 90
E-Mail: service.in.kiel@drv-bund.de

Hohenfelder Straße 7–9, **56068 Koblenz**
Tel.: (02 61) 9 88 16-0, Fax: (02 61) 9 88 16-1 90
E-Mail: service.in.koblenz@drv-bund.de

(Stollwerckhaus), Hohe Straße 160-168, **50667 Köln**
Tel.: (02 21) 2 58 82-0, Fax: (02 21) 2 58 82-1 90
E-Mail: service.in.koeln@drv-bund.de

Nordstraße 17, **04105 Leipzig**
Tel.: (03 41) 7 11 35-0, Fax: (03 41) 7 11 35-1 90
E-Mail: service.in.leipzig@drv-bund.de

Breite Straße 47, **23552 Lübeck**
Tel.: (04 51) 7 99 47-01, Fax: (04 51) 7 99 47-1 90
E-Mail: service.in.luebeck@drv-bund.de

Maxim-Gorki-Straße 14, **39108 Magdeburg**
Tel.: (03 91) 73 99-0, 73 90-3, Fax: (03 91) 73 99-1 90, 73 90-4 60
E-Mail: service.in.magdeburg@drv-bund.de, service@drv-md.de

Am Brand 31, **55116 Mainz**
Tel.: (0 61 31) 2 74-0, Fax: (0 61 31) 2 74-1 91, 274-390
E-Mail: service.in.mainz@drv-bund.de, aub-stelle-mainz@drv-rlp.de

E 1, Nr. 16, **68159 Mannheim**
Tel.: (06 21) 15 91-0, Fax: (06 21) 15 91-1 90
E-Mail: service.in.mannheim@drv-bund.de

Viktualienmarkt 8, **80331 München**
Tel.: (0 89) 5 10 81-0, Fax: (0 89) 5 10 81-1 90
E-Mail: service.in.muenchen@drv-bund.de

Von-Steuben-Straße 20, **48143 Münster**
Tel.: (02 51) 53 82-0, Fax: (02 51) 53 82-1 90
E-Mail: service.in.muenster@drv-bund.de

Brodaer Straße 11, **17033 Neubrandenburg**
Tel.: (03 95) 56 37-0, Fax: (03 95) 56 37-1 90
E-Mail: service.in.neubrandenburg@drv-bund.de

Richard-Wagner-Platz 1, **90443 Nürnberg**
Tel.: (09 11) 23 80-0, Fax: (09 11) 23 80-1 92
E-Mail: service.in.nuernberg@drv-bund.de

Elisenstraße 12, **26122 Oldenburg i.O.**
Tel.: (04 41) 95 07 95-0, Fax: (04 41) 9 50 7 95-1 90
E-Mail: service.in.oldenburg@drv-bund.de

(Neumarkt-Carrée/Eingang Große Straße), Neumarkt 7, **49074 Osnabrück**
Tel.: (05 41) 33 57-0, Fax: (05 41) 33 57-1 90

Dohnaische Straße 68, **01796 Pirna**
Tel.: (0 35 01) 46 67-0, Fax: (0 35 01) 46 67-1 90
E-Mail: service.in.pirna@drv-bund.de

Postplatz 3, **08523 Plauen**
Tel.: (0 37 41) 48 43-0, Fax: (0 37 41) 48 43-3 18
E-Mail: service@drv-md.de

Lange Brücke 2, **14473 Potsdam**
Tel.: 03 31/88 53-0, Fax: 03 31/88 53-1 90
E-Mail: service.in.potsdam@drv-bund.de

Maximilianstraße 9, **93047 Regensburg**
Tel.: (09 41) 58 49-0, Fax: (09 41) 58 49-1 90
E-Mail: service.in.regensburg@drv-bund.de

Kröpeliner Straße 57, **18055 Rostock**
Tel.: (03 81) 4 59 45-0, Fax: (03 81) 4 59 45-1 90
E-Mail: service.in.rostock@drv-bund.de

Großherzog-Friedrich-Straße 16–18, **66111 Saarbrücken**
Tel.: (06 81) 93 70-0, Fax: (06 81) 93 70-1 90
E-Mail: service.in.saarbruecken@drv-bund.de

Schmiedestraße 8–12, **19053 Schwerin**
Tel.: (03 85) 57 58-0, Fax: (03 85) 57 58-1 90
E-Mail: service.in.schwerin@drv-bund.de

Langenstraße 54, **18439 Stralsund**
Tel.: (0 38 31) 28 01 51, Fax: (0 38 31) 28 01 37
E-Mail: service.in.stralsund@drv-bund.de

Kronenstraße 25, **70174 Stuttgart**
Tel.: (07 11) 18 71-5, Fax: (07 11) 18 71-6 90
E-Mail: service.in.stuttgart@drv-bund.de

Schleusinger Straße 49, **98527 Suhl**
Tel.: (0 36 81) 7 84-4 00, Fax: (0 36 81) 7 84-4 40
E-Mail: service.in.suhl@drv-bund.de, service@drv-md.de

(Palais Walderdorff), Domfreihof 1, **54290 Trier**
Tel.: (06 51) 9 70 71-0, Fax: (06 51) 9 70 71-1 90
E-Mail: service.in.trier@drv-bund.de

(Karlsbau), Karlstraße 33, **89073 Ulm**
Tel.: (07 31) 9 67 35-0, Fax: (07 31) 9 67 37-1 90
E-Mail: service.in.ulm@drv-bund.de

(Brunnenhof), Breite Straße 53 a, **38855 Wernigerode**
Tel.: (0 39 43) 69 63-0, Fax: (0 39 43) 69 63-19
E-Mail: service.in.wernigerode@drv-bund.de

Marktstraße 10, **65183 Wiesbaden**
Tel.: (06 11) 15 75 59-0, Fax: (06 11) 15 75 59-1 90
E-Mail: service.in.wiesbaden@drv-bund.de

(Uni-Center, 1. OG), Collegienstraße 59 c, **06886 Wittenberg/Lutherstadt**
Tel.: (0 34 91) 42 04-0, Fax: (0 34 91) 42 04-1 90
E-Mail: service.in.wittenberg@drv-bund.de, service@drv-md.de

(Eingang Herzogenstraße), Schönbornstraße 4–6, **97070 Würzburg**
Tel.: (09 31) 35 72-0, Fax: (09 31) 35 72-1 90
E-Mail: service.in.wuerzburg@drv-bund.de

(Service-Zentrum), Wupperstraße 14, **42103 Wuppertal**
Tel.: (02 02) 45 95-01, Fax: (02 02) 45 95-19 61
E-Mail: service-zentrum.wuppertal@drv-rheinland.de, service.in.wuppertal@drv-bund.de

Roßmarkt 13, **06712 Zeitz**
Tel.: (0 34 41) 85 88-0, Fax: (0 34 41) 85 88-19
E-Mail: service.in.zeitz@drv-bund.de, service@drv-md.de

Hauptmarkt 24/25, **08056 Zwickau**
Tel.: (03 75) 2 77 48-0, Fax: (03 75) 2 77 48-1 90
E-Mail: service.in.zwickau@drv-bund.de

Die Regionalträger der Rentenversicherung (vormals LVAen)

(Stand: Juni 2007)

Deutsche Rentenversicherung Baden-Württemberg
(ehemals LVA Baden-Württemberg)

76122 Karlsruhe, Tel. (07 21) 8 25-0, Fax (07 21) 8 25-2 12 29

70429 Stuttgart, Tel. (07 11) 8 48-0, Fax (07 11) 8 48-2 14 38
www.deutsche-rentenversicherung-bw.de

Deutsche Rentenversicherung Bayern Süd
(ehemals Deutsche Rentenversicherung Niederbayern-Oberpfalz
und Deutsche Rentenversicherung Oberbayern)

84024 Landshut, Telefon (08 71) 81-0, Telefax (08 71) 81-21 40

81729 München, Telefon (0 89) 67 81-0, Telefax (0 89) 67 81-23 45
www.deutsche-rentenversicherung-bayernsued.de

Die Regionalträger der Rentenversicherung

Deutsche Rentenversicherung Berlin-Brandenburg
(ehemals LVA Berlin und LVA Brandenburg)

Sitz Frankfurt (Oder), Bertha-von-Suttner-Straße 1, 15236 Frankfurt/Oder
Tel. (03 35) 5 51-0, Fax (03 35) 5 51-12 95

Standort Berlin, Knobelsdorffstraße 92, 14059 Berlin
Tel. (0 30) 30 02-0, Fax (0 30) 30 02 10 09
www.deutsche-rentenversicherung-berlin-brandenburg.de

Deutsche Rentenversicherung Braunschweig-Hannover
(ehemals LVA Braunschweig und LVA Hannover)

Lange Weihe 2, 30875 Laatzen
Tel. (05 11) 8 29-0, Fax (05 11) 8 29-26 35

Kurt-Schumacher-Straße 20, 38091Braunschweig
Tel. (05 31) 70 06-0, Fax (05 31) 70 06-4 25
www.deutsche-rentenversicherung-braunschweig-hannover.de

Deutsche Rentenversicherung Bund
(ehemals BfA Bundesversicherungsanstalt für Angestellte und VDR – Verband Deutscher Rentenversicherungsträger)

Ruhrstraße 2, 10709 Berlin
Tel. (0 30) 8 65-1, Fax (0 30) 8 65-2 72 40
www.deutsche-rentenversicherung-bund.de

Deutsche Rentenversicherung Hessen
(ehemals LVA Hessen)

Städelstraße 28, 60596 Frankfurt/Main
Tel. (0 69) 60 52-0, Fax. (0 69) 60 52-16 00
www.deutsche-rentenversicherung-hessen.de

Deutsche Rentenversicherung Knappschaft-Bahn-See
(ehemals Bundesknappschaft, Bahnversicherungsanstalt und Seekasse)

Hauptverwaltung, Pieperstraße 14–28, 44789 Bochum
Tel. (02 34) 3 04-0, Fax (02 34) 3 04-5 30 50
www.deutsche-rentenversicherung-knappschaft-bahn-see.de

Deutsche Rentenversicherung Mitteldeutschland
(ehemals LVA Thüringen, LVA Sachsen-Anhalt und LVA Sachsen)

Sitz Leipzig,Georg-Schumann-Straße 146, 04159 Leipzig
Tel. (03 41)5 50-55, Fax (03 41) 5 50-59 00

Standort Erfurt, Kranichfelder Straße 3, 99097 Erfurt
Tel. (03 61) 4 82-0, Fax (03 61) 4 82-22 99

Standort Halle, Paracelsusstraße 21, 06114 Halle
Tel. (03 45) 2 13-0, Fax (03 45) 2 13-10 39
www.deutsche-rentenversicherung-mitteldeutschland.de

Deutsche Rentenversicherung Nord
(ehemals LVA Schleswig-Holstein, LVA Mecklenburg-Vorpommern und LVA Freie und Hansestadt Hamburg)

Sitz Lübeck, Ziegelstraße 150, 23556 Lübeck
Tel. (04 51) 4 85-0, Fax (04 51) 4 85-17 77

Standort Neubrandenburg, Platanenstraße 43, 17033 Neubrandenburg
Tel. (03 95) 3 70-0, Fax (03 95) 3 70-44 44

Hilfreiche Adressen

Standort Hamburg, Friedrich-Ebert-Damm 245, 22159 Hamburg
Tel. (0 40) 53 00-0, Fax (0 40) 53 00-29 99
www.deutsche-rentenversicherung-nord.de

Deutsche Rentenversicherung Ober- und Mittelfranken
(ehemals LVA Ober- und Mittelfranken)

95440 Bayreuth
Tel. (09 21) 6 07-0, Fax (09 21) 6 07-3 98
www.deutsche-rentenversicherung-bayreuth.de

Deutsche Rentenversicherung Oldenburg-Bremen
(ehemals LVA Oldenburg-Bremen)

Huntestraße 11, 26135 Oldenburg
Tel. (04 41) 9 27-0, Fax (04 41) 9 27-25 63
www.deutsche-rentenversicherung-oldenburg-bremen.de

Deutsche Rentenversicherung Rheinland
(ehemals LVA Rheinprovinz)

40194 Düsseldorf
Tel. (02 11) 9 37-0, Fax (02 11) 9 37-30 96
www.deutsche-rentenversicherung-rheinland.de

Deutsche Rentenversicherung Rheinland-Pfalz
(ehemals LVA Rheinland-Pfalz)

Eichendorffstraße 4–6, 67346 Speyer
Tel. (0 62 32) 17-0, Fax (0 62 32) 17-25 89
www.deutsche-rentenversicherung-rlp.de

Deutsche Rentenversicherung Saarland
(ehemals LVA für das Saarland)

Martin-Luther-Straße 2–4, 66111 Saarbrücken
Tel. (06 81) 30 93-0, Fax (06 81) 30 93-1 99
www.deutsche-rentenversicherung-saarland.de

Deutsche Rentenversicherung Schwaben
(ehemals LVA Schwaben)

Dieselstraße 9, 86154 Augsburg
Tel. (08 21) 5 00-0, Fax (08 21) 5 00-10 00
www.deutsche-rentenversicherung-schwaben.de

Deutsche Rentenversicherung Unterfranken
(ehemals LVA Unterfranken)

Friedenstraße 12/14, 97072 Würzburg
Tel. (09 31) 8 02-0, Fax (09 31) 8 02-2 43
www.deutsche-rentenversicherung-unterfranken.de

Deutsche Rentenversicherung Westfalen
(ehemals LVA Westfalen)

Gartenstraße 194, 48125 Münster
Tel. (02 51) 2 38-0, Fax (02 51) 2 38-29 60
www.deutsche-rentenversicherung-westfalen.de

Stichwortverzeichnis

Stichwortverzeichnis

Stichwortverzeichnis

Stichwortverzeichnis